궁녀로운 조선시대

: 궁녀의 시선으로 다시 읽는 역사

＊일러두기

1. 이 책의 본문과 각주에 사용된 사전 정의는 국립국어원 표준국어대사전(2022)을 인용했습니다. 2. 이 책의 본문 인용구는 국사편찬위원회의 조선왕조실록을 부분 발췌했습니다. 전문은 국사편찬위원회의 조선왕조실록 홈페이지(https://sillok.history.go.kr)에서 확인할 수 있습니다. 3. 후궁의 품계 호칭은 최대한 승격된 시점을 참고해서 반영했습니다. '사도세자', '혜경궁 홍씨'처럼 보편적으로 사용해 굳어진 경우는 추숭이나 궁호를 받은 시점과 상관없이 그 이름을 사용했습니다.

궁녀로운 조선시대

: 궁녀의 시선으로 다시 읽는 역사

1판 1쇄 발행 | 2022년 11월 27일
1판 2쇄 발행 | 2023년 3월 27일

지 은 이 | 조민기

펴 낸 이 | 김무영
기획 및 편집 | 황혜민
디 자 인 | 김다은
독 자 편 집 | 김애리, 김현정, 박수정, 신진희, 안지윤, 유연주, 이진주, 이천,
　　　　　　장혜진, 장희동, 정진옥, 정하린, 조윤, 최현실, 하민회
인　　　쇄 | ㈜민언프린텍
종　　　이 | ㈜지우페이퍼

펴 낸 곳 | 텍스트CUBE
출 판 등 록 | 2019년 9월 30일 제2019-000116호
주　　　소 | (03190) 서울시 종로구 종로 80-2 삼양빌딩 311호
전 자 우 편 | textcubebooks@naver.com
전　　　화 | 02 739-6638
팩　　　스 | 02 739-6639

ISBN 979-11-91811-13-1 (03910)

세상에서 가장 즐거운 읽기,
텍스트CUBE는 독자 여러분께 좋은 책과 더 좋은 책 경험을 드리고자
언제나 최선을 다하겠습니다.

궁녀로운 　 조선시대

궁녀의　　시선으로　　다시 읽는　　역사

조민기 지음

텍스트
CU3ㅌ

목차

'궁녀'라는
여백과 행간을 읽다

왕의 로맨스는 그 자체로 역사와 드라마가 된다. '군주'라는 지위에서 파생된 절대 권력과 부귀영화 그리고 왕을 둘러싼 인물의 흥망성쇠는 인간의 욕망을 드러내기에 더할 나위 없다. 미디어에서 그리는 왕의 사랑에 실패란 없다. 아니 실패할 수 없다. 상대방에게 거부할 권리가 없는데 어떻게 실패한단 말인가.

후궁은 저마다 아름다움을 뽐내며 사력을 다해 왕을 유혹하기 위해 경쟁하고 승은을 받아 인생 역전을 이룬 궁녀는 순수를 잃고 총애 경쟁과 궁중 암투에 기꺼이 뛰어든다. 사랑에 빠지는 과정, 감정, 전후 상황을 생략한 채 왕의 여인이 오직 왕의 총애에 목숨을 걸고 유치한 악행을 마다하지 않는 전개는 시청자에게 상상을 발휘할 틈을 전혀 주지 않았다. 이런 전개가 빠르게 느껴졌다면

'전지적 왕의 시점' 혹은 '남성의 시점'으로 그려진 구성에서 벗어날 때가 됐다.

지난해 방영된 드라마 《옷소매 붉은 끝동》MBC은 왕의 사랑을 다룬 기존 드라마의 화법과 전개 방식에 작은 균열을 냈다. 감히 왕의 승은을 거부하고 주체적인 삶을 살아가길 원했던 궁녀와 마음을 거절당한 후에도 일편단심을 지키는 왕의 순애보는 그동안 우리가 사극에서 보지 못했던 신선한 로맨스였다. 판타지 역사 로맨스 같은 이 이야기가 심지어 조선의 제22대 임금 정조와 궁녀 성덕임의 실화라는 점도 유효했다.

과연 궁녀는 왕의 승은을 간절히 바랐을까. 승은을 받고 궁에서 그저 행복하게만 살았을까. 왕의 여인들은 정말 가시를 세우고 서로를 질투하고 미워했을까. 역사에 그 답이 있다. 특히 조선의 임금은 왕으로 살았던 모든 시간이 기록으로 남아 있다. 기록의 행간에는 많은 이야기가 담겨 있다. 어쨌거나 해피엔딩으로 정해져 있는 왕의 로맨스가 우리의 호기심을 자극하는 이유는 상상할 수 있는 여백이 의외로 많기 때문이다.

글자가 당시 역사의 주체였던 남성의 기록이라면, 행간에는 우리가 자유롭게 해석할 수 있는 여성의 시선이 남아 있다. 조선의 왕후, 후궁, 궁녀의 이야기를 쓰기 위해 《조선왕조실록》을 읽고 새로운 자료를 발견할 때마다 행간이 담고 있는 무궁무진한 사연에 새삼 감탄하고 감동했다. 여백에서 진정한 사랑을 만나기도 했고 사랑이라는 글자 뒤에 숨겨진 억지와 욕망을 발견하기도 했다. 행간에서 상상력을 펼치며 겨우겨우 찾아낸 조각이 역사와 퍼즐처럼 맞춰질 때면 이루 말할 수 없는 짜릿함을 느꼈다.

폭발적인 시청률을 기록한 드라마 《여인천하》SBS와 《대장금》MBC에서 완벽한 조연이자 혹은 단역에 가까웠던 창빈 안씨의 새로운 모습을 만났을 때, 판도라의 상자가 열린 것 같았다. 후궁과 왕비를 통틀어 선조와 가장 오랜 시간을 함께했던 인빈 김씨의 시선을 따라가자 피를 나눈 비즈니스 관계인 왕실 가족의 새로운 모습이 보였다. 《숙종실록》의 행간에서는 희빈 장씨와 숙빈 최씨에 대한 당대 여론과 왜곡된 이미지가 실제 역사를 덮어버린 현장을 목격했다. 악독한 요부로 알려진 희빈 장씨의 이미지는 그를 시종일관 악녀로, 인현왕후를 자비롭고 선한 품성의 피해자로 그려낸 작자 미상의 소설 《인현왕후전》에서 만들어졌고, 노론의 시선에서 기록한 《수문록》이 신빙성을 더했다. 소설이나 풍문을 담아낸 책이 아닌 《조선왕조실록》에서 희빈 장씨를 만났을 때 피도 눈물도 없는 가해자와 진짜 가련한 피해자가 누구인지 비로소 알 수 있었다. 인현왕후에 대한 충성으로 숙종의 마음을 움직여 승은을 받고 후궁이 되었다고 알려진 숙빈 최씨에 대한 이미지 역시 《조선왕조실록》이 아니라 《수문록》을 근거로 한다는 사실에 더욱 놀랐다.

《조선왕조실록》은 공적인 기록이지만 완벽한 객관성을 가지고 있는 자료는 아니다. 왕의 승하 이후에 편찬되고 만드는 주체는 사람이기 때문에 당대 집권당의 영향력으로부터 완전히 자유로울 수 없다. 《숙종실록》 편찬에 주도적인 역할을 했던 집권당 노론은 시종일관 희빈 장씨를 부정적으로 표현했다. 동시에 숙빈 최씨의 등장으로 숙종은 희빈 장씨에 대한 사랑이 식었으며 그 총애가 숙빈 최씨에게 향했다고 주장했다. 희빈 장씨에 대한 다분한 악감정에 기반한 이 주장은 상당히 의심스러운 부분이 많았다. 무엇보다 행간을 읽고 또 읽어도 숙빈 최씨의 진심을 도무지 알 수 없었다. 잘 만들어진 서사를 갖추고 있었으나 알면 알수록 물음표가 많아지는 묘한 여인이 바로 숙빈 최씨였다.

반대로 왕의 지극한 사랑을 명확하게 확인할 수 있는 경우도 있었다. 바로 의빈 성씨에 대한 정조의 마음이었다. 의빈 성씨는 《조선왕조실록》에 거의 등장하지 않지만 정조가 직접 쓴 글이 두 사람의 사랑을 세상에 알렸다. 의빈 성씨가 세상을 떠난 후 정조는 절절한 그리움이 담긴 글을 수년에 걸쳐 여러 차례 남겼다. 카리스마 넘치는 철혈 군주로 알려진 정조가 한 남자로서 한 여인을 그토록 사랑했다는 사실은 놀랍고 감동적이었다. 군주로서 모든 면에서 완벽을 추구했으나 '내가 사랑하는 단 한 여자'에게만 틈을 보여주고 농담을 건네고 웃으며 술잔을 나누고 서운해 하기도 했던 정조. 그의 인간적인 면모와 절절한 사랑을 알면 알수록 의빈 성씨도 정조를 그만큼 사랑했을까 궁금해졌다. 아니, 부디 의빈 성씨도 정조를 정말로 사랑했기를 간절히 바라게 됐다.

영조의 후궁인 영빈 이씨의 이야기를 쓸 때는 마음이 내내 무거웠다. 영빈 이씨는 궁녀 출신 후궁으로 큰 영광을 누리고 가장 높은 자리까지 올라갔던 여인이다. 하지만 만약 다시 태어날 수 있는 기회가 주어진다면 영빈 이씨는 과연 후궁의 삶을 선택할까? 총애 받는 후궁의 삶과 별개로 고통과 괴로움이 끊이지 않았던 영빈 이씨의 삶을 알고 나자 선뜻 답이 나오지 않았다. 후궁이 아닌 궁녀로서 당대 정치를 움직일 만큼 엄청난 권력을 누렸던 상궁 조두대와 김개시의 삶에 같은 질문을 해도 마찬가지였다. 권력과 손을 잡은 궁녀의 최후는 끝날 때까지 끝난 게 아니었다. 죽은 후에도 언제든 보복당할 수 있었다. 그럼에도 그들은 만에 하나 다시 태어난다면 같은 선택을 할 것 같다는 생각이 들었다.

책을 쓰기 전에는 '궁녀'라는 단어를 생각하면 승은을 인생 목표로 삼았던 궁녀가 등장한 몇몇 작품이 선명하게 떠올랐다. 하지만 글을 쓰면서 그 기억은 점점 희석되고 궁녀의 삶이 점점 눈에 들어오기 시작했다. 자신의 이름을 지우고 '궁녀'로 불렸던 여인들의 이야기가 궁금해졌다. 마음 깊은 곳에서 올라오는 질문을 따라가며 그들의 삶을 마주할 때마다 '궁녀는 오직 왕의 여자'라는 이미지가 여지없이 부서졌다.

미래가 궁금하면 역사를 보라고 한다. 현재와 미래에 대한 거의 모든 답을 역사가 가지고 있기 때문이다. 하지만 나의 시선으로 역사를 보고 판단하기란 어렵다. 일단 역사를 공부해야 한다는 태산 같은 숙제가 버티고 있기 때문이다. 그래서 우리는 잘 알려지지 않은 역사에 대해 질문을 하는 대신 최소한의 호기심을 충족시켜주는 이야기를 편안하게 듣는 쪽을 더 선호한다. 그렇게 알게 된 역사의 조각으로 역사를 제대로 공부했다고 착각한다.

그러나 역사는 누군가의 말과 생각에 휘둘리며 지식을 채우는 분야가 아니다. 스스로 생각하고 질문을 던지며 답을 찾을 때 우리는 비로소 역사를 알게 된다. 우리가 살아가는 현재도 언젠가는 과거가 되고 역사가 된다. 지금 나의 생각과 행동과 판단을 역사는 어떻게 평가할 것인가. 과연 후대 사람들은 내가 수없이 흔들리며 고민했던 과정을 알 수 있을까? 거대한 역사의 흐름에서 바라본다면 우리도 이름 없는 궁녀처럼 희미한 존재일 수 있다. 우리가 궁녀를 '왕의 여자'로 단정하는 것처럼 후대가 우리를 한 단어로 단정해버린다면 억울하지 않을까?

이름을 남긴 궁녀는 한 줌도 되지 않는다. 하지만 궁녀는 수백 년 동안 같은 공간에 존재했다. 그들에 대한 글을 쓰면서 그들의 눈으로 조선과 왕실 그리고 궁을 보려고 노력했다. 이 책을 통해 승리한 집권당의 손에서 만들어진 여성이 아니라 조선 최고의 전문직 여성 관리이자 뛰어난 지성과 교양으로 왕의 마음을 사로잡고 후궁의 반열까지 올랐던 궁녀의 치열했던 삶과 만날 수 있기를 바란다.

1부

나는 철저히 궁녀의
본분을 지켰다

창빈 안씨

흔들리는 왕의 사랑보다
왕비라는 든든한 울타리

❖ 각 장의 도입부는 역사 자료를 토대로 작가의 상상력을 더해 창작한 내용입니다.

✿✿✿

왕비문정왕후를 간택한 후, 자순대비의 고민은 깊어졌다. 그
는 아직 궁 생활이 익숙하지 않은 왕비가 이미 주상과 10년이
넘는 세월을 함께하며 총애를 받고 왕자를 생산한 경빈 박씨
와 희빈 홍씨를 과연 당해낼 수 있을지 염려했다. 특히 경빈 박
씨는 왕비 승격이 무산된 후 중종으로부터 위로와 총애의 의
미를 담은 빈의 품계를 받아 기세가 등등했다. 어리고 얌전하
고 정숙한 왕비가 주상의 사랑을 듬뿍 받으면 좋으련만 주상
은 오히려 나인에게 승은을 내리고 숙원[1]으로 봉하며 새로 간
택한 왕비에게 무심하니 자순대비의 속은 타들어 갔다.

'이를 어찌하면 좋을꼬. 중전에게 힘이 되어줄 사람이 있으
면 좋으련만.'

---

[1] 중종의 후궁 숙원 이씨. 중종 12년1517 중종의 서3녀 정순옹주를, 중종 15년1520 중종의
서4녀 효정옹주를 출산했다.

"시원한 수정과이옵니다. 소주방에서 가장 솜씨 좋은 상궁이 만들었으니 젓수셔 보옵소서."

안 그래도 머리가 아파 목이 바짝바짝 마르던 참이었는데 고소한 잣이 동동 띄워진 달콤한 수정과를 한 모금 마시자 기분이 좋아졌다. 문득 자순대비의 눈에 수정과를 들고 들어온 나인 안씨가 들어왔다. 어려서부터 궁에서 지내며 예법에 익숙하고 상전의 기분을 잘 파악할 줄 아는 나인이었다. 왜 진작 이 생각을 못했을까 싶어 마음이 조급해졌다.

"자네가 열 살에 입궁했던가? 원자의 어미가 중전이 됐을 때부터 내 곁에 있었는데 세월이 참 빠르네그려."

"소인, 아홉 살 때부터 대비마마를 모셨습니다."

"숙의로 입궁한 경빈과 희빈이 왕자와 옹주를 낳으면서 주상의 총애를 받고, 나 숙의와 중전이 그리 허망하게 세상을 떠나는 모습도 자네는 다 보았지. 이 늙은이가 쓸쓸하게 뒷방으로 물러나는 동안에도 자네는 내내 내 곁을 지켜주었네."

"그런 말씀 마옵소서. 대비마마를 모시는 일은 소인의 당연한 소임이옵니다."

"내가 자네에게 부탁이 하나 있는데. 꼭 들어주어야 한다네."

"말씀만 하옵소서."

"중전이 내명부에서는 으뜸간다고는 하나 아직 자식도 없고 주상의 총애도 후궁과 다퉈야 하는 형편이니 내가 마음이 줄곧 좋지 않았네. 자네가 가서 중전을 모시면서 잘 보필해주게. 필요하다면 주상의 승은을 받아서라도 중전에게 힘이 되어주어야 하네. 어린 중전 혼자서는 경빈과 희빈을 당해낼 수 없어. 중전을 따르는 후궁이 한 명이라도 있다면 저들도 함부로 건방 떨지는 못할 것이야."

"대비마마."

"자네는 이 늙은이를 10년 동안 보아왔으니 내 말이 무슨 뜻인지 알 테야. 든든한 바람막이가 되어 중전을 지키고 중전이 주상의 총애를 받도록 도와드리란 말이야. 자네라면 할 수 있어. 암, 할 수 있고말고."

왕비가 되지 못한 신씨,
빈자리를 채운 간택 후궁들

조선의 제11대 임금 중종은 운이 좋았다. 적자와 서자의 구분이 확실한 조선에서 왕비의 아들로 태어난 적통 왕자였으니 그에게 주어진 운명은 처음부터 꽃길이었다. 게다가 장남이 아니었기에 총명하거나 공부를 열심히 할 필요도 없었다. 그런 훌륭한 자질은 오직 세자에게만 요구됐다. 중종이 진성대군이던 시절, 그는 자질도 평범했고 욕심도 없었다. 게다가 연산군보다 열두 살이나 어렸다. 연산군이 19세에 즉위했을 때 진성대군은 고작 7세였다. 왕위에 위협이 되지 않는 한 진성대군은 왕자로 평생 부귀영화만 누리면 될 뿐이었다. 그런데 중종이 20세가 되던 해, 연산군이 폐위되면서 진성대군이 갑자기 왕위에 올랐다.

신하들이 진성대군을 왕으로 선택한 이유는 그가 성종과 정현왕후의 아들, 즉 적통 왕자의 정통성을 가졌기 때문이다. 반정을 이끈 신하에게 진성대군을 옹립하라는 교지를 내린 사람은 진성대군의 어머니인 자순대비^{정현왕후}였다. 왕이 되기 위해 어떤 노력도 한 적 없고, 왕위에 오르고 싶다는 야망조차 품은 적 없던 진성대군은 혈통 덕분에 물 흐르듯 자연스럽게 조선의 왕이 됐다. 중종의 아버지 성종 역시 정치적인 이해관계에 따라 노력 없이 왕위에 올랐다. 12세에 왕위에 오른 성종은 7년 동안 성실하게 제왕학을 배우며 군주의 길을 걸었다. 그런 노력 덕분에 성종은 신진 사림에게 신뢰를 얻었다. 반면 중종에게 학문을 권하는 신하는 아무도 없었다.

노력 없이 왕위에 오른 중종이 치러야 할 대가는 부인 신씨와의 이별이었다. 반정공신은 중종에게 신씨를 출궁시키라고 강요했다. 중종의 부인 신씨는 연산군의 왕비 신씨의 조카였다. 신씨의 아버지 신수근은 도승지로 연산군의 최측근이었다. 신수근은 반정에 반대했기 때문에 반정이 일어나기 직전 형제와 함께 제거됐다. 반정공신에게 신수근의 딸이 왕비가 되는 것보다 껄끄러운 일은 없었다. 중종이 왕위에 오른 지 이레가 되던 날, 신씨는 왕비 책봉도 받지 못한 채 궁 밖으로 내쳐졌다.

중종은 공신의 요구에 따라 아내와 이별하며 눈물을 흘렸다. 하지만 슬픔은 짧았다. 즉위 당시 중종은 20세였고 첩을 두지 않았기에 신씨가 출궁하자 왕비와 후궁의 자리는 공석이 됐다. 공신의 특권에 이어 외척의 자리까지 노린 신하들은 서둘러 자신의 가문에서 혼인 적령기의 처녀를 뽑아 간택 후궁으로 입궁시켰다. 숙의 윤씨, 숙의 박씨, 숙의 홍씨, 숙의 나씨는 거의 동시에 입궁하여 중종의 후궁이 됐다.

한편 중종반정 이후 연산군의 명으로 전국에서 징집한 흥청[2]과 운평은 어떻게 됐을까? 폭군에게서 벗어나 고향으로 돌아갔을까, 아니면 한양에 남아 새로운 삶을 모색했을까? 연산군이 주색을 밝혔다고 비난하는 기록은 많으나 연산군이 폐위된 후 이들이 어떻게 됐는지 알려주는 기록은 거의 없다. 중종의 후궁인 숙의 박씨 훗날 경빈 박씨의 이력은 그래서 더욱 흥미롭다.

숙의 박씨는 상주 출신으로 양반이었으나 매우 가난했다. 그의 아버지 박수림은 무관도 아닌 군졸이었다. 빼어난 미모 덕분에 채홍사[3]의 눈에 띄어 한양으로 오게 된 박씨는 어쩌면 인생 역전을 꿈꿨을지도 모른다. 지방에서 희망 없이 살아온 박씨에게 왕의 승은을 입고 부귀영화를 누리는 삶이란 꿈 같은 일이었다. 그런데 야속하게도 한양에 도착한 박씨가 연산군과 만나기 전에 중종반정이 일어났다. 고향 상주로 돌아간다면 여전히 빈곤하게 사람들의 추문과 부모님의 한숨 속에서 살아가야 했다. 그때 박씨는 자신의 운명을 바꿔줄 반정공신 박원종을 만났다.

---

2 연산군은 향연을 베풀기 위해 기녀를 체계적으로 관리했는데 당시 여러 고을에서 널리 모은 기생을 '운평運平'이라고 불렀고, 이들 가운데서 연산군 10년1504에 왕명을 받고 대궐로 뽑혀 온 기생을 '흥청興淸'이라고 했다. 중종반정 전, 연산군의 명에 따라 한양에 머물던 흥청과 운평의 숫자는 1천 명에 달했다고 전해진다.

3 '채홍준사採紅駿使'의 줄임말로 연산군이 미녀와 준마를 궁중에 모아들이기 위해 지방에 파견했던 벼슬아치를 부르는 말이다. '홍紅'은 미녀를, '준駿'은 준마좋은 말을 의미한다. 채홍사 제도는 연산군 11년1505 6월에 처음 시행됐다. 중종반정으로 1506년 9월 연산군이 폐위됐기 때문에 시행된 기간은 1년 남짓이다.

공포 정치가 난무했던 시절에는 연산군의 총애를 받았고 중종 반정으로 정권 교체를 성공시키며 공신의 지위를 차지한 박원종은 명문가 출신의 야심가로 왕의 마음을 사로잡는 법을 누구보다 잘 알고 있었다. 그는 자신의 조카딸 윤씨와 미색이 뛰어난 박씨를 간택 후궁으로 함께 입궁시켰다. 한때 예비 흥청이었던 박씨는 반정공신 박원종의 '수양딸'이라는 명분 덕분에 간택 후궁이 될 수 있었다. 후궁의 삶을 꿈꿨던 박씨의 목표는 이루어졌다. 그의 꿈을 이뤄줄 왕이 연산군에서 중종으로 바뀌었을 뿐이다.

종2품 숙의 품계를 받고 입궁한 박씨의 미모는 함께 입궁한 간택 후궁 중에서도 발군이었다. 하지만 중종의 총애를 놓고 다투어야 하는 경쟁자가 너무 쟁쟁했다. 숙의 홍씨훗날 희빈 홍씨는 반정공신 홍경주의 딸이었고 숙의 나씨는 자순대비 집안의 사람이었다. 간택 후궁 네 명에게 골고루 총애를 내리던 중종은 즉위 이듬해 박원종의 조카 숙의 윤씨를 왕비로 책봉했으니 그가 바로 인종의 어머니인 장경왕후다.

'임신'이 총애의 증거라면
'품계'는 총애의 척도

중종 2년1507, 숙의 윤씨가 왕비로 책봉되며 마침내 내명부의 체계가 세워졌다. 하지만 중종의 총애는 왕비보다 후궁을 향했다. 중종 4년1509 숙의 박씨는 중종의 첫 자식이자 첫아들인 복성군을 낳앉고 중종 7년1512엔 중종의 첫딸 혜순옹주를, 중종 9년1514엔 중종의 둘째 딸 혜정옹주를 연이어 출산하며 정2품 소의로 승격했다. 중종 6년1511 숙원 홍씨[4]는 중종의 둘째 아들 해안군을 낳았고, 중종 8년1513 소의 박씨와 함께 입궁한 간택 후궁 숙의 홍씨는 중종의 셋째 아들 금원군을 낳고 정2품 소의와 종1품 귀인을 거쳐 마침내 정1품 희빈으로 승격했다.

'임신'이 총애의 증거라면 '품계'는 총애의 척도다. 소의 박씨와 숙의 홍씨가 중종의 아들과 딸을 번갈아 출산하며 품계가 올라가는 동안, 왕비 장경왕후 윤씨는 공주 한 명밖에 낳지 못했다. 장경왕후보다 더 박복하고 안타까운 이는 숙의 나씨였다. 장경왕후와 박씨, 홍씨와 함께 입궁했던 숙의 나씨는 중종 9년, 후궁이 된 지 9년 만에 임신해 드디어 출산을 앞두고 있었다. 그런데 하필이면 비슷한 시기에 소의 박씨도 임신 중이었다. 궁중 의원은 중종이 총애하는 소의 박씨에게 아부하기 바빴고 상대적으로 숙의 나씨는 관심에서 밀려났다.

소의 박씨는 출산을 앞두고 일찌감치 궁 밖으로 나가 몸을 보양했으나 숙의 나씨는 '후궁은 궁중에서 출산할 수 없다'는 예법[5]에 따라 만삭이 되어서야 궁 밖으로 나갔다. 진통 중에 강제로 궁

---

4 중종의 서2남 해안군의 어머니. 중종이 승하할 때까지 종4품 숙원 품계였기 때문에 승은 궁녀 출신 후궁으로 추측할 수 있다. 중종이 승하한 후에 숙의로 승격했다.

5 선조 이후부터 후궁도 궁에서 출산할 수 있었다. 선조는 아끼던 후궁이 출산과 산후 과정에서 사망하자 왕비 외에는 궁에서 출산하지 못하게 한 관례를 깨고 후궁도 궁에서 출산과 산후조리를 하도록 했다. 다만 왕비의 출산은 후궁이나 승은 궁녀의 출산과 격이 달랐다.

궁녀로운 조선시대

밖에 나온 숙의 나씨는 결국 출산 중 아이와 함께 세상을 떠났다. 사간원에서는 숙의 나씨의 죽음에 대해 의녀와 시종을 엄히 처벌해야 한다고 간언했으나 중종은 이렇게 말했다.

(중략) "나 숙의는 구제할 수 있는 것을 밖으로 내보낸 것이 아니다. 내간^{궁중}에 있을 때 이미 숨이 끊어졌던 것인데 이튿날 다시 소생했다고 떠들게 된 것은 태아에게 생기가 있었던 것이 의심을 사서 잘못 전해졌던 것이다. 호산한 여의는 마음을 다하여 구료하지 않은 것이 아니므로 참작해서 죄를 감한 것뿐이다. 여의뿐 아니라 또한 시비도 있었으니, 어찌 힘을 다하여 구료하려고 하지 않았겠는가? 다만 죽고 사는 것은 명이 있으니 어떻게 할 수가 있겠는가? 또 박소의는 대내에 질병이 있고, 집마다 연고가 있기 때문에 마지 못해서 사제에 나가게 한 것이고, 밖에서 오래 있게 하려고 한 것은 아니다. 몸을 조섭해서 궁으로 되돌아온다면 무엇이 나쁘겠는가?" (하략)

《중종실록》21권 | 중종 9년 10월 17일

중종은 숙의 나씨의 죽음을 '명^{하늘의 뜻}'이라고 단정하며 숙의 나씨의 시중을 들었던 의녀와 시녀를 처벌하지 않고 사건을 종료했다. 중종의 관심은 오직 총애하는 소의 박씨가 출산 후 몸조리를 잘하고 돌아오는 것뿐이었다. 소의 박씨와 귀인 홍씨^{훗날 희빈 홍씨}는 연달아 중종의 자식을 낳고 품계가 올랐지만 숙의 나씨의 죽음은 초라했다. 그는 입궁할 때처럼 종2품 숙의로 세상을 떠났다.

중종 10년¹⁵¹⁵ 장경왕후 윤씨가 마침내 원자⁶를 낳았다. 후궁의 기세가 아무리 대단해도 후궁의 아들은 왕비의 아들과 비교될 수 없었다. 원자는 장차 세자가 되어 중종의 뒤를 이어 왕위에 오를 적통이었다. 하지만 아들을 낳은 기쁨을 누리기도 전에 장경왕후가 세상을 떠났다. 원자가 태어나자마자 왕비의 자리가 공석이 됐다. 중종은 슬퍼했고 소의 박씨와 귀인 홍씨는 설렘을 감추지 못했다. 왕비가 될 수 있는 절호의 기회였기 때문이다. 장경왕후 또한 간택 후궁에서 왕비로 승격되지 않았던가.

신하들과 자순대비 역시 이러한 상황을 우려했다. 소의 박씨와 귀인 홍씨에겐 원자보다 나이가 많은 아들이 있었다. 즉, 둘 중 한 명이 왕비가 되면 원자의 지위가 위태로워질 것이 분명했다. 게다가 자순대비는 소의 박씨가 못마땅하고 괘씸했다. 비슷한 시기에 임신했던 소의 박씨에게 궁의 관심이 집중돼 상대적으로 관심을 받지 못하고 출산 중 세상을 떠난 숙의 나씨는 자순대비 집안에서 간택된 여인이었기 때문이다. 고민 끝에 자순대비는 외부에서 간택한 사대부의 딸을 새로운 왕비로 책봉했다. 그가 바로 중종 12년 ¹⁵¹⁷, 18세에 왕비로 책봉된 문정왕후다. 그가 왕비로 간택된 가장 큰 이유는 자순대비와 장경왕후 집안의 사람이었기 때문이다. 즉, 장경왕후가 남긴 원자^{훗날 인종}를 아들처럼 키워줄 든든한 사람이

6 왕과 왕비의 적장자.

었다. 문정왕후를 왕비로 책봉하기 전, 중종은 소의 박씨와 귀인 홍씨를 정1품 빈으로 봉하여 위로했다. 이때 두 사람은 30세가 되기 전이었으니 중종의 총애가 얼마나 컸는지 알 수 있다.

한편, 9세에 입궁해 12년 동안 궁녀로 지냈던 안씨훗날 창빈 안씨는 20세가 되던 중종 13년1518, 자순대비의 뜻에 따라 중종의 후궁이 됐다. 하지만 자순대비의 바람과 달리 안씨는 중종의 총애를 받지 못했다. 그는 후궁이 된 지 3년이 지난 중종 15년1520에 비로소 정5품 상궁이 되었다. 궁녀로서는 빠른 승진이었으나 '상궁'은 후궁의 품계가 아니었다. 하지만 자순대비는 만족했다. 안씨가 상궁이 되어 문정왕후를 더 살뜰하게 보살필 수 있었기 때문이다.

자순대비의 생각은 옳았다. 중종 16년1521과 중종 17년1522, 문정왕후는 의혜공주와 효순공주를 연달아 출산했다. 비슷한 시기에 상궁 안씨도 영양군을 출산했으나 여전히 후궁의 품계를 받지는 못했다. 옹주를 낳고 후궁의 품계를 받은 숙원 이씨와 비교하면 야박한 처사였으나 안씨는 실망하지 않았다. 오히려 전보다 더 극진하게 문정왕후를 모셨다. 연달아 공주를 낳고 풀이 죽었던 문정왕후는 안씨의 보필을 받으며 몸과 마음을 회복했다.

중종 21년1526 안씨는 정신옹주를 낳았다. 그는 이미 28세였고 중종의 자식을 둘이나 낳았으나 여전히 상궁이었다. 그래서였는지 상궁 안씨는 궁녀들과 사이가 좋았다. 궁녀 출신인 안씨는 승은을 입고 후궁이 됐다고 다른 궁녀에게 상전 노릇을 하지 않았다. 오히려 궁녀들은 후궁이 된 후 10년 넘게 상궁에 불과한 안씨를 친근하면서도 안쓰럽게 생각했을지 모른다. 그렇게 안씨는 자신만의 방법으로 대비와 왕비의 눈과 귀가 되어 그들에게 궁 안의 시시콜콜한 사정을 전하며 깊은 신뢰를 쌓아갔다.

불에 탄 쥐가
작서의 변으로 이어지기까지

중종 22년¹⁵²⁷ 20년 넘게 중종의 곁을 지켜온 경빈 박씨는 부족함 없는 총애를 누리고 있었다. 그런데 그해 2월 25일 느닷없이 세자의 거처에 불에 타 매달린 쥐가 발견됐다. 곧바로 세자에 대한 저주라는 주장이 제기되어 자세한 조사가 시작됐다. 여러 번 추국과 심문을 한 결과 경빈 박씨가 범인으로 지목됐고 그는 결국 아들 복성군과 함께 출궁됐다. 이 사건이 바로 '작서의 변'이다.

사실 작서의 변은 궁 안에서 일어난 작은 사건을 정치적으로 크게 키운 김안로의 작품이었다. 김안로는 세자의 안전을 빌미로 권력을 장악하고자 했다. 그는 세자의 하나 뿐인 동복누이 효혜공주의 시아버지로 중종의 신임을 받았다. 김안로는 어떻게 세자의 거처에 불에 탄 쥐를 걸어놓을 수 있었을까. 궁 안에 조력자가 없었다면 감히 계획할 수 없는 사건이었다. 이때 가장 중요한 역할을 했던 인물이 바로 상궁 안씨^{훗날 창빈 안씨}다.

동궁전에서 불에 탄 쥐를 가장 먼저 발견한 사람은 상궁 안씨 처소의 시녀 '내은덕'이었다. 쥐를 발견한 내은덕은 깜짝 놀라 세자궁의 시녀 은금과 중월, 무수리 현비 등에게 이를 알렸고 시녀 중월은 서둘러 안씨에게 이 이야기를 전했다. 이에 안씨는 자연스럽게 자순대비에게 사건의 전말을 고했다. 중종은 수차례 심문을 통해 사건의 전말을 조사했는데 불탄 쥐를 처음 발견한 궁녀가 안씨의 시녀였다는 것과 안씨가 이를 왕비와 대비에게 고했다는 진술은 아무 의심도 받지 않았다. 사건이 잠잠해질 무렵, 발과 꼬리가 잘리고 불에 지져진 쥐가 또 나타났다. 두 번째 쥐가 발견된 곳은 무려 중종의 거처인 대전이었다.

그날 아침, 경빈 박씨는 평소처럼 중종에게 직접 세숫물을 올렸고 중종이 먼저 쥐를 발견했다. 중종이 죽은 쥐를 버리라고 하자 궁녀가 치마폭으로 쥐를 들고 가서 버렸다. 별일 없이 넘어갈 뻔했던 이 사건은 버려진 쥐를 발견한 궁녀 향이와 금비가 굳이 쥐를 다시 가져오면서 새로운 국면을 맞았다. 향이와 금비가 다시 가져온 쥐를 본 안씨가 곧바로 문정왕후에게 이를 알렸고 문정왕후가 자순대비에게 쥐 이야기를 즉시 고했기 때문이다.

자초지종을 들은 자순대비는 직접 사건에 개입했고 세자를 보호한다는 명목으로 경빈 박씨를 내쫓을 구실을 잡았다. 불에 탄 쥐는 두 번에 걸쳐 궁 안에서 발견되었고 두 차례 모두 안씨를 통해 문정왕후와 자순대비에게 알려졌다. 이후 자순대비의 주도로 경빈 박씨와 복성군의 폐출이 결정되었다. 이 과정에서 안씨와 문정왕후 그리고 자순대비의 호흡은 이보다 더 완벽할 수 없는 원팀이었다.

사실 경빈 박씨의 결백을 가장 잘 아는 사람은 중종이었다. 심지어 두 번째 쥐는 중종이 먼저 발견하여 직접 처리를 명하기까지 했다. 하지만 굳이 궁녀 두 명이 다시 죽은 쥐를 들고 오다가 안씨의 눈에 띄었고, 안씨를 통해 사건을 들은 자순대비가 집요하게 경빈 박씨를 범인으로 지목하자 여론이 형성됐다. 경빈 박씨는 오랫동안 총애를 받으며 지나치게 오만했고 중종의 아들 중 가장 장성한 복성군의 어머니였다. 13세에 불과했던 세자^{훗날 인종}에게도, 아직 아들이 없는 문정왕후에게도 경빈 박씨와 복성군은 불편한 존재였다.

자순대비가 경빈 박씨의 출궁을 암시하자 신하들은 중종을 압박했다. 중종은 경빈 박씨의 하인들을 문초하겠다며 시간을 벌었고 박씨의 하인들은 고문을 받으면서도 모르는 일이라고 입을 모았으나 결과는 이미 정해져 있었다. 중종은 경빈 박씨를 폐출하라는 상소를 일곱 번이나 거절했다. 하지만 4월 30일에 성균관 유생까지 나서서 경빈 박씨의 엄벌을 주장하자 중종은 경빈 박씨와 복성군을 서인庶人으로 강등시키고 그들을 경빈 박씨의 고향 상주로 유배 보냈다. 불탄 쥐가 동궁전에서 안씨 처소의 시녀에게 발견된 지 두 달 만에 일어난 일이었다.

경빈 박씨는 궁에서 쫓겨났고 다시 돌아오지 못했다. 20년 넘게 받았던 지극한 총애가 허무한 결말이었다. 그 과정에서 여론을 만들고 경빈 박씨를 범인으로 몰고 가는 데 가장 중요한 역할을 한 사람은 바로 상궁 안씨였다. 안씨는 경빈 박씨와 달리 존재감이 희박하여 아무도 그의 행동을 주목하지 않았고 의심하지 않았다. 이후에도 안씨와 문정왕후 그리고 자순대비는 궁 안에서 서로를 지키는 든든한 버팀목이자 울타리가 되어 주었다.

경빈 박씨의 불행은 폐출로 끝나지 않았다. 중종 28년[1533] 동궁전 남쪽에서 사람의 머리 형상을 한 물건이 발견됐는데 거기엔 세자에 대한 저주가 적혀 있었다. 이미 폐서인이 되어 유배 중이던 경빈 박씨와 복성군이 범인으로 지목됐고 그들은 끝내 사약을 받았다.

궁이라는 정글에서 살아남으려면

작서의 변을 모두 마무리한 중종 24년[1529], 상궁 안씨는 드디어 종4품 숙원으로 책봉돼 후궁의 품계를 받았다. 이때 그는 31세였다. 경빈 박씨와 희빈 홍씨 모두 30세가 채 되기도 전에 정1품 빈의 품계를 받았고 그래서 문정왕후 앞에서도 오만했다. 하지만 그들의 권세는 오직 중종의 총애에만 의지했기에 품계가 아무리 높아도 무너지는 것은 한순간이었다.

안씨는 숙원의 품계를 받은 후에도 후궁으로써 문정왕후를 보필하는 소임을 가장 우선으로 했다. 같은 해 3월 27일 문정왕후가 내명부와 외명부를 거느리고 창덕궁 후원에서 친잠[7]할 때 왕비의 곁을 지킨 사람도 숙원 안씨훗날 창빈 안씨였다. 경빈 박씨의 폐출 이

---

7 조선시대 왕비가 직접 누에를 치고 고치를 거두던 일련의 의식.

후 문정왕후가 내명부 으뜸의 자리를 제대로 차지하자 숙원 안씨의 입지는 어떤 간택 후궁보다 단단했다.

숙원 안씨는 문정왕후와 중종의 총애를 다투지 않았다. 안씨에게 가장 중요한 상전은 문정왕후였고 문정왕후 또한 그를 깊이 신임했다. 안씨는 문정왕후와 사이가 좋은 거의 유일한 후궁이었는데 그 이유는 철저하게 아랫사람으로서 왕비를 섬겼기 때문이다.

중종 25년1530 숙원 안씨는 덕흥군을 출산했고 같은 해 문정왕후는 경현공주를 낳았다. 문정왕후는 왕비가 된 후 연속으로 딸만 셋을 낳았기 때문에 아들을 낳고 싶다는 열망은 더욱 커졌다. 중종의 후궁과 왕비를 통틀어 아들을 낳지 못한 사람은 문정왕후뿐이었다. 숙원 안씨는 덕흥군을 낳은 기쁨을 드러내지 않고 문정왕후를 위로했다. 문정왕후도 자신보다 먼저 왕자를 낳은 안씨를 투기하지 않았다. 숙원 안씨가 자신의 사람이라는 확신이 있었기 때문이다.

중종 29년1534 경빈 박씨와 복성군이 죽고 난 이듬해, 문정왕후가 마침내 경원대군훗날 명종을 낳았다. 왕비가 된 지 18년 만에 낳은 귀한 아들이었다. 경원대군은 존재만으로 세자를 위협하기에 충분했다. 조정은 문정왕후와 경원대군을 지지하는 '소윤'과 세자를 지지하는 '대윤'으로 나뉘었다. 세자의 어머니 장경왕후도 윤씨였고 문정왕후도 윤씨였기에 장성한 세자를 지지하는 세력을 대윤, 어린 경원대군을 지지하는 세력을 소윤이라고 칭했다. 조정은 외척 간의 갈등으로 분열됐으나 숙원 안씨에게 조정의 일은 중요하지 않았다. 그에게는 문정왕후의 안위가 늘, 가장 중요했다.

중종 35년[1540] 안씨는 42세에 종3품 숙용으로 승격됐다. 4년 후 중종이 57세로 세상을 떠났기에 종3품 숙용은 안씨가 중종에게 받은 마지막 품계였다. 중종의 뒤를 이어 즉위한 제12대 임금 인종이 8개월 만에 자식 없이 승하하자 문정왕후의 아들 경원대군이 왕위에 올랐다. 그가 바로 제13대 임금 명종이다.

조선 최초 방계승통의 뿌리, 창빈 안씨

```
제11대 임금        장경왕후        제12대 임금
중종              윤씨            인종

                 문정왕후        제13대 임금
                 윤씨            명종

                 창빈            영양군
                 안씨

                 덕흥*대원군

하원군            하릉군          하성군, 3남
장남             차남            제14대 임금 선조

               금원군(母 희빈 홍씨)의   명종의 양자
               양자
```

*대원군: 종친이 왕위를 계승할 경우 왕의 친아버지에게 내리는 작호

명종이 13세에 즉위했기에 문정왕후의 수렴청정이 시작됐다. 명종 즉위 후 희빈 홍씨는 병을 핑계로 서둘러 궁을 떠났다. 숙용 안씨훗날 창빈 안씨도 출궁을 청했으나 문정왕후는 이를 허락하지 않

았다. 문정왕후는 안씨를 계속 곁에 두었고 그의 두 아들 영양군과 덕흥군까지 잘 보살펴 주었다. 문정왕후의 아량은 딱 여기까지였다. 대비의 자리에 올라 권력을 손에 넣은 문정왕후는 인종을 지지했던 대윤 세력을 1년에 걸쳐 모두 숙청했다. 이것이 '을사사화[8]'다.

안씨가 후궁의 본분을 다하며 정성을 다해 섬기던 상전 문정왕후가 수렴청정을 통해 권력의 정점에 섰으니 그에게 남은 것은 안락한 삶이었다. 하지만 궁녀와 후궁으로 살아온 세월이 몹시 고됐던 탓인지 명종 4년1549 잠시 사가에 갔던 안씨는 그곳에서 갑자기 세상을 떠났다. 궁녀이자 후궁이던 안씨의 죽음은 별다른 감흥을 남기지 않았기에 그의 행적은 오래도록 주목받지 못했다. 어쩌면 숙용 안씨도 이를 바랐을지 모른다.

최후의 승리자
창빈 안씨

조용히 세상을 떠난 숙용 안씨는 그렇게 잊혔다가 명종의 박복한 운명 때문에 갑자기 왕실의 주요 인물로 떠올랐다. 명종에게는 많은 후궁이 있었으나 자식은 오직 순회세자 한 명뿐이었다. 그런데

---

8 1545년 문정왕후의 남동생이자 명종의 외삼촌인 윤원형 일파 '소윤'이 인종의 외삼촌 윤임 일파인 '대윤'을 숙청하는 과정에서 사림이 크게 화를 입은 사건. 연산군 때의 무오사화와 갑자사화, 중종 때의 기묘사화에 이은 조선의 네 번째 사화다.

순회세자가 명종 18년1563 13세로 세상을 떠났다.

문정왕후는 명종의 왕통을 잇기 위해 고심했는데 어느 날 그의 꿈에 귀인이 나타나 '상주에 사는 이 아무개의 딸을 받아들이면 길한다'고 말했다. 문정왕후는 상주로 사람을 보냈으나 꿈속의 귀인이 말한 이를 찾지 못했다. 대신 한 승려를 우연히 만났는데 그가 알려준 곳으로 갔더니 이씨 처녀를 만날 수 있었다. 문정왕후는 기뻐하며 이씨를 궁으로 데려와 후궁으로 삼았지만 숙의이씨는 아쉽게도 자식을 낳지 못했다. 홀로 한양에 올라와 갑자기 궁에서 살게 된 숙의 이씨는 친척 여동생을 데려와 함께 지냈는데 그가 훗날 선조의 후궁이 되어 4남 5녀를 출산한 인빈 김씨다.

명종 20년1565이 되자 문정왕후도 세상을 떠났다. 명종의 건강은 점차 나빠졌고 자식을 낳을 희망도 점점 사라졌다. 이 시기에 명종은 종종 조카를 궁으로 불러서 이야기를 나누고 자질을 살피며 후계자를 모색했는데 특히 숙용 안씨의 막내아들인 덕흥군의 막내아들, 하성군을 눈여겨보았다고 한다. 덕흥군은 명종의 거의 유일한 또래로 어린 시절을 함께 보낸 가장 가까운 형제였다. 하지만 덕흥군은 명종 14년1559에 30세로 사망했기 때문에 덕흥군의 세 아들 하원군, 하릉군, 하성군은 명종에게 나름 각별한 조카였다.

1567년에 명종이 끝내 자식 없이 승하하자 덕흥군의 막내아들 하성군이 명종의 왕비 인순왕후의 교지를 받고 왕으로 즉위했다. 조선 최초로 왕의 아들이 아닌 왕의 손자가, 후궁에게서 얻은 왕자의 아들이 왕위에 오른 '방계승통'이었다. 이렇게 왕위에 오른 숙용 안씨의 손자 하성군이 바로 조선의 제14대 임금 선조다.

선조는 즉위 후 아버지 덕흥군을 덕흥대원군으로 추숭^{추尊}9하고 중종의 후궁인 할머니 숙용 안씨의 품계를 정1품 빈으로 추증¹⁰했다. 숙용 안씨는 손자가 왕위에 오른 덕분에 마침내 정1품 '창빈'으로 승격됐다. 권세가가 넘쳐나고 화려한 미모와 쟁쟁한 친정을 자랑하던 후궁이 왕궁의 후원을 차지했던 중종 시대에 가장 존재감 없던 승은 궁녀 출신의 후궁 안씨가 임금의 할머니가 됐다. 창빈 안씨의 삶을 깊숙이 살펴보면 겉으로는 유려하게 겸양의 말을 하면서 속으로는 실리를 챙겼던 선조의 성품이 떠오른다. 그 성품의 기원에 창빈 안씨가 있지 않을까.

---

9 왕이 되지 못하고 죽은 왕족이나 왕의 조상에게 사후에 왕과 왕비의 지위를 주는 일.
10 죽은 사람관리에게 품계나 벼슬을 내리는 일.

중종의 주요 후궁

	입궁 및 품계	승격 ^{행적}	자녀
경빈 박씨	중종 1년¹⁵⁰⁶ 간택 후궁 종2품 숙의	소의-경빈	중종 4년¹⁵⁰⁹ 복성군 중종 7년¹⁵¹² 혜순옹주 중종 9년¹⁵¹⁴ 혜정옹주
희빈 홍씨		소의-귀인-희빈	중종 8년¹⁵¹³ 금원군 중종 23년¹⁵²⁸ 봉성군 그 외 요절
숙의 나씨		승격 없음 중종 9년¹⁵¹⁴ 출산 중 사망	
숙의 홍씨	궁녀-승은 추정		중종 6년¹⁵¹¹ 해안군
숙원 이씨	궁녀-승은	중종 12년¹⁵¹⁷ 숙원	중종 12년¹⁵¹⁷ 정순옹주 중종 15년¹⁵²⁰ 효정옹주
창빈 안씨	궁녀-승은	중종 2년¹⁵⁰⁷ 입궁 중종 13년¹⁵¹⁸ 후궁 중종 15년¹⁵²⁰ 정5품 상궁 중종 24년¹⁵²⁹ 종4품 숙원 중종 35년¹⁵⁴⁰ 종3품 숙용 명종 4년¹⁵⁴⁹ 사망 선조 10년¹⁵⁷⁷ 정1품 창빈 추증	중종 16년¹⁵²¹ 영양군 중종 21년¹⁵²⁶ 정신옹주 중종 25년¹⁵³⁰ 덕흥군

인빈 김씨

임진왜란 중에도
명실상부한 내명부의 기둥

※※※

선조 1년1568, 의성대비 심씨의 처소

"덕빈11 들었사옵니다."

"어서 오세요."

의성대비명종의 왕비 인순왕후는 대비전에서 며느리를 맞이하며 애써 미소를 지었다. 이제 16세가 된 덕빈은 어느덧 처녀티가 완연해 참으로 아름다웠다. 의성대비는 한창 피어날 나이에 궁에서 과부로 시들어가는 며느리를 보고 있노라니 가슴이 아팠다. 덕빈이 순회세자와 대례를 올리던 날이 떠올랐다. 힘겹게 대례복을 입고 머리에 쓴 관이 무거워 어쩔 줄 몰라 볼이 발갛게 달아오른 9세 소녀가 귀여워 문정왕후와 명종의 얼굴에서는 웃음이 끊이지 않았더랬다. 그러나 관상감에서 길일을 고르고 고른 것이 무색하게 덕빈이 순회세자와 부부로 지낸 기간은 너무나

11 명종 18년에 13세로 승하한 순회세자의 세자빈.

짧았다. 명종 18년¹⁵⁶³ 순회세자가 세상을 떠나자 덕빈은 고작 11세에 과부가 됐다.

"주상^{선조}을 보면 세자가 떠오릅니다. 세자가 살아서 왕위에 올랐다면 지금 주상의 모습이었겠지."

"주상께서는 세자와 동년배이시고 또 선왕^{명종}의 양자이시니 당연하신 말씀입니다."

주상은 순회세자보다 한 살 어렸다. 형제가 없는 순회세자를 위해 명종은 종종 하성군을 궁으로 부르곤 했다. 아들 순회세자도 건강했던 그 시절을 떠올리는 것이 의성대비의 유일한 낙이었다. 괜한 넋두리였지만 합궁 한 번 없이 새파란 나이에 생과부가 된 며느리 말고는 이야기를 나눌만한 사람도 없었다.

"실은 오늘 보자고 한 이유는 주상의 혼인 때문입니다. 주상의 친부 덕흥군은 일찍 세상을 떠났고, 주상은 친모의 초상을 치르고 왕통을 잇느라 혼인은 엄두도 내지 못했습니다. 하지만 이제 주상의 나이 열일곱이니 고민하지 않을 수가 없어요. 선왕의 장례를 다 마칠 때까지는 왕비도, 간택 후궁도 들일 수 없으니 궁녀 한 사람을 골라 주상을 모시게 하려고 합니다. 덕빈의 생각은 어떠합니까?"

"어머님 뜻대로 하시옵소서."

"주상을 모실 후궁을 고르고 나면 수렴청정¹²을 이만 끝내

12　임금이 어린 나이로 즉위했을 때 왕대비나 대왕대비가 이를 도와 정사를 돌보던 일. 왕대비가 신하를 접견할 때 그 앞에 발을 늘인 데서 유래한다.

렵니다. 그리고 덕빈과 함께 창경궁으로 가서 편히 지낼 생각이에요. 수렴만 보아도 머리가 아프니 대비라는 자리도, 경복궁도 너무 답답합니다.”

창경궁이라는 말을 들은 덕빈의 입가에 미소가 감돌았다. 사방에 보는 눈이 가득한 경복궁에서 벗어난다고 생각하니 숨통이 트일 것 같았다. 덕빈의 밝아진 표정을 보며 의성대비는 다시 한번 마음을 굳혔다.

“생각해 놓은 궁녀가 있으시옵니까?”

“있고말고요. 덕빈도 잘 아는 궁녀입니다. 바로 이 숙의의 친척 동생이 적임자예요. 어려서부터 궁에서 자란 데다 특히 후궁의 법도에 익숙하니 주상을 잘 모실 것이 분명합니다. 덕빈과도 잘 지내왔으니 내게도 조카 같고 딸 같은 아이예요.”

또래를 찾기 어려운 궁에서 하성군과 이 숙의의 친척 여동생은 순회세자와 덕빈의 놀이 동무가 되어주곤 했다. 세자의 놀이 동무로 궁을 드나들던 하성군이 임금이 되고 이 숙의의 사촌인 궁녀 김씨를 후궁으로 맞는다 생각하니 신기했다. 의성대비는 덕빈의 손을 잡고 싱긋 웃으며 말했다.

“김 나인이 주상의 후궁이 되면 조촐하고 오붓하게 국수라도 합시다. 그리고 편안한 마음으로 창경궁으로 가지요.”

궁녀 출신 창빈 안씨의 손자, 조선의 임금이 되다

제14대 임금 선조는 적통을 중시하는 조선에서 왕의 아들도, 왕세자의 아들도 아닌 방계 종친으로 왕위에 오른 최초의 임금이었다. 하성군훗날 선조은 제11대 임금 중종의 서손庶孫 **13**이었고 중종의 후궁이던 할머니 창빈 안씨는 궁녀 출신으로 본래 신분은 내수사왕실의 사유 재산을 관리하던 관청의 노비였다. 하성군의 법적 부모는 명종과 인순왕후였으나 반상의 구별이 철저한 조선에서 노비의 혈통이 섞인 후궁의 손자 하성군이 왕위에 오른 것은 특별한 일이었다.

　하성군이 임금이 된 배경에는 운도 작용했다. 제12대 임금 인종도, 제13대 임금 명종도 왕위를 이을 자식을 남기지 못했기에 종친인 하성군에게도 기회가 왔다. 많은 종친 중에서 명종이 하성군을 후계자로 점찍은 이유는 무엇이었을까.

---

13 서자의 아들 혹은 아들의 서자.

하성군의 친부 덕흥군훗날 덕흥대원군은 명종 14년1559에 30세로 사망했다. 덕흥군의 친형인 영양군은 명종 16년1561에 41세로 사망했다. 명종이 승하했을 때 하성군은 친모 하동부대부인 정씨의 초상을 치르는 중이었다. 즉, 하성군은 고아였고 나이도 어렸다. 게다가 중종의 후궁이던 할머니 창빈 안씨는 궁녀 출신이라 마땅한 친인척도 없었다. 이런 불우한 가정환경이 문정왕후와 외척의 권력 농단에 지쳐 있던 명종에게는 오히려 희망으로 보였을 것이다. 게다가 하성군은 일찍 세상을 떠난 명종의 외아들 순회세자보다 한 살 어렸다. 명종은 조카 하성군을 볼 때마다 아들 순회세자를 떠올리지 않았을까.

변변한 친인척이 없고 아버지에 이어서 백부와 어머니까지 차례로 여읜 하성군이 왕위에 오르면서 마침내 외척과 공신이 없는 시대가 시작됐다. 공신과 외척의 권력 남용을 피해 낙향 후 은거했던 지방의 사림은 새로운 왕이 즉위하자 새로운 시대를 꿈꾸며 적극적으로 과거에 응시해 정계에 진출했다. 퇴계 이황과 제자, 남명 조식의 제자, 아계 이산해, 율곡 이이, 송강 정철, 서애 유성룡, 백사 이항복, 한음 이덕형, 오리 이원익 등 뛰어난 학자 관료가 동시대에 쏟아져 나왔다. 과거 시험을 통해 훌륭한 인재를 공정하게 발탁한 조선은 세계에서 가장 고도로 발달한 학자 관료 체계를 구축할 수 있었다. 학문과 실력을 바탕으로 조정에 진출한 관리가 당파를 만들고 당쟁을 시작한 때도 선조 시대였다.

허울뿐인 후궁이 된
궁녀 김씨

선조는 미혼으로 왕위에 올랐으나 왕비 책봉과 후궁 간택은 명종의 장례가 끝난 후에야 진행할 수 있었다. 그래서 대비 인순왕후는 자신의 시중을 들던 궁녀 김씨훗날 인빈 김씨를 선조의 후궁으로 보냈다. 궁녀 김씨는 명종의 후사를 염려하던 문정왕후가 꿈에서 만난 귀인의 말을 따라 찾아낸 후궁인 숙의 이씨의 친척 여동생이었다.

별안간 후궁이 된 숙의 이씨는 사촌 동생 김씨를 궁으로 데려와 함께 지냈다. 모든 것이 낯선 궁에서 숙의 이씨는 어린 김씨를 의지했다. 명종 승하 후 숙의 이씨는 궁 밖으로 거처를 옮겼으나 궁녀의 신분이던 김씨는 남았다. 그를 예쁘게 본 인순왕후의 뜻이었다. 선조 1년1568 대비전에서 일하던 궁녀 김씨는 인순왕후의 뜻에 따라 선조의 후궁이 되었다. 이때 김씨의 나이는 14세였다.

아직 왕비가 책봉되지 않았기에 김씨는 명색만 후궁일 뿐 품계가 없었다. 명종의 장례가 끝난 선조 2년1569, 선조는 의인왕후 박씨를 왕비로 맞았다. 의인왕후와 김씨는 동갑이었으나 처지는 하늘과 땅 같았다. 김씨는 선조의 첫 여인이자 첫 후궁이었으나 의인왕후가 왕비가 된 후에도 후궁 품계를 받지 못했다.

참으로 야박한 처사였으나 김씨는 자신의 처지를 비관하지 않았고 왕비를 질투하지도 않았다. 그는 처음부터 후궁의 위치와 자신의 역할을 잘 알았고 왕비를 감히 질투의 대상으로 보지 않았다. 왕비는 그가 잘 모셔야 할 또 다른 중요한 상전이었다. 어린 시절부터 궁에서 자란 김씨는 윗사람을 절대로 적으로 두지 않았다. 이는 김씨의 노련한 처세이기도 했으나 주어진 것에 최선과 책임을 다할 뿐, 과한 욕심을 내지 않는 그의 성품이기도 했다.《조선왕조실록》에서도 김씨는 윗사람의 마음을 잘 헤아리고 겸손했다고 전한다.

선조의 총애를 독차지한 공빈 김씨

처지는 하늘과 땅만큼이나 다르나 같은 남편을 둔 김씨와 의인왕후의 사이는 의외로 돈독했다. 그 이유는 두 사람 모두 선조의 총애를 받지 못했기 때문이다. 선조는 20세가 되어서야 사랑하는 여인을 만났다. 선조의 사랑이 향한 곳은 간택 후궁으로 입궁한 숙의 김씨임해군과 광해군의 어머니, 훗날 공빈 김씨였다.

선조 4년1571이 되자 선조는 명문가 출신의 간택 후궁 두 명을 맞이했다. 아마도 의인왕후와 김씨에게 회임 소식이 오래도록 없었기에 외부에서 후궁을 간택했을 것이다. 김희철의 여식 김씨와 정철14의 조카 정씨가 종2품 숙의 품계를 받고 입궁했다. 숙의 김

---

14 조선 선조 대의 정치가이자 가사문학의 대가. '관동별곡', '사미인곡', '속미인곡' 등의 저자로 왕실과 인맥이 각별했다. 정철의 큰누나는 제12대 임금 인종의 후궁이었고, 정철의 조카딸은 제14대 임금 선조의 후궁이었다.

씨는 당시 19세로 선조보다는 한 살 어렸으나 후궁 중 가장 나이가 많았다. 하지만 그는 선조의 총애를 독차지하며 가장 먼저 임신했다. 임신 중 종1품 귀인으로 승격한 김씨는 선조 5년¹⁵⁷², 선조의 첫아들 임해군을 낳았다. 후궁의 품계 변동은 임금의 총애 및 정치 상황과 밀접한 관계가 있었다. 선조는 귀인 김씨를 총애하면서도 그와 함께 입궁한 숙의 정씨도 각별하게 챙겼다. 숙의 정씨의 친정은 왕실과 인연이 깊었기 때문이다. 선조 6년¹⁵⁷³, 숙의 정씨는 명나라 황제 신종의 등극 기념으로 정2품 소의로 승격했다. 같은 해 선조의 첫 번째 후궁이자 승은 궁녀였던 김씨^{훗날 인빈 김씨}가 비로소 종4품 숙원 품계를 받았다. 후궁이 된 지 거의 6년이 지난 후에야 정식 품계를 받은 셈이다.

귀인 김씨는 선조 8년¹⁵⁷⁵에 선조의 둘째 아들 광해군을 낳고 정1품 '공빈'으로 승격됐다. 공빈 김씨는 두 왕자를 연달아 출산하고 후궁이 된 지 4년 만인 23세에 후궁으로서 가장 높은 자리에 올랐다. 공빈 김씨가 선조의 총애를 받았던 시기에 의인왕후는 물론 다른 후궁은 회임조차 하지 못했다. 이는 공빈 김씨가 선조의 승은을 받는 유일한 여인이었음을 의미했다. 소의 정씨는 선조 10년 ¹⁵⁷⁷ 인순왕후의 삼년상이 끝난 기념으로 종1품 귀인으로 승격됐지만 이는 명문가 출신 간택 후궁을 향한 선조의 배려였을 뿐 총애와는 다소 거리가 있었다. 하지만 공빈 김씨의 전성기는 너무 빨리 끝났다. 그는 선조 10년 임해군과 광해군 두 왕자를 남긴 채 산후병으로 세상을 떠났다.

공빈 김씨와 인빈 김씨의 처세법,
이렇게 달랐다

공빈 김씨는 자신이 다른 이의 저주 때문에 병이 깊어졌으나 선조가 이를 조사하여 밝히지 않았다며 설령 자신이 죽는다 해도 선조를 원망하거나 미워하지 않겠다는 말을 남기고 세상을 떠났다.

> (중략) 김씨는 본디 상의 총애를 입어 후궁後宮들이 감히 사랑에 끼어들지 못하였다. 병이 위독해지자 상에게 하소연하기를 '궁중에 나를 원수로 여기는 자가 있어 나의 신발을 가져다가 내가 병들기를 저주하였는데도 상이 조사하여 밝히지 않았으니, 오늘 죽더라도 이는 상이 그렇게 시킨 것이다. 죽어도 감히 원망하거나 미워하지 않겠습니다.' 하였는데, 상이 심히 애도하여 궁인宮人을 만날 적에 사납게 구는 일이 많았다. (하략)
>
> 《선조수정실록》11권 | 선조 10년 5월 1일 공빈 김씨의 졸기

처음으로 사랑했던 여인을 잃은 선조는 자책에 빠졌다. 선조는 위로가 필요했으나 그가 마음을 준 여인은 공빈 김씨뿐이었기에 슬픔을 나눌 사람이 없었다. 위로 받지 못한 선조의 마음은 점점 차가워졌고 공빈 김씨가 그리울 때마다 궁녀에게 사납게 굴어 아무도 곁에 가지 못했다. 이때 조심스럽게 선조에게 다가가 죄책감으로 얼룩진 마음을 어루만져준 사람이 바로 숙원 김씨훗날 인빈 김씨다.

소용 김씨훗날 인빈 김씨가 선조를 곡진히 보호하면서 공빈의 묵은 잘못을 들춰내자, 상선조이 다시는 슬픈 생각을 하지 않으면서 '제가 나를 저버린 것이 많다.'고 하였다. 이로부터 김소용이 특별한 은총을 입어 방을 독차지하니 이는 전에 비할 바가 아니었다.

《선조수정실록》11권 | 선조 10년 5월 1일

숙원 김씨는 선조를 극진하게 모시면서 공빈 김씨의 잘못을 부드럽게 지적하며 선조의 죄책감을 덜어주었다. 덕분에 선조는 슬픔에서 빠르게 회복할 수 있었다. 슬픔에서 회복되자 자신을 자책감으로 괴롭게 만든 공빈 김씨가 원망스러울 정도였다. 이제 선조의 총애는 숙원 김씨에게 향했다. 숙원 김씨는 선조 10년1577 의안군을 출산하면서 정2품 소용으로 승격됐고, 선조 11년1578에 신성군을 출산하며 종1품 귀인으로 승격됐다. 선조는 귀인 김씨를 총애하면서도 골고루 승은을 내렸다. 승은을 공평하게 베풀자 왕실의 후사는 더욱 번창했다. 귀인 정씨가 선조 11년에 임신했고 이로써 의인왕후가 불임이라는 사실이 공공연해졌다.

선조의 총애를 독점한 후궁으로서 귀인 김씨훗날 인빈 김씨와 공빈 김씨의 처세는 사뭇 달랐다. 귀인 김씨는 자신과 비슷한 시기에 임신한 귀인 정씨를 질투하지 않았고 왕비의 불임을 알면서도 교만하지 않았다. 귀인 김씨는 왕자를 낳고 품계가 오를수록 몸가짐을 더욱 조심했으며 윗사람은 존경으로, 아랫사람은 관용으로 대하고 어떤 일을 하든 신중하게 생각하고 행동해 가히 '궁중의 모범'이라는 칭송이 자자했다. 상전을 위해 기어이 자신을 낮추는 자세는 귀인 김씨의 타고난 성품이자 궁에서 익힌 처세였다.

그러던 중 귀인 정씨가 선조 12년[1579] 출산을 위해 출궁했는데 출산 중 아이와 함께 세상을 떠나고 말았다. 선조는 크게 한탄했다. 공빈 김씨는 산후병으로, 귀인 정씨는 출산 중 세상을 떠나자 선조는 후궁도 궁에서 출산과 산후조리를 할 수 있도록 법을 바꿨다.

> 숙의 정씨가 졸했다. 조종조에는 대궐의 법이 너무 엄하여 후궁이 잉태를 하면 친정집으로 보내어 분만하게 하였는데 이때에 이르러 김씨공빈 김씨와 정씨가 잇달아 산고병産苦病으로 죽자, 상이 치료를 잘못하여 그런 것인가 의심하였다. 그래서 이때부터 후궁이 잉태하면 대궐 안에서 해산을 기다리게 하는 법령을 만들었다.
>
> 《선조수정실록》14권 | 선조 13년 11월 1일

귀인 김씨는 선조 13년[1580] 정원군을 낳았고 같은 해 순빈 김씨는 순화군을 낳았다. 순빈 김씨는 선조의 후궁 중에서 가장 특이한 이력을 가진 인물이다. 역관의 딸로 자색이 뛰어났던 순빈 김씨는 선조의 큰 형 하원군이 바친 여인으로 공빈 김씨와 귀인 정씨를 연달아 잃고 실의에 빠진 선조를 위한 진헌[15]이었다. 선조는

---

15 임금에게 예물을 바치던 일. 비슷한 말로 진봉, 진상, 헌상 등이 있다.

그가 어지간히 마음에 들었는지 입궁하자마자 '순빈'으로 봉했다. 순빈 김씨는 궁녀나 간택 후궁은 아니었지만 후궁으로 입궁한 동시에 정1품 빈 품계를 받았다.

《조선왕조실록》은 순빈 김씨의 아들 순화군이 선조의 왕자 중 가장 포악하고 잔인무도하다고 기록했다. 툭하면 폭행을 저질러 사람을 죽이는 일도 있었고 심지어 전쟁 중일 때나 유배지에서도 사람을 해쳤다. 그때마다 선조는 최선을 다해 순화군을 감싸고 보호했다. 왕실의 품격을 어지럽혔는데도 왜 선조는 그토록 순화군을 아꼈을까? 자색이 뛰어났다는 순빈 김씨에 대한 총애 때문일 수도 있지만 순화군이 태어난 후 8~9년 가까이 아들이 없었기 때문이라는 데 무게가 실린다. 말하자면 순화군은 태어나서 10년 가까이 선조의 막내아들이었고 순빈 김씨의 유일한 자식이었으니 애틋했을 것이다.

간택 후궁과 승은 궁녀의 차이

공빈 김씨는 세상을 떠나기 전 아들만 둘을 낳았고, 귀인 김씨훗날 인빈 김씨도 연달아 아들 셋을 낳았으며 순빈 김씨도 후궁이 되자마자 아들을 낳았다. 선조 13년1580 30세가 된 선조에겐 아들만 여섯 명이었다. 하지만 선조는 '후사를 위해' 간택 후궁 세 명을 '새로' 뽑았다. 이미 왕자가 여섯 명이나 있는데 새삼 후사를 위해 후궁을 간택한다는 명분은 참으로 우스웠다. 이는 왕위를 이을 후사를 고려했을 때 아무도 선조의 마음에 들지 않았다는 의미이기도 했다.

종2품 숙의 품계를 받고 입궁한 새로운 간택 후궁은 숙의 정씨, 숙의 민씨, 숙의 홍씨였다. 이중 숙의 정씨는 얼마 후 세상을 떠났고 선조는 새로운 후궁에게서 오래도록 자식을 얻지 못했다. 이 시기, 부지런히 후사를 넓힌 후궁은 귀인 김씨뿐이었다. 귀인 김씨는 선조 15년[1582] 선조의 첫딸 정신옹주를 낳았고, 선조 17년[1584]에는 둘째 딸 정혜옹주를, 선조 20년[1587]에는 셋째 딸 정숙옹주를 낳았다. 후사를 위해 간택 후궁을 뽑은 선조 13년[1580]부터 8년 동안 귀인 김씨만 선조의 자식을 낳았다. 공빈 김씨가 선조의 총애를 독차지했을 때와 비슷했다. 귀인 김씨 외에 다른 후궁은 임신이나 출산은커녕 승은조차 받기 어려웠다. 이 무렵 선조와의 사이에서 3남 3녀를 둔 귀인 김씨는 후궁 중 가장 자식이 많았고 후궁 경력도 가장 길었으며 선조의 깊은 총애와 의인왕후의 두터운 신뢰를 받았다.

귀인 김씨가 안정된 행복을 누리던 선조 21년[1588], 그의 장남 의안군이 12세에 세상을 떠났다. 자식을 잃은 귀인 김씨의 슬픔은 이루 말할 수 없었다. 귀인 김씨가 슬픔에 빠져있던 시기에 드디어 선조의 새로운 간택 후궁에게도 기회가 왔다. 선조 21년에 숙의 민씨가 첫아들 인성군을 낳았다. 14세에 종2품 숙의 품계를 받고 간택 후궁으로 입궁한 민씨는 정2품 소의와 종1품 귀인을 거쳐 정1품 '정빈'으로 봉해졌다. 선조의 곁을 20년 가까이 지키며 3남

3녀를 낳은 귀인 김씨보다 높은 품계였으니 이것이 바로 간택 후궁과 승은 궁녀 출신 후궁의 차이였다.

인성군은 의안군의 죽음으로 무거웠던 왕실 분위기를 환하게 만들었다. 게다가 선조가 40세를 앞두고 얻은 늦둥이 아들이었으니 그야말로 귀여움을 한 몸에 받았다. 이러한 이유 때문이었을까. 선조의 관심에서 밀려난 임해군공빈 김씨의 장남과 순화군순빈 김씨의 아들의 성품은 점점 포악해졌고 광해군공빈 김씨의 차남은 오히려 더욱 모범적인 왕자의 길을 걸었다.

연이은 출산 그리고 의안군의 죽음으로 몸과 마음이 지쳐 있던 귀인 김씨는 인성군의 탄생으로 다시 힘을 내야 할 이유를 찾았다. 아들을 잃은 그의 슬픔은 선조의 마음이나 왕실에 아무런 영향을 주지 않았다. 귀인 김씨는 일개 후궁에 불과한 자신이 얼마나 힘없는 존재인가를 깨닫고 나자 선조의 총애를 되찾아야 한다는 결심이 섰다. 선조 22년1589, 슬픔을 추스른 귀인 김씨는 다시 선조의 승은을 받았고 의창군을 낳았다. 선조 23년1590엔 정빈 민씨가 정인옹주를, 귀인 김씨는 정안옹주를 낳았으나 귀인 김씨는 초조하거나 불안하지 않았다. 다른 후궁과의 소모적인 경쟁보다 선조의 총애를 되찾아 얻은 아들이 훨씬 중요했다.

임진왜란 동안
선조가 몰두한 일

이 무렵 선조는 신하들로부터 세자를 책봉하라는 압박을 받고 있었다. 적통 왕자를 후계로 삼으려는 열망이 컸던 선조는 왕비가 불임인 이상, 서출 왕자 중 가장 훌륭하고 완벽한 아들을 세자로 세우고 싶었다. 선조는 더 훌륭한 아들이 태어나기를 기다리는 마음으로 세자 책봉을 미뤘다. 하지만 그는 40세가 되도록 세자를 정하지 않았고 신하들은 더 이상 기다릴 수가 없었다. 선조의 왕자[16]인 임해군, 광해군, 신성군, 정원군, 순화군 중 대다수 신하의 뜻은 선조와 공빈 김씨의 차남인 광해군으로 모아졌다. 임해군은 선조의 장남이었으나 후보로 거론조차 되지 않았는데 순화군과 더불어 인성 문제가 심각했기 때문이다.

선조가 광해군의 세자 책봉을 주저하자 귀인 김씨의 차남 신성군이 새로운 세자 후보로 거론되면서 당쟁이 더욱 격렬해졌다. 선조가 세자 책봉을 주저한 이유는 여러 가지였다. 자질로 보면 광해군이 '현재' 최선인 것은 분명했으나 선조의 마음에는 들지 않았다. 이에 선조의 속마음을 헤아린 신하들은 귀인 김씨의 아들 신성군을 세자 후보로 거론했다. 하지만 신성군 역시 선조에게는

---

16 선조 24년1591 당시 왕자의 나이: 임해군 20세-광해군 17세母 공빈 김씨, 신성군 13세-정원군 11세母 인빈 김씨, 순화군 11세母 순빈 김씨, 인성군 4세母 정빈 민씨, 의창군 3세母 인빈 김씨.

광해군보다 사랑스러운 아들일 뿐 세자로 삼고 싶지는 않았다. 무엇보다 앞으로 태어날 왕자가 더욱 뛰어날 수도 있다는 가능성을 배제할 수 없었다. 그렇게 세자 책봉을 계속 미루던 중 임진왜란이 일어났다.

선조 25년1592 4월, 한나절 만에 부산을 점령한 왜군은 엄청난 속도로 한양을 향해 진격했다. 신립 장군은 탄금대 전투에서 여러 번 승리를 거두고도 끝내 왜군을 막지 못한 채 자결했다. 신립 장군을 굳게 믿었던 선조는 최후의 방어선이 무너졌다고 판단했고 피난을 결심했다.

피난을 가기도 빠듯한 이때, 신하들이 후사를 위해 반드시 세자가 있어야 한다고 입을 모으자 선조는 졸속으로 광해군을 세자로 '임명'했다. 이제껏 주저했던 시간이 무색할 정도였다. 광해군은 세자가 되자마자 피난길에 올랐다. 세자 광해군은 선조가 짊어져야 하는 전쟁의 책임과 비난을 대신하는 존재가 되었다. 광해군이 분조[17]를 이끌고 병사들과 전장에서 고생하는 동안 세자 자리를 두고 신하들의 입방아에서 경쟁을 벌였던 귀인 김씨의 아들 신성군은 피난지에서 세상을 떠났다.

광해군을 전장으로 보내고 그나마 조선에서 가장 안전한 피난지에 머물던 선조는 임해군과 순화군에게 각각 함경도와 강원도

---

17 임진왜란 때 선조가 본조정本朝廷과 별도로 임시로 설치한 조정. 선조가 의주로 피난하면서 세자 광해군을 따로 함경도로 피란시킬 때 선조가 있던 의주의 행재소임금이 임시로 머무는 거처와 구분하여 세자가 있던 곳을 이르던 명칭.

에 가서 근왕병[18]을 모집하고 의병을 일으켜 민심을 수습하게 했다. 선조는 나라가 위기에 빠졌으니 왕자로서 책무를 하라고 명했지만 임해군과 순화군은 길을 떠나자마자 온갖 문제를 일으켰다. 임해군은 잠시 머무는 고을마다 음식과 처소가 마음에 들지 않고 접대가 소홀하다며 수령을 구타하고 물건을 갈취했으며 여인도 겁탈했다. 게다가 순화군은 강원도 부근에 왜군이 있다는 소식을 듣자 이를 피해 냉큼 임해군과 함경도로 가버렸다. 왜군이 함경도에 이르렀을 때 두 왕자의 행패에 질려버린 백성은 왜군에게 왕자들의 거처를 알려주는 최악의 선택을 했다. 결국 왜군의 포로가 된 임해군과 순화군은 전쟁 내내 백성과 조정에 엄청난 부담을 안겼다.

명나라 원군이 조선에 들어오고 왜군의 패색이 짙어지면서 전쟁은 장기전이 됐다. 전쟁이 끝나지 않은 상황에서 관군, 의병, 명군, 왜군이 조선 백성과 조선 땅에서 함께 살았다. 수시로 전투가 벌어지지는 않았으나 조선 백성에게 적군과 함께 살아가야 하는 현실은 가혹했다.

이 시기에 선조는 무엇을 했을까. 선조 26년[1593]에 관군이 한양을 수복하자 한양으로 돌아온 선조가 시작한 일은 왕성한 '생산 활동'이었다. 먼저 귀인 김씨는 정휘옹주를 낳았다. 당시 귀인 김씨는 39세로 정휘옹주는 선조와의 사이에서 낳은 4남 5녀 중 막내

---

18 임금이나 왕실을 위하여 충성을 다하는 군인.

였다. 정빈 민씨는 선조 27년1594 정선옹주를 낳았고, 정빈 홍씨는
선조 28년1595과 선조 29년1596에 정정옹주와 경창군을 낳았다.

의인왕후를 정성껏 보살핀
귀인 김씨

전쟁이 끝나지 않은 상황에서도 선조는 생산 활동에 박차를 가했
다. 같은 시기에 의인왕후는 황해도 해주에 머물며 백성을 구휼[19]
했다. 그 사이 의인왕후의 친정어머니가 돌아가셨으나 그는 장례에
참석하지 못했다. 이에 사간원에서 의인왕후를 하루라도 빨리 도성
으로 모시자고 주청하자 선조는 못마땅해하며 이렇게 답했다.

> 사간원이 중전中殿, 의인왕후의 환도還都에 관한 일을 잇따라 아뢰
> 니, 상이 답하였다. "어찌하여 급박하게 지휘하는가. (중략) 날
> 씨가 따뜻해지면 저절로 올라오게 될 것이다. 지금 이처럼 논하
> 는 것은 백성을 튼튼하게 하려는 것인가, 아니면 나를 옭아매려
> 는 것인가? (하략)"
>
> 《선조실록》68권 | 선조 28년 10월 20일

선조는 의인왕후가 자신을 옭아매는 존재라고 말한 셈이다. 그

---

19 사회 또는 국가 차원에서 재난을 당한 사람이나 빈민에게 금품을 주어 구제함.

러는 사이에 또 전쟁이 일어났다. 선조 30년1597 1월, 20만 왜군이 재차 조선을 침범한 정유재란이었다. 10개월 가까이 계속된 전쟁은 선조 31년1598 도요토미 히데요시의 죽음으로 끝났다. 이순신 장군은 조선에서 철수하라는 명령을 받은 왜군을 바다에서 몰아내고 장렬하게 전사했다. 8년 가까이 계속된 왜란은 조선의 완벽한 승리로 끝났다. 정유재란이 끝난 후에도 여전히 황해도 수안에 머물고 있던 의인왕후는 선조 32년1599, 피난을 떠난 지 8년 만에야 한양으로 돌아왔다.

전쟁 기간 내내 객지에 머물던 의인왕후는 한양으로 돌아온 후 병환을 얻었다. 이때 왕비를 보살핀 사람은 귀인 김씨였다. 그는 선조에게 외면당한 의인왕후를 지성으로 간호했다. 귀인 김씨는 왕비의 탕약과 식사를 챙기고 간호하며 그것이 당연히 자신의 할 일이라고 생각했다. 하지만 귀인 김씨의 지극한 보살핌에도 불구하고 의인왕후는 한양으로 돌아온 지 1년 만인 선조 33년1600에 46세로 세상을 떠났다. 이때 귀인 김씨는 의인왕후의 반함飯含, 죽은 이의 입에 구슬을 물리는 일과 염습殮襲, 죽은 이에게 옷을 입히는 일, 초빈草殯, 입관하여 안치하는 일을 도맡으며 장례 법도와 절차에 한 치의 부족함이 없도록 살폈다. 의인왕후가 승하하자 후궁들은 귀인 김씨에게 의지했다. 왕비보다 먼저 선조의 후궁이 됐고 30년 넘게 선조의 곁을 지킨 귀인 김씨는 사실상 후궁들의 왕언니였고 명실상부한 내명부의 기둥이었다.

광해군이 감히
의리를 잊지 못한 사람

의인왕후가 세상을 떠난 후 조정 대신은 늦었지만 이제라도 광해군의 세자 책봉을 굳건히 해야 한다고 주청했다. 광해군은 10년 가까이 세자의 자리에 있었고 그 시간의 대부분을 전쟁을 수습하며 보냈다. 하지만 선조는 명나라로부터 세자의 고명[20]과 인신[21]을 받는 데 소극적이었다. 오히려 광해군을 점점 박대했고 '중전의 자리가 비어 있는데 왕비 책봉은 청하지 않고 세자 책봉만 요구한다'며 신하들을 비난했다.

선조 35년[1602], 51세 선조는 김제남의 19세 딸을 왕비로 맞이했다. 그가 바로 훗날 광해군과 철천지원수가 되는 인목왕후다. 젊고 건강한 인목왕후는 곧바로 임신했다. 의인왕후가 불임이었기에 '왕비의 임신'은 선조가 왕위에 오른 지 35년 만에 일어난 대사건이었지만 광해군에게는 비극이었다. 만약 인목왕후가 아들을 낳는다면, 선조가 그토록 간절하게 바라 마지않던 적통 후계자가 태어난다면, 최악의 경우 광해군은 폐위될 수 있었다. 인목왕후는 선조 36년[1603] 정명공주를 낳았다. 선조가 바랐던 아들은 아니었으나 의인왕후처럼 불임이 아니라고 증명됐으니 아들을 낳기만 하면 됐다. 선조의 바람대로 인목왕후는 얼마 후 다시 임신했다.

---

20 중국 황제가 제후나 5품 이상의 벼슬아치에게 주던 임명장.
21 중국 황제가 고명을 내린 대상에게 주는 도장.

선조는 선조 37년[1604] 임진왜란을 잘 극복하고 중흥한 공을 치하하며 공신을 봉했는데 이때 승하한 의인왕후에게는 '휘열徽烈'과 '정헌貞憲'이라는 존호를, 인목왕후에게는 '소성昭聖'이라는 존호를 내렸다. 전쟁이 끝난 후 왕비가 된 인목왕후가 존호를 받은 이유는 선조의 자식을 낳았기 때문이라고 추측된다. 약 한 달 후 선조는 귀인 김씨의 품계를 정1품 '인빈'으로 올렸으니 이때 인빈 김씨는 50세였다.

인빈 김씨는 선조의 후궁이 된 지 37년 만에, 종4품 숙원 품계를 받은 지 31년 만에 빈 품계를 받았다. 그는 선조의 후궁 중 왕실에 가장 많은 공헌을 했지만 가장 늦게 빈으로 승격됐다. 같은 해 인목왕후와 동갑인 궁녀 한씨는 정화옹주를 낳고 종3품 숙용으로 승격됐으며 선조 39년[1606]엔 영성군을 낳고 정1품 '온빈'으로 승격됐다. 선조의 후궁 중 정1품 빈의 지위에 이른 여인은 무려 5명[22]이었다.

마침내 인목왕후가 선조 39년 선조의 마지막 자식이자 적장자인 영창대군을 낳았다. 선조 37년에 인목왕후가 한 번 사산한 후 태어난 적통 왕자였으니 선조의 기쁨은 이루 말할 수 없었다. 동시에 광해군의 세자 지위는 극도로 위태로워졌다. 영창대군의 탄생으로 광해군이 공포에 가까운 두려움을 느끼던 이 시기에 인빈 김씨는 조카 신씨를 동궁전의 궁녀로 입궁시켰다. 세자빈과 더불어 극도의 스트레스에 시달리는 세자의 심신을 위로하라는 조언

---

22 인빈 김씨, 순빈 김씨, 정빈 민씨, 정빈 홍씨, 온빈 한씨.

도 했을 것이다.

신씨는 명확한 목적을 지니고 입궁했으나 간택 후궁이 아닌 궁녀였기에 후궁의 품계를 바로 받지는 못했다. 그때까지 후궁이 단 한 명도 없던 광해군은 총명하고 문자를 잘 아는 신씨를 총애했다. 광해군은 조정의 절반 이상이 세자에게 등을 돌려 외롭고 서럽던 시절, 조카 신씨를 동궁의 궁녀이자 후궁으로 보내준 귀인 김씨의 배려를 결코 잊지 못했다.

> 왕광해군이 일찍이 말하기를 "내가 서모庶母의 은혜를 받아서 오늘이 있게 된 것이니, 그 의리를 감히 잊지 못한다." 하였다. 이 때문에 빈이 죽을 때까지 원종 대왕인조의 아버지 정원군 형제들이 모두 탈이 없었다.
>
> 《광해군일기》[중초본] 71권 | 광해 5년 10월 29일

1608년 선조가 재위 41년을 끝으로 승하하자 34세인 세자 광해군이 왕위에 올랐다. 선조의 유언을 받든 대신 일곱 명은 3세에 불과한 영창대군을 왕위에 올리려 했으나 끝내 실패했다. 대비가 된 인목왕후는 한글로 교지를 내려 광해군의 왕위 계승을 인정했다. 임진왜란이 발발한 18세에 세자가 되어 인생의 절반을 외롭게 세자의 자리를 지키고 견뎌야 했던 광해군이 마침내 임금이 됐다.

선조, 임해군, 영창대군 등 가족에게 많은 견제와 구박을 받으며 세자의 자리를 지키고 왕위에 오른 광해군은 최측근이 아니면

사람을 쉽게 믿지 않았다. 특히 권력과 관계된 일이면 가족도 절대 믿지 않았다. 광해군이 믿는 이들은 왕비의 친인척과 힘든 시절 그의 곁을 지켜준 궁인이었다. 인빈 김씨의 조카 신씨는 광해군 1년1609 종4품 숙원 품계를 받았다.

명종의 후궁 숙의 이씨와 선조의 후궁 인빈 김씨, 광해군의 후궁 숙원 신씨는 친인척 관계로 이어져 있었다. 명종의 후궁인 사촌 언니 숙의 이씨를 따라 궁에 들어와 궁녀가 된 인빈 김씨는 선조의 후궁이 되었고, 인빈 김씨는 조카딸 신씨를 입궁시켜 광해군의 후궁이 되게 했다. 한 집안에서 후궁 세 명이 나왔고 이들은 각각 다른 임금을 섬기며 궁중 깊은 곳에서 역사의 변화를 목격하고 때로는 동참했다.

인빈 김씨가 무덤에서
최상의 대우를 받은 이유

선조의 삼년상을 마친 후 궁 밖으로 나온 인빈 김씨는 광해군 5년1613 59세로 세상을 떠났다. 인빈 김씨가 살아있을 때 그의 자식들은 광해군의 숙청과 보복으로부터 안전했다. 하지만 인빈 김씨가 세상을 떠나고 얼마 지나지 않아 정원군인빈 김씨의 셋째 아들과 의창군인빈 김씨의 넷째 아들이 곧바로 역모에 연루됐다.

먼저 광해군 7년1615 정원군의 막내아들 능창군이 신경희의 옥사에 연루되어 강화도로 유배됐다. 능창군은 자식 없이 일찍 세상을 떠난 신성군인빈 김씨의 둘째 아들의 양자였다. 신성군은 신립 장군의 사위였는데 신립의 조카가 바로 신경희다. 당시 집권당은 이이첨을 비롯한 대북 강경파[23]로 이들은 역모 등의 공포 정치로 조정을 장악하고 있었다. 옥사를 주도한 대북 세력은 능창군이 신경희의 추대로 왕이 되려 한다는 고변을 근거로 능창군을 역모로 몰았다. 유배지 강화도 교동에 위리안치[24]된 능창군은 20세에 자결했다. 광해군 10년1618에는 의창군이 역모죄로 처형된 허균의 사건에 연좌되어 삭탈관직당하고 유배됐다. 막내아들은 자결하고 하나 남은 남동생은 유배되자 정원군은 몸을 돌보지 않으며 술을 마셨고 술병과 화병이 겹쳐 광해군 11년1619에 세상을 떠났다.

인빈 김씨의 네 아들 중 살아남은 아들은 유배지에 있는 의창군뿐이었다. 광해군과 대북 세력의 손에 아버지와 남동생을 잃은 정원군의 장남 능양군훗날 인조은 숙부 광해군이라면 치를 떨었다. 광해군은 정원군의 집에 왕기王氣, 임금이 날 징조가 있다는 풍수가의 말을 듣고 집까지 빼앗았다. 힘도, 돈도, 그를 도와줄 인재도 없던 능양군은 몸을 낮추고 때를 기다렸다. 능양군은 마침내 1623년 광해군에게 등을 돌린 서인 세력과 손을 잡고 반정을 일으켜 왕위에 올랐다. 조선 왕조의 두 번째이자 마지막 반정인 '인조반정'이다.

---

23 동인과 서인의 갈등으로 시작된 당쟁에서 동인 강경파를 '북인'이라고 칭했는데 북인은 다시 강경파인 '대북'과 중도 온건파인 '소북'으로 분열했다. 소수였던 대북 강경파는 세자 시절부터 광해군을 강력하게 지지했고 광해군이 왕위에 오르자 정권을 장악했다.

24 중죄인에게 내리는 유배형 중 하나. 유배된 죄인이 거처하는 집 둘레에 가시로 울타리를 치고 죄인을 그 안에 가두던 일.

인빈 김씨의 혈통

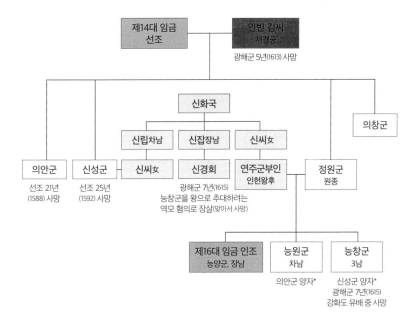

인조가 왕위에 오르면서 인빈 김씨는 임금의 할머니가 되었다. 이후 제24대 임금 헌종에 이르기까지 조선의 왕은 모두 인조의 혈통이었기에 인빈 김씨는 후손으로부터 아주 각별하게 대우받았다. 인빈 김씨의 제사는 막내아들 의창군이 받들었는데 의창군이 인조 23년1645에 자식 없이 세상을 떠나자 인조는 손자 복창군에게 제사를 받들게 했다.

복창군이 숙종 6년¹⁶⁸⁰에 역모죄로 처형되자 숙종은 숭선군²⁵에게 인빈 김씨의 제사를 받들게 했고 숙종 14년¹⁶⁸⁸에는 숭선군의 아들 동평군이 이어서 제사를 받들었다. 후손으로부터 제사를 받을 수 있는 후궁도 손에 꼽히거니와 있더라도 그마저도 자손이 끊어지면 2~3대 안에 제사가 끝나는 것이 관례였다. 따라서 인빈 김씨가 후대의 임금에게 받은 대우는 정말 각별했다.

인빈 김씨를 왕실에 공헌한 인물로 자리매김하게 만든 이는 영조다. 영조가 인빈 김씨를 추숭한 목적은 세상을 떠난 자신의 친모인 숙빈 최씨를 추숭하기 위해서였다. 하지만 숙빈 최씨의 추숭이 번번이 신하의 반대에 부딪히자 영조는 인빈 김씨의 사당을 따로 세우고 인빈 김씨의 사당에서 제사를 지낸 후 반드시 숙빈 최씨의 사당에도 들렀다. 영조는 인빈 김씨를 추숭하면서 숙빈 최씨를 함께 추숭하겠다는 의지를 밝혔다. 이를 반대한 신하는 없었다. 영조의 인빈 김씨 추숭은 숙빈 최씨를 향한 영조의 애틋한 효심을 실천하기 위한 방패였으나 어쨌든 인빈 김씨는 최상의 대우를 받은 셈이다.

영조는 영조 31년¹⁷⁵⁵ 인빈 김씨의 사당을 송현궁으로 옮기고 궁의 이름을 '저경'이라 했으며 무덤도 묘에서 '순강원'으로 승격시켰다. 또 인빈 김씨에게 입궁 기회를 제공한 명종의 후궁 숙의 이씨까지 정1품 '경빈'으로 승격시켰다. 이후 인빈 김씨는 '저경

---

25 인조와 귀인 조씨의 아들.

궁'이라 불렸고 그의 사당은 왕실의 관리를 받아 잘 정비됐고 제
사를 받들 봉사손도 끊이지 않았다. 조선의 후궁으로 세상을 떠난
후 여러 임금의 효도를 받으며 살아있을 때보다 더 큰 영예를 얻
은 이는 인빈 김씨가 유일하다.

선조의 주요 후궁

	입궁 및 품계	승격 행적	자녀
인빈 김씨	선조 1년1568 궁녀-승은	승은 당시 14세 선조 6년1573 종4품 숙원 선조 10년1577 종2품 소용 선조 11년1578 종1품 귀인 선조 37년1604 정1품 인빈	선조 10년1577 의안군 선조 11년1578 신성군 선조 13년1580 정원군 선조 15년1582 정신옹주 선조 17년1584 정혜옹주 선조 20년1587 정숙옹주 선조 22년1589 의창군 선조 23년1590 정안옹주 선조 26년1593 정휘옹주
공빈 김씨	선조 4년1571 간택 후궁 종2품 숙의	간택 후궁 입궐 당시 19세 선조 5년1572 종1품 귀인 선조 8년1575 정1품 공빈 선조 10년1577 산후병으로 사망	선조 5년1572 임해군 선조 8년1575 광해군
귀인 정씨		간택 후궁 입궐 당시 15세 선조 6년1573 정2품 소의 선조 10년1577 종1품 귀인 선조 12년1579 출산 중 사망	자녀 없음
순빈 김씨	진헌임금에게 바침	생년 알 수 없음 숙원-숙용-빈 추정	선조 13년1580 순화군
숙의 정씨	선조 13년1580 간택 후궁 종2품 숙의	간택 후궁 입궐 당시 17세 선조 13년 사망	자녀 없음
정빈 민씨		선조 즉위년1567 탄생 간택 후궁 입궐 당시 14세 소의-귀인-빈	선조 21년1588 인성군 선조 23년1590 정인옹주 선조 27년1594 정선옹주 선조 32년1599 정근옹주 선조 37년1604 인흥군
정빈 홍씨		간택 후궁 입궐 당시 18세 빈	선조 28년1595 정정옹주 선조 29년1596 경창군

	입궁 및 품계	승격 ^{행적}	자녀
온빈 한씨	선조 25년1592 궁녀-승은 추정	선조 14년1581 탄생 입궐 당시 12세 숙원-숙용-귀인-빈	선조 31년1598 흥안군 선조 33년1600 경평군 선조 37년1604 정화옹주 선조 38년1605 영성군
인목 왕후	선조 35년1602 왕비 책봉	선조 17년1584 탄생 1608년 선조 승하 당시 25세	선조 36년1603 정명공주 선조 39년1606 영창대군

2부

나는 왕의 진정한
사랑이었다

희빈 장씨, 장옥정

오로지 왕의 뜨거운 총애로
왕비가 된 유일한 궁녀

✿✿✿

숙종 6년1680 **10월 26일**

"대비마마, 영상 김수항이 경덕궁현재 경희궁 홍화문 밖에 와 있다 하옵니다."

"지금 주상숙종의 옥체가 미령하시니 아뢰지 말라고 전하게."

명성대비[26]의 얼굴에 비장한 기색이 감돌았다. 유산 후 병세가 심상치 않았던 중전인경왕후은 경덕궁으로 옮겨 약을 썼으나 회복이 더뎠다. 뜨거운 여름, 경덕궁으로 간 중전은 계절이 바뀌도록 돌아오지 못했다. 용종왕의 아들을 잃은 상실감으로 마음의 병을 앓는가 싶었는데 두창천연두과 증상과 비슷하다는 어의의 말에 식겁하여 대비는 서둘러 주상을 창경궁으로 이어

---

26 명성왕후. 현종의 왕비이자 숙종의 모후母后다. 대비가 된 후 '현열顯烈'이라는 존호를 받았으나 왕비의 시호인 '명성明聖' 대비로 더 많이 알려졌다.

임금이 거처하는 곳을 옮김하게 했다. 중전과 주상이 서로 다른 궁궐에 머물며 만나지 못한 지 이레가 지났다. 주상은 아직 두창을 앓은 적이 없어서 대비의 두려움이 컸다.

"대비마마, 중전마마의 증후가 위급하여 이미 망극한 지경에 이르렀습니다. 승정원을 통해 이미 전하였으나 전하께 갑자기 부음을 아뢰면 옥체에 누가 될까 먼저 아뢰옵니다."

중전은 고작 스무 살. 꽃다운 나이에 세상을 떠났으니 참으로 안타까운 일이었다. 하지만 대비에게는 아들이 더 소중했기에 사뭇 단호하게 말했다.

"주상께서는 밤늦게 구토하시고 가슴과 배의 통증 때문에 조금 전 겨우 진정되어 침수드셨습니다. 지금 아뢰면 놀라고 슬퍼하실 테니 일어나신 후에 조용히 고하도록 하십시다."

"알겠사옵니다, 대비마마."

중전의 임종을 지킨 영의정 김수항의 목소리가 떨렸다. 영의정과 도승지가 물러난 후, 명성대비는 서둘러 자의대비인조의 계비이자 숙종의 증조할머니의 처소로 향했다. 왕비의 장례이니 내명부가 먼저 나서서 주상의 슬픔과 부담을 덜어주는 것이 마땅했다.

"밤이 늦었는데 무슨 일이오?"

"대왕대비 마마, 지금 막 영상 대감으로부터 중전의 부음을 전해 듣고 오는 길입니다."

"이 늙은이가 너무 오래 살았구려. 하늘도 무심하시지. 중전 대신 차라리 나를 데려가셨어야 했는데…"

증손주 며느리의 부음을 들은 자의대비의 눈가가 붉어졌다. 15세에 40세가 넘은 인조의 계비로 책봉되어 궁에 들어온 자의대비는 한 번도 아이를 잉태해본 적이 없었다. 인조가 승하했을 때 자의대비는 30세가 되기 전이었다. 홍안의 나이에 대비가 되고 왕대비가 되고 대왕대비가 되어 뒷방에서 40년 가까이 늙어가는 동안 아들과 며느리, 이제는 손주며느리까지 먼저 세상을 떠나는 모습을 지켜보아야 했다. 자의대비의 무거운 한숨을 뒤로한 채 몸을 일으킨 명성대비는 무심하게 방을 나서다가 시립侍立, 웃어른을 모시고 서다하던 한 궁녀 앞에서 시선을 멈췄다.

순간 가슴이 철렁했다. 똑같은 궁녀의 복색을 갖췄음에도 비단과 금 노리개를 두른 것처럼 홀로 빛이 났다. 반듯한 이마에 그린 듯한 눈썹이 눈길을 잡아당겼고 도톰한 귓불과 하얀 목덜미는 사내의 욕망에 불을 지피기에 충분했다. 대비는 알 수 없는 불안에 두근거리는 심장을 다독이며 궁녀를 매섭게 살폈다. 맹랑하게도 궁녀는 대비의 시선을 피하지 않았다. 고개를 숙여도 요염한 자태가 눈에 그려지니 참으로 요물이었다.

'저런 대단한 미색을 지닌 요물이 언제부터 자의대비 전에 있었단 말인가? 주상이 눈에 담기라도 하면 큰 사달이 날 것이

분명하니 그전에 손을 써야겠다.'

명성대비의 불안은 이내 현실이 되었다. 미령한 옥체를 회복하자마자 자의대비전에 문안을 드리러 갔던 숙종은 기어이 그 요망한 궁녀를 눈에 담았다. 왕비의 상喪 중인데도 반반한 계집을 침전에 들여 한 번 승은을 내린 숙종은 밤이고 낮이고 그 치마폭에서 헤어나질 못했다.

"대체 그 간악한 계집의 정체가 무엇이란 말이냐? 당장 내 앞에 데려와라."

분통을 터트리는 명성대비에게 지밀상궁이 은밀하게 고했다.

"대왕대비전의 나인 장씨는 역관 장현의 조카라고 합니다."

두 눈을 부릅뜬 명성대비의 얼굴에 경악한 기색이 역력했다. 생각지도 못한 일이었다.

서인이 경계한
두 재벌 가문

당대의 거부로 불린 장현은 조선 제일의 거부로 손꼽히는 변승업[27]
과 사돈이었다. 청나라와의 외교와 무역에 막강한 영향력을 지닌
장현의 딸과 왜일본와의 무역을 독점하다시피 한 변승업 아들의 혼
인은 당대 두 재벌 가문[28]의 결합이기도 했다. 왕실에 헌신해 임금
의 마음을 얻고 실력과 노력으로 엄청난 부를 이루었으며 역관으
로서 올라갈 수 있는 최고의 자리에 올라간 장현은 명성대비를 비
롯한 서인에게 경계의 대상이었다.

숙종 3년1677에 장현의 품계가 종1품 숭록대부에 이르자 정권
을 잡은 서인은 그를 집중적으로 견제했다. 이런 상황에서 장현의
조카 장옥정이 숙종의 총애를 독차지하니 서인은 도저히 용납할 수

---

27 연암 박지원의 《허생전》에 등장하는 변 부자의 실존 인물로 전해진다.

28 장현은 인조 17년1639 역과 장원이었고 변승업은 인조 23년1645 역과 차석이었다. 변승업
은 왜어일본어 전공자로 역과 장원은 대대로 한학漢學 전공자 중에서 선발했다.

없었다. 인조반정 이후 왕실과의 혼인은 서인 정권의 고유 권한이었다. 그런데 이 근본이 '궁녀 장옥정' 때문에 뿌리째 흔들리기 시작했으니 서인의 반발은 처음부터 예정된 것이나 다름없었다.

장옥정을 경계한 서인에게 힘을 실어준 이는 뜻밖에도 숙종의 어머니 명성대비였다. 효종과 현종은 왕권 강화를 위해 외척에게 의도적으로 권력을 줬고 명성대비의 아버지 청풍부원군 김우명숙종의 외할아버지과 사촌오빠 김석주는 당파에 상관없이 왕실에 충성하며 숙종의 왕권을 제일로 생각했다.

왕의 당숙과 사통했다는
궁녀 김상업의 진실

숙종 1년1675 3월 12일, 김우명이 상소문을 올렸다. 복창군·복평군 형제와 궁녀의 사통을 고발하며 숙종의 처벌을 간곡히 촉구하는 내용이었다. 그는 선왕현종과 자전명성대비이 지금껏 복창군 형제의 잘못을 눈감아 주었으나 이제 은혜는 미뤄두고 법을 베풀어야 할 때라고 주장했다. 당시 숙종은 16세였고 즉위한 지 1년도 되기 전이었으며 현종의 삼년상이 끝나지 않았기에 왕비 인경왕후와 아직 합궁하기 전이었다. 그런데 두 당숙복창군과 복평군이 궁녀와 사통했다는 상소를 받았으니 얼마나 당황했겠는가. 숙종은 영의정 허적에게 상소문을 보여주고 이를 상의하면서 상소에서 지적한 궁녀김상업는 이미 궁 밖으로 내보낸 사람이라고 말했다. 바로 다음

날 숙종은 복창군과 복평군 형제를 방면하며 자책했다.

> (중략) "남의 말을 믿고 골육의 지친이 헤아릴 수 없는 처지에
> 빠지게 하였으므로, 내가 매우 부끄러워 마음이 아프고 눈물이
> 나서 못 견디어 곧 땅을 뚫고 들어가고 싶으나, 그럴 수 없다. 이
> 렇게 억울하고 애매한 사람을 잠시도 옥에 지체시킬 수는 없으
> 니, 모두 곧 놓아주도록 하라." (하략)
>
> 《숙종실록》3권 | 숙종 1년 3월 13일

　숙종은 친히 복창군 형제는 죄가 없으며 억울한 오해로 옥에
갇혔으니 풀어준다고 밝혔다. 복창군 형제에게 잘못이 없다면 상
소문을 올린 김우명은 무고죄로 처벌받아야 했다. 김우명의 고발
은 딸 명성대비가 전한 말을 근거로 삼았으니 처벌 과정에서 명성
대비도 연루될 수밖에 없었다. 명성대비와 김우명이 종친을 무고
한 죄로 처벌받게 될 절체절명의 순간, 명성대비가 숙종과 대신의
야대²⁹ 자리에 울면서 등장했다.
　명성대비는 닫힌 문 안에 앉아 숙종이 어려서 자세한 사정을 알지
못한다며 복창군 형제의 잘못을 상세하고 구구절절하게 설명하며
수시로 울음을 터트렸다. 죽지 못해 한탄스럽다는 말도 여러 번
했다. 당황해 말을 잇지 못하는 영의정 허적에게 명성대비는 선왕

29　임금이 밤중에 신하를 불러 경연하는 일.

현종이 그를 각별하게 믿었다고 거듭 강조했다. 상황이 이러하니 허적은 명성대비의 면전에서 그의 행동이 잘못이라고 주장할 수 없었다. 숙종의 효심에 기대어 예법과 절차를 무시한 명성대비의 작전은 성공했다. 허적은 자신을 선왕의 충신이라고 추켜세우는 명성대비를 외면할 수 없었고 숙종은 어머니에게 차마 죄를 물을 수 없었다. 결국 복창군 형제와 끝까지 사통을 인정하지 않은 궁녀 김상업은 처벌됐다. 김상업은 인선왕후제17대 임금 효종의 왕비, 현종의 어머니 처소의 궁녀로 실제로는 현종의 승은을 입었다고 전해진다. 하지만 그의 임신을 알기 전 현종은 세상을 떠났고 김상업이 승은을 받았다는 소식을 듣고 분노한 명성대비가 복창군과 사통했다는 이유로 김상업을 궁에서 내쫓았다고 전해진다.

명성대비는 승하 직전까지도 숙종과 종묘사직을 위한다는 이유로 법과 절차를 무시하며 내명부를 다스렸다. 인경왕후가 숙종 6년1680 10월 두창으로 세상을 떠나자 명성대비는 숙종의 승은을 받은 궁녀 장씨를 궁 밖으로 내쫓고 이듬해 3월 인경왕후의 탈상이 끝나기가 무섭게 인현왕후를 계비로 책봉했다. 법과 절차보다 왕통과 감정을 내세운 명성대비의 행동은 조정 대신이 내명부에 관여할 구실을 만들었다. 훗날 장옥정이 숙종의 총애를 받으며 후궁이 되자 조정 대신이 끊임없이 반대 상소를 올렸던 이유도 임금의 총애에 기대어 법과 절차를 무시했던 전례가 있었기 때문이다.

역관 재벌가의 막내딸, 궁녀가 되다

장옥정의 아버지 장형은 역관이었다. 그는 사역원[30] 관원종8품 봉사으로 23세에 부인과 사별하고 윤씨와 재혼했다. 재혼한 부인 윤씨는 왜어일본어 역관종4품 첨정 윤성립의 딸이었으니 역관 가문끼리의 혼인이었다. 장현과 윤성립은 담장을 사이에 두고 지낼 정도로 가까운 사이였고 윤성립의 아내 변씨희빈 장씨의 외할머니는 당대의 재벌 변승업의 당고모였다. 즉, 장옥정은 비록 신분은 중인이었으나 친가와 외가 모두 나라에서 손꼽히는 쟁쟁한 재벌이었다.

장형은 윤씨와의 사이에서 1남 2녀를 두었는데 효종 10년1659에 태어난 장옥정은 장형이 37세에 얻은 막내딸이었다. 장옥정은 집안의 귀여움을 독차지했으나 그 시절은 길지 않았다. 병환으로 은퇴한 후 거문고와 노래를 즐기며 유유자적하게 지내던 아버지 장형이 현종 10년1669 47세에 세상을 떠난 것이다. 그때 장옥정은 11세였다. 장형의 장남 장희식[31]은 20세가 되기 전 역과 장원에 급제했으나 일찍 세상을 떠났기에 장옥정의 동복 오빠 장희재가 19세에 집안의 가장이 됐다. 가문의 재산이 넉넉했기에 가장의 무게는 그리 무겁지 않았다. 자질과 외모가 출중했던 장희재는 무과에 급제하여 내금위에 들어갔고 장옥정의 언니는 이미 관상감 관원의 아내였다.

---

30 고려·조선시대의 번역·통역 및 외국어 교육 기관.
31 장형과 첫 번째 부인 고씨 사이에서 태어난 장남.

역관 명가였던 인동옥산 장씨 가문

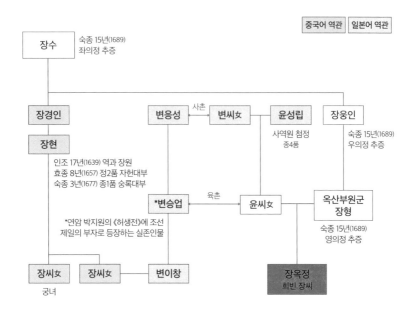

하지만 얼마 후 장옥정은 궁녀가 됐다. 언제, 어떻게, 왜 궁녀가 됐는지 정확한 시기는 알 수 없으나 머리를 땋을 무렵 궁에 들어 왔다는 기록이 남아있으니 숙종의 승은을 받기 한참 전이라고 추측할 수 있다. 양반이 아닐 뿐 부유한 가문에서 금지옥엽으로 자란 장옥정은 왜 궁녀가 되었을까? 이유는 알 수는 없다. 다만 숙부 장현의 딸도 궁녀였으니 어쩌면 가문의 뜻에 따른 선택이었을 가능성도 있다. 장옥정은 입궁 후 자의대비전 침방 궁녀가 되었다. 금수저 출신 궁녀답게 고된 자리가 아닌, 윗전의 눈에 띄기 좋은 자리였다.

인경왕후가 세상을 떠난 지 얼마 지나지 않아 숙종은 숙종 6년 1680 장옥정에게 승은을 내렸다. 숙종의 마음을 뒤흔든 첫 승은 궁녀였다. 당시 22세 장옥정은 매우 아름다워 신하들을 긴장시켰다. 장옥정을 보자마자 본능적으로 위험을 감지한 숙종의 어머니 명성대비는 빛의 속도로 반응했다. 명성대비는 승은을 받은 장옥정을 궁에서 내쫓은 후 계비 책봉을 서둘렀는데 이때 급하게 왕비에 책봉된 사람이 바로 민유중의 딸 인현왕후다. 16세에 왕비가 된 인현왕후는 숙종 7년1681 3월에 장옥정을 잊지 못하는 숙종을 위해 그를 다시 궁으로 부르려고 대비와 의논했다. 그러자 명성대비는 이렇게 말했다.

> (중략) "내전왕비 인현왕후이 그 사람장옥정을 아직 보지 못하였기 때문이오. 그 사람이 매우 간사하고 악독하고, 주상이 평일에도 희로喜怒의 감정이 느닷없이 일어나시는데, 만약 장옥정의 꾐을 받게 되면 국가의 화가 됨은 말로 다할 수 없을 것이니, 내전은 후일에도 마땅히 나의 말을 생각해야 할 것이오." (하략)
>
> 《숙종실록》17권 | 숙종 12년 12월 10일

놀랍지 않은가. 장옥정은 자의대비 처소의 궁녀였으니 명성대비와 말 한마디 섞을 일은 드물었다. 하지만 명성대비는 한눈에 장옥정이 간사하고 악독하며 나라의 화근이 되리라 확신했다. 간담이 서늘할 만큼 장옥정의 미모와 매력이 치명적이었기 때문이

다. 심지어 아름다운 장옥정이 총애 받는 것을 하늘이 경고했다는
기록까지 있다.

> 날씨가 침침하였다. 흰 기운이 서쪽으로부터 중천에 뻗쳐서 그
> 모양이 혜성과 같았고 여러 날 동안 사라지지 않았다. (중략) 당
> 시 국상인경왕후 승하은 혜성이 나타나기 전에 이미 났으므로, 이
> 러한 이변의 출현 조짐이 어디에 있는지 알 수 없었다. 그 후에
> 장녀장옥정가 일개 폐희사랑받는 첩로서 임금의 총애를 받아 필경에는
> 왕비의 지위를 빼앗아 왕후에 승진하기에 이르러 화란재앙과 난리을
> 끼치고 큰 파란을 일으켰는데, 그녀가 임금의 총애를 받기 시작한
> 것이 바로 이 무렵이었으니, 이로써 하늘이 조짐을 보여주는 것이
> 우연이 아님을 알겠다.
>
> 《숙종실록》10권 | 숙종 6년 11월 1일

재입궁한 장옥정,
그를 위한 러브하우스 취선당

숙종은 장옥정을 출궁시킨 명성대비를 막지 못했으나 장옥정을
잊을 수 없었다. 억지로 이별한 두 사람의 사랑은 더욱 깊어졌다. 강
제로 쫓겨난 장옥정을 향한 숙종의 애틋하고 애절한 마음은 날로
커졌다. 명성대비는 숙종을 위해 옳은 행동을 했다고 생각했고 숙
종과 장옥정을 영원히 갈라놓을 자신도 있었다. 반면 숙종의 마음

을 아는 자의대비는 조카딸 영평군부인 신씨[32]를 통해 쫓겨난 장
옥정을 보살폈다. 이런 은밀한 배려가 있었기에 장옥정은 숙종과
다시 만날 수 있다는 희망을 품고 무려 6년을 기다릴 수 있었다.

시간은 장옥정의 편이었다. 숙종 9년[1683], 명성대비가 승하했
다. 그는 두창을 앓는 숙종을 위해 무당의 말을 쫓아 초겨울 추위
를 아랑곳하지 않고 냉수로 목욕재계하고 지극 정성으로 아들의
쾌차를 기도하다 병이 깊어져 세상을 떠났다. 인경왕후가 세상을
떠난 이유도 두창 때문이었으니 숙종의 두창에 명성대비가 얼마
나 노심초사했을지 짐작할 수 있다. 명성대비가 세상을 떠난 이
듬해 숙종의 외삼촌 김석주도 세상을 떠났다. 숙종의 왕권 강화를
위해 법과 절차를 무시한 채 권력을 휘둘렀던 외척이 한순간에 사
라졌다.

명성대비의 삼년상이 끝난 숙종 12년[1686] 2월, 장옥정은 은밀하
게 다시 입궁하여 숙종과 재회했다. 억지로 헤어진 지 6년, 창창한
청춘을 억누르며 쌓아왔던 그리움은 사랑을 불타오르게 만드는
기름이 됐다. 장옥정과 재회하고 얼마 지나지 않아 숙종은 공식적
으로 후궁 간택을 명했다. 이때 숙종은 30세를 바라보고 있었고
인현왕후는 왕비가 된 지 6년이 지나도록 자식이 없었기에 후사
를 위한 후궁 간택이 필요했다. 장옥정과 재회하자마자 후궁 간택
을 명한 숙종의 속마음은 무엇이었을까. 숙종은 장옥정을 정식 후

---

32 인조와 귀인 조씨의 아들 숭선군의 부인. 숭선군의 아들 동평군도 장옥정을 보살폈다. 동
평군은 숙종의 당숙이나 비슷한 또래였기에 숙종의 마음을 잘 헤아렸다.

궁으로 삼기 위해 먼저 노론 가문의 여식을 후궁으로 들이기로 계획했다. 장옥정이 후궁이 된다면 노론의 반발이 분명했기 때문이다.

> "(중략) 이래저래 생각하여 보건대, 나의 나이 장차 30인데, 아직도 후사가 없는 것은 하루 이틀 미루다가 오늘에 이른 것이다. 종사와 신민의 부탁을 생각할 적마다 자신도 모르게 한밤에 한숨을 쉬게 되고, 혹시 병을 앓을 적에는 걱정과 두려움이 갑절 간절하였다. (중략) 이는 만부득이한 데서 나온 것이니, 예조로 하여금 속히 거행하도록 하라." (하략)
>
> 《숙종실록》17권 | 숙종 12년 2월 27일

얼마 후 영의정 김수항의 조카 손녀 김씨가 후궁으로 간택됐다. 왕실과의 혼인은 권력과 명예를 거머쥐는 지름길인 동시에 위험도 컸다. 숙종의 성격을 잘 아는 김수항은 사양의 뜻을 밝혔다. 숙종의 마음은 오직 장옥정을 향해 있는데 총애 받지 못하는 인현왕후를 보좌하기 위한 간택 후궁의 자리가 평탄할 리 없었다. 환국과 당쟁의 풍파에서도 노련하게 온건함을 지켜온 김수항은 간곡한 마음으로 거듭 사양했으나 숙종은 거절을 용납하지 않았다.

숙종은 김씨에게 종2품 숙의 품계를 내려 후궁으로 삼았고 그가 궁에 들어온 지 얼마 지나기도 전에 정2품 소의로 승격시켰다. 노론은 김씨가 인현왕후에게 힘이 되길 바랐고 무엇보다 숙종의 후계자를 낳으리라 고대했다. 하지만 숙종의 배려는 김씨를 종1품 귀인으로 승격하는 데에서 끝났다. 숙종은 노론이 보란 듯이 김씨의 품계를 거듭 올리면서 아무도 모르게 인현왕후와 김씨의 처소에서 멀리 떨어진 창경궁에 전각을 짓기 시작했다. 장옥정을 위한 러브하우스 '취선당'이었다.

> (중략) "이는 임금이 궁인 장씨^{희빈 장씨}를 위하여 별당을 짓는 것인데, 외부 사람들의 귀를 번거롭게 하지 않으려고 이른 아침과 늦은 저녁에 목재를 운반하게 한 일이 있었다." (하략)
>
> 《숙종실록》 17권 | 숙종 12년 9월 5일

신이 삼가 깊이 우려하는 것은 장씨의 미색 때문입니다

장옥정^{훗날 희빈 장씨}은 조선 왕조 500년 역사에서 궁녀 출신으로 왕비의 자리에 오른 유일무이한 여인이다. 그는 숙종으로부터 엄청난 사랑을 받았고 사대부, 특히 노론으로부터 증오에 가까운 미움을 받았다. 그동안 승은을 입고 후궁이 된 궁녀는 많았을 텐데 노론은 왜 그토록 장옥정을 싫어했을까. 실록을 보면 장옥정의 빼어난 외모를 경계하는 기록과 그를 향한 숙종의 사랑을 사대부 전체가 온 힘을 다해 반대하는 모습이 여러 차례 등장한다. 노론은 공통적으로 숙종의 지나친 총애와 희빈 장씨의 지나친 아름다움을 반드시 지적했다. 숙종 12년1686년 7월 6일 홍문관 부교리[33] 이징명이 올린 상소가 단적인 예다.

> "(중략) 예로부터 국가의 화란재앙과 난리이 다 여총여인을 지나치게 사랑하는 것으로 말미암고, 여총의 화근은 대개 이러한 사람장옥정에게서 나왔습니다. 전하의 명성으로 어찌 알지 못할 바가 있겠습니까마는, 신은 바라건대, 성상께서 장녀를 내쫓아서 맑고 밝은 정치에 누를 끼치지 말게 하소서." (하략)
>
> 《숙종실록》17권 | 숙종 12년 7월 6일

한마디로 장옥정을 다시 내쫓으라는 상소였다. 분노한 숙종이 이징명을 파직하자 신하들의 변호가 이어졌다. 숙종은 이렇게 빈정거렸다.

> '나는 본래 배우지 않아서 아는 것이 없다. 내가 비록 어둡기는 하지만 결코 이 호서狐鼠, 여우와 쥐새끼 같은 무리들에게 제재를 차마 받지 못하겠다.'
>
> 《숙종실록》17권 | 숙종 12년 7월 6일

숙종은 장옥정을 내쫓으라는 이징명과 그의 편을 들어준 신하

---

33 국왕의 자문을 담당하던 홍문관의 종5품 관직.

궁녀로운 조선시대

를 여우와 쥐에 비유했고 이징명의 처벌이 너무 가벼웠다며 그를 삭직[34]했다. 그로부터 5개월 후 숙종은 장옥정을 종4품 숙원에 봉하여 후궁으로 삼았다. 장옥정이 정식으로 후궁이 되자 곧바로 상소가 올라왔다. 이번에는 사간원 정언[35] 한성우의 상소였다.

> 정언 한성우가 상소하기를, "삼가 듣건대, 전하께서는 궁인 장씨를 숙원으로 삼았다 하니, 군왕의 말이 한 번 떨어지자 듣는 사람들이 놀라고 의심하였습니다. (중략) 또한 신이 삼가 깊이 우려하는 것은, 장씨의 일은 전하께서 그 미색아름다운 용모 때문이며, 전하가 장씨를 봉한 것은 그를 총애하기 때문이니, 오늘날 신민신하와 백성들의 근심이 이보다 더 큰 것이 어디에 있겠습니까?(하략)"
>
> 《숙종실록》17권 | 숙종 12년 12월 14일

한성우의 상소에 따르면 숙종이 장옥정을 총애하는 이유는 그가 지나치게 아름답기 때문이며 이는 나라와 백성의 근심이라는 말이다. 숙종은 억측이 심해 진실로 개탄스럽다고 답하며 한성우를 사간원 정언 자리에서 물러나도록 했다. 신하들은 앞다투어 한성우를 열심히 변호했다. 그들은 장옥정을 숙종에게서 멀어지도록 내쫓아야 충신의 사명을 다한다고 생각했다.

---

34 삭탈관직. 죄를 지은 자의 벼슬과 품계를 빼앗고 벼슬아치의 명부에서 그 이름을 지움.
35 국왕에 대한 간쟁과 논박 등 언론을 담당했던 사간원의 정6품 관직.

한 여인에 대한 임금의 애정은 군왕과 신하의 대립으로 번졌다. 신하들의 사명감이 고조될수록 장옥정을 향한 숙종의 사랑은 더욱 뜨거워졌다. 금지된 사랑일수록 애가 타고 반대할수록 사랑은 더 불타오르지 않던가. 사랑에 빠진 남자에게 이성과 이론을 내세워 애정의 대상을 잘라내야 한다고 기를 써대니 왕과 신하의 갈등과 충돌은 이미 예정된 것이나 다름없었다.

희빈 장씨의 첫아들, 원자가 되다

숙원 장씨장옥정, 훗날 희빈 장씨가 숙종의 총애를 독차지하던 숙종 13년 1687, 광성부원군 김만기[36]와 여양부원군 민유중[37]이 연이어 세상을 떠났다. 명분을 앞세워 숙종과 숙원 장씨를 압박할 대신을 잃은 노론은 궁지에 몰렸다. 같은 해 숙원 장씨를 지지했던 자의대비도 세상을 떠났다. 이제 내명부의 수장은 명실상부 중전인 인현왕후였으나 그는 아무런 힘이 없었다.

노론이 전전긍긍하던 이 무렵 숙원 장씨가 회임했다. 숙원 장씨의 회임 소식을 들은 숙종은 기뻐하며 숙종 14년1688에 그를 정2품 소의로 승격시켰다. 같은 해 10월 장씨는 숙종의 아들을 낳았다. 숙종의 첫아들이었다. 아들을 품에 안은 숙종은 기쁨을 감추지 못했

---

36 숙종 6년1680에 승하한 인경왕후의 아버지.

37 인현왕후의 아버지.

고 당황한 노론은 하례조차 올리지 않았다. 자의대비의 상중[38]이 기 때문에 하례할 수 없다는 핑계를 둘러댔으나 숙종은 분노했다.

숙종은 숙종 15년[1689] 1월에 장씨의 아들을 원자로 삼고 종묘와 사직에 고한 후 장씨를 정1품 빈으로 승격시켰다. 태어난 지 석 달 만에 희빈 장씨의 아들이 숙종의 후계자로 정해졌다. 조선 건국 이후 처음으로 후궁 소생의 왕자가 원자로 정해졌고 왕비 대신 후궁이 '원자의 어머니'가 됐다.

노론은 당연히 반발했다. 왕비가 아직 젊으니 후궁 소생의 왕자를 원자로 삼기엔 너무 이르다는 주장이었다. 당시 인현왕후는 25세였다. 노론은 임신과 출산이 얼마든지 가능한 왕비가 있기 때문에 후궁 소생 왕자의 원자정호[원자로 호칭을 정하는] 일에 반대한다는 명분을 내세웠다. 만약 노론 명문가 출신의 간택 후궁 영빈 김씨[당시 종1품 귀인]가 아들을 낳거나 그 아들이 원자가 되었다면 노론은 반대하지 않았을 것이다.

인현왕후가 아들을 낳았다면 가장 좋은 시나리오가 완성됐을 테지만 인현왕후는 8년 동안 회임하지 못했고 숙종의 후사를 잇는다는 명분으로 후궁이 된 영빈 김씨조차 3년 동안 회임하지 못했다. 노론의 반발은 힘을 잃었다. 숙종은 명분을 잃은 노론 대신을 단숨에 조정에서 축출했다. 숙종 15년에 원자의 탄생과 책봉을 계기로 노론을 대대적으로 숙청하고 소론으로 정권을 교체한 사

---

[38] 인조의 계비 자의대비는 숙종 14년 8월 26일에 세상을 떠났다.

건을 '기사환국'이라고 한다.

계속된 추문,
상상을 뛰어 넘은 숙종의 분노

원자를 책봉하고 정권을 교체한 후에도 숙종의 분노는 끝나지 않았다. 숙종은 희빈 장씨의 어머니 윤씨가 조사석의 비첩이라는 잘못된 소문을 널리 퍼뜨린 홍치상[39]을 처벌했다. 공주와 부마가 궁궐과 조정의 일에 간섭해서는 안 된다는 어명을 여러 차례 내렸는데도 소문을 가장한 추문을 계속 퍼뜨렸기 때문이다. 숙종은 공주의 아들이라도 계속된 잘못을 용서할 수 없다며 홍치상에게 교형교수형을 명했다. 종친보다 희빈 장씨와 원자가 우선이라는 숙종의 단호한 뜻이었다. 숙종은 영빈 김씨와 인현왕후의 폐출도 서둘렀다.

"(중략) 경들에게 발본 색원할 뜻이 있으니, 나도 말하고 들은 것이 있다. 궁위인현왕후에 관저[40]의 덕풍은 없고 투기의 습관이 있어서 병인년 희빈이 처음 숙원이 될 때부터 귀인영빈 김씨에게 당부하였으며, 분을 터뜨리고 투기를 일삼은 정상은 이루 다 말할 수가 없다. 어느 날 나에게 말하기를, "'꿈에 선왕과 선후를 만났는데 (중략) 숙원은 아들이 없을 뿐만 아니라 복도 없으니, 오랫동

---

39 효종과 인선왕후의 3녀 숙안공주의 아들. 숙종의 고종사촌이자 영빈 김씨의 이모부다.
40 주나라 문왕과 후비의 덕을 뜻하는 말로 숙녀를 얻어 군자의 도움이 된다는 의미다.

안 액정후궁에 있게 되면 경신년에 실각한 사람들에게 당부하게 되어 국가에 이롭지 못할 것이다.' 했습니다." 하였다. (중략) 숙원에게 아들이 없는 것이 사실이라면 원자는 어떻게 탄생되었는가? 그 거짓된 작태가 여기에서 더욱 증험되었다."

(중략)

"홍치상과 김수항이 서로 교통하여 임금의 동정을 살폈다. (중략) 하루는 빈청에서 인견[41]할 때 그 연석에서의 이야기를 소지종이에 직접 기록하여 좌석 곁에다 놓아두었는데 곧바로 잃어버렸다. 귀인영빈 김씨이 마침 건즐세수와 머리빗기을 받들면서 소매 속에 숨겨 놓은 것이다. 철저히 수색하자 비로소 마지못하여 환납하였다. 그 이유를 하문하니, 쓸데없는 휴지인 줄 잘못 알았다고 했다. 이것은 한때 우연히 저지른 일이 아닌 것으로, 유언 비어를 날조한 것은 홍치상 뿐이 아니다. (하략)"

《숙종실록》20권 | 숙종 15년 4월 21일

귀인 김씨훗날 영빈 김씨가 친정과 결탁하여 궁 안의 정보를 빼돌리는 현장을 숙종이 직접 보았다는 주장이었다. 숙종은 4월 22일에 귀인 김씨의 작호를 삭탈하고 교지를 불태운 뒤 사가로 폐출시켰다. 또한 이틀 후인 4월 24일, 인현왕후에게 생일 문안을 받지 말라는 명을 전하지 않은 내관을 조사하게 했다.

---

41 임금이 의식을 갖추고 영의정, 좌의정, 우의정 같은 관리를 만나던 일.

숙종은 내관의 처벌이 아닌 인현왕후의 폐출을 원했다. 왕비의 폐출은 연산군의 어머니 폐비 윤씨 이후 한 번도 없던 일이었기에 신하들은 경악했다. 하지만 숙종의 분노는 신하들의 상상을 훨씬 뛰어넘었다. 숙종은 인현왕후가 선왕^{현종}과 선후^{명성왕후}의 말을 꾸며내고 투기가 심하여 용납할 수 없다며 왕비에서 폐서인으로 강등한 후 출궁을 명했다. 정권을 교체하고 종친을 처벌하고 왕비와 후궁을 폐출한 이유는 단 하나, 사랑하는 희빈 장씨와 원자를 위해서였다.

희빈 장씨가 행복의 절정에서 맞닥뜨린 갑술환국

정권 교체와 대대적인 숙청, 전례 없던 종친의 처벌과 왕비의 폐출까지 숙종의 애정이 너무나 요란하고 유난스러웠기에 노론은 패배할 수밖에 없었다. 역사는 승자의 기록이라지만《숙종실록》에서 승자인 노론은 시종일관 패배 의식에 흠뻑 젖은 시선으로 희빈 장씨를 묘사한다.

노론은 단 한 번도 희빈 장씨와 숙종의 '사랑'을 인정하지 않는다. 노론의 스토리텔링 능력은 최강이었지만 희빈 장씨에 대한 비난은 설득력이 부족했다. 도돌이표처럼 미색이 뛰어나고 간악하다는 표현만 반복했으며 인현왕후를 괴롭혔다는 에피소드를 구구절절 늘어놓기만 했다.

만약 희빈 장씨가 단순한 요부라면 오히려 노론은 기록하기 쉬웠을 것이다. 그러나 숙종은 희빈 장씨가 궁에서 모든 것을 누릴 수 있게 기꺼이 내어줬다. 노론은 이것을 설명할 길이 없었다. 그들은 희빈 장씨와 숙종의 관계를 사랑이라고 인정하고 싶지 않았다. 하지만 아무리 희빈 장씨를 비난해도 임금이 여인 한 명 때문에 집권당을 교체했다는 사실은 명백했다. 쫓겨나거나 남은 신하들은 그저 숙종의 뜨거운 애정이 잔잔해지기를 기다리는 일 외에는 할 수 있는 게 없었다.

노론과 인현왕후가 몰락의 길을 걷는 동안 희빈 장씨는 행복과 영광의 절정을 맛보고 있었다. 숙종은 숙종 15년¹⁶⁸⁹ 2월 2일 원자의 외가 삼대에 관직을 내렸다. 장희빈의 아버지 장형에게는 영의정을, 할아버지 장수에게 좌의정을, 증조할아버지 장응인에게 우의정을 증직⁴²했는데 이때까지 삼대가 정승으로 증직된 전례는 없었다. 숙종은 그해 5월 6일 희빈 장씨를 왕비로 삼겠다는 교지를 내리고 그의 아버지 장형을 옥산부원군으로 추증하고 어머니 윤씨를 파산부부인으로 봉했다. 이어서 숙종은 왕비의 명호를 정하고 희빈 장씨를 왕비로 삼았다.

숙종은 숙종 16년¹⁶⁹⁰ 6월 원자를 세자로 책봉했다. 이때 왕비 장씨는 만삭이었고 7월 19일 아들을 낳았다. 첫 대군이었다. 하지만 기쁨이 채 가시기도 전에 왕자는 세상을 떠났다. 이후 희빈 장

---

42 죽은 후에 품계와 벼슬을 추증하던 일.

씨는 임신하지 못했다. 노산과 난산으로 건강이 나빠졌기 때문이다. 하지만 숙종의 애정은 식지 않았고 후궁을 들이거나 궁녀에게 승은을 내리는 일은 없었다.

불안한 행복과 영광이 계속되던 그때, 작은 균열이 생겼다. 숙종 19년1693 4월 궁녀 최씨훗날 숙빈 최씨가 승은을 받은 다음날 갑작스럽게 종4품 숙원에 봉해졌고 그해 10월에 아들을 낳았다. 칠삭둥이로 태어난 왕자는 두 달 만에 요절했고 숙원 최씨는 곧바로 다시 회임했다. 장씨는 왕비로서 후궁 최씨의 존재를 의연하게 받아들여야 했다. 장씨가 감당해야 할 일은 이제 시작이었다.

숙종 20년1694, 인현왕후는 숙종에게 환궁하라는 명을 받았다. 이 무렵 숙종은 인현왕후의 복위를 꾀한 이들을 옥에 가두고 조사를 진행하고 있었다. 숙종의 명을 받은 인현왕후가 별궁에서 머문 지 사흘째 되던 날, 숙종은 별안간 마음을 바꿔 인현왕후에게 왕비로 복위하라고 명했다. 숙종은 애초에 왕비 복위를 염두에 두고 인현왕후에게 환궁을 명하지 않았다. 사실 숙종은 경신환국이나 기사환국처럼 대대적인 숙청 없이 남인에서 노론으로 정권을 교체하고 싶었다. 그는 먼저 인현왕후의 환궁을 명하여 노론에게 어심을 알렸다. 노론을 복권시키려면 우선 인현왕후에게 정당한 대우를 베풀어야 했다. 노론에게 인현왕후는 아픈 손가락이자 자존심이었기 때문이다.

인현왕후의 환궁만으로는 노론이 순순히 승복하지 않으리라 판단한 숙종은 결국 인현왕후의 복위를 명했다. 그만큼 정권 교체에 대한 숙종의 의지는 확고했다. 이어서 숙종은 정권 교체와 인현왕후의 복위가 모두 노론의 뜻이 아닌 오롯이 임금의 의지라고 밝혔다. 노론의 승리가 아니라 자신의 결단이라고 드러낸 이유는 신권보다 왕권이 위에 있다고 공고하게 알리기 위해서였다.

숙종과 노론의 복잡한 정치적 셈과 수의 교차 속에서 인현왕후는 왕비의 자리를 되찾았고 장옥정은 희빈으로 강등되어 후궁 시절의 처소인 취선당으로 돌아갔다. 인현왕후보다 먼저 폐출됐던 영빈 김씨도 이때 인현왕후와 함께 궁으로 돌아왔다. 숙종 20년에 세자와 희빈 장씨를 지지하던 소론이 위축되고 노론의 복권이 이루어진 이 사건을 '갑술환국'이라고 한다. 왕비와 정권이 교체됐으나 대대적인 숙청은 일어나지 않았다. 이는 곧 숙종의 뜻이었다.

집권 여당의 자리가 바뀐 노론과 소론, 폐위됐다가 돌아온 인현왕후와 왕비에서 빈으로 강등된 희빈 장씨가 공존하는 불안한 평화가 7년 동안 지속됐다. 만약 희빈 장씨가 《인현왕후전》과 《사씨남정기》 등에서 노론이 만들어낸 악녀처럼 인현왕후의 복위를 반대하고 후궁으로 강등된 자신의 처지에 분노하여 발악했다면 과연 7년 동안 평화가 유지될 수 있었을까. 갑술환국 이후에도 숙종은 여전히 희빈 장씨를 사랑했고 희빈 장씨 또한 숙종의 사랑으로 이 시기를 기꺼이 버텨낼 수 있었다.

죽음으로 명예를 지킨
희빈 장씨

숙종 27년[1701] 8월 14일, 인현왕후가 오랜 지병으로 세상을 떠났다. 인현왕후의 죽음은 조용한 파란을 가져왔다. 비어 있는 왕비의 자리를 두고 신하들은 조심스럽게 숙종의 어심을 살폈다. 대비는 모두 세상을 떠난 후라 왕비를 결정하는 권한은 오직 임금인 숙종의 뜻에 달려 있었다. 세자의 어머니이자 왕비의 자리를 5년 동안 지켰던 희빈 장씨를 지지하는 이도 있었고 후궁 중에서 왕비를 정한다면 영빈 김씨여야 한다고 생각하는 이도 있었다.

문제는 숙종은 영빈 김씨를 왕비로 삼고 싶지 않았다는 데 있었다. 그렇다고 희빈 장씨를 다시 왕비로 세울 수도 없었다. 여러 차례 환국과 숙청을 반복해온 숙종은 노론과 소론이 균형을 이룬 현재의 정국에 만족했다. 희빈 장씨가 다시 왕비가 되면 노론은 보복당할 테고 세자가 태어날 때부터 지지해 온 소론과 남인은 공로를 인정받고자 할 터였다. 어렵게 이룬 정치적 균형이 무너지는 건 자명했다.

숙종의 고심이 깊어지고 있을 때 숙빈 최씨가 왕에게 희빈 장씨가 취선당에 신당을 차려놓고 인현왕후를 저주했다고 은밀하게 고했다. 이에 숙종은 열흘 가까이 관련 궁녀와 무녀를 직접 국문한 후 처벌했다. 국문이 진행되는 동안 세자를 위해서 희빈 장씨를 용서해야 한다는 상소가 올라왔다. 이미 인현왕후와 영빈 김씨를 폐출한 전력이 있던 숙종이었기에 희빈 장씨를 처벌하자면 다른 방법도 있었다. 하지만 숙종은 희빈 장씨를 궁 밖으로 내보내지 않았고 후궁의 지위를 박탈하거나 작호를 빼앗지도 않았다. 대신 숙종은 한무제와 구익부인[43]의 고사를 들며 희빈 장씨에게 자진하라는 비망기를 내렸다. 희빈 장씨를 구명하려는 상소가 몇 번 올라왔으나 숙종은 마음을 바꾸지 않았다.

역사는 만약을 허락하지 않으나 만약 인현왕후가 오래 살았더라면 희빈 장씨의 명도 길었을 것이다. 아마도 희빈 장씨는 인현왕후가 돌아왔을 때부터 자신의 마지막을 짐작했을지 모른다. 숙종도 희빈 장씨가 어떤 선택을 할지 알았다. 희빈 장씨는 세자의 어머니이자 숙종의 후궁으로 자진해야 하는 운명을 받아들였다. 발악하며 억울해하지도 않았고 세자에게 패악질을 부리지도 않았다.

희빈 장씨는 숙종 27년 10월 8일 자진했다. 그가 자진하기 하루 전인 10월 7일, 숙종은 '후궁은 왕비가 될 수 없다'고 법제화했다. 세상을 떠나기 전날 이 법령을 들은 희빈 장씨의 마음은 어땠을까. 조선 왕조 500년 역사 중 궁녀에서 왕비의 자리에 올랐던 처음이자 마지막 주인공이 되었으니 슬프지만은 않았을 것이다. 《숙종실록》은 희빈 장씨의 죽음을 '자진'으로 짧게 기록하고 있으나 노론은 《수문록》과 《인현왕후전》을 통해 엄청난 창작 소설을 만들어냈다.

---

43 한무제의 후궁. 아들이 태자가 된 후 '어린 임금에게 젊은 어미가 있으면 폐단이 있다'는 이유로 자결을 강요당했다. 한무제는 구익부인이 사망한 후 곧바로 그의 신분을 복권시켰다.

그러자 장씨가 독하게 눈을 치켜들고 임금께 대들었다. "민씨가 나를 원망하다 그 벌을 받아 죽었는데 제게 무슨 죄가 있단 말입니까? 옳고 그름을 밝히지 않으시니 임금의 도리가 아닙니다." 오히려 살기등등한 장씨의 모습에 임금께서 진노하시며 마루를 치고 말씀하셨다. "세상에 저리 간악한 년이 또 있을까. 어서 약을 먹이라."

　　궁녀가 약을 먹이려하자, 장씨는 궁녀를 밀치고 몸을 비틀며 발악하였다. "나를 죽일 테면 세자와 함께 죽이거라. 내가 무슨 죄가 있는가?" 임금께서 더욱 노여워하며 이르시길, "저 악독한 것을 붙잡고 약을 먹여라." 궁녀들이 우르르 달려들어 장씨의 허리를 안고 팔을 붙잡은 다음 약사발을 입에 대려 하나 장씨가 입을 꽉 다물고 뿌리치자 임금께서 자리를 박차고 분연히 일어나 명하셨다. "막대로 입을 벌려 약을 부어라." 그러자 궁녀들이 숟가락 자루로 입을 벌리니 장씨는 그제야 울면서 애걸하였다.

　　(중략) 곁에 있는 궁녀들이 장씨를 불쌍히 여길 정도였으나 임금은 차갑게 재촉하셨다. "무엇 하는가. 어서 약을 먹이지 않고?" 궁녀가 세 그릇을 장씨의 입에 연달아 부었다. 장씨는 비명을 지르며 섬돌 아래 고꾸라졌다. 눈 코 입으로 피가 흘러 땅을 흥건하게 적시니 (중략) 임금께서 장씨의 죽은 모습을 보고 대전으로 나오며 말씀하셨다. "시체를 궁 밖으로 내가라."

《인현왕후전》중에서

우리에게 익히 알려진 희빈 장씨의 최후는 이처럼 작자 미상의 소설《인현왕후전》에서 비롯된 이야기일 뿐이다. 철저하게 노론의 시선으로 작성된《숙종실록》과 시종일관 인현왕후를 옹호하며 희빈 장씨를 악녀로 묘사한《인현왕후전》등을 보면 숙종의 사랑을 의심하게 된다. 하지만 희빈 장씨에 대한 비난으로 가득한《조선왕조실록》의 행간을 계속 따라가다 보면 숙종의 진심이 보인다.

숙종은 희빈 장씨의 모든 장례를 궁에서 주관하며 최상의 예우로 치렀다. 희빈 장씨의 장지는 예조참판 이돈과 종친 금천군이 지관을 거느리고 여러 곳을 다닌 끝에 고른 명당으로 선정됐고 숙종은 세자와 세자빈에게 망곡례를 행하게 했다. 세자 부부는 희빈 장씨의 상복을 3년 동안 입되 왕비와 같은 예로 할 수는 없기에 3년을 채우기 며칠 전 상복을 벗었다. 후궁으로써 누릴 수 있는 최고의 예우였다. 희빈 장씨는 세상을 떠나기 전에도, 세상을 떠난 후에도 왕비보다 약간 낮으나 후궁보다는 우위에 있는 특혜를 모두 누렸다. 그의 무덤은 '대빈묘'로 불렸고 사당은 '대빈궁'으로 불리는데 후궁의 지위 앞에 '대大'를 붙인 사람은 희빈 장씨가 유일하다. 숙종과 희빈 장씨의 아들은 세자의 지위를 보전했고 숙종이 승하한 후 왕위에 올랐다. 바로 제20대 임금 경종이다.

역관 재벌 가문의 금지옥엽에서 궁녀가 됐고 승은을 입고 궁에서 내쫓긴 후에도 6년을 견딘 희빈 장씨는 아름다울 뿐 아니라 총명했다. 전해지는 야사에 따르면 장옥정은 역관 가문 출신답게 조선에 왔던 청나라 사신의 말을 통역 없이 알아들었다고 한다. 때문에 청나라 사신이 왕비 장옥정의 표정을 살폈다고 하니 뛰어난 외국어 능력으로 외교에 영향력을 발휘한 왕비는 아마 희빈 장씨 밖에 없을 것이다. 숙종은 승하하기 전에 희빈 장씨의 무덤 이장을 마무리했다. 후대에 노론이 만들어낸 여론처럼 희빈 장씨가 간악한 악녀이고 죄악이 끔찍해 이제 질려버린 숙종이 그를 죽였다면 이러한 행적을 설명할 수 없다.

사방이 적으로 가득한 궁궐에서 희빈 장씨는 숙종을 만나 사랑했고 지우지 못할 역사를 만들었다. 인현왕후가 복위했을 때 숙종은 장옥정의 왕비 옥보를 부쉈다. 하지만 숙종의 지극한 사랑 속에 낳은 희빈 장씨의 아들이 왕이 되었으니 희빈 장씨는 결코 패배자라 할 수 없다. 그는 조선 왕실과 사대부 사회가 만들어놓은 단단한 장벽 안에서 자신의 삶을 살아냈고 그 흔적을 역사에 오롯이 남겼다. 역사의 진정한 승리자가 누구인지는 아직 가려지지 않았다. 《인현왕후전》속 빌런이 아닌, 한 인간이자 여인으로서 희빈 장씨에 대한 진정한 평가는 이제부터 시작이기 때문이다.

※※※

숙종 27년¹⁷⁰¹ 10월 8일 취선당

"희빈 마마께서 들어오라고 하십니다."

오랜만에 취선당을 찾은 내관은 선뜻 들어갈 수 없었다. 숙종과 장옥정의 사랑에 오작교 역할을 하던 시절, 섬돌이 닳도록 드나들던 취선당이었는데 어쩌면 오늘이 희빈 마마를 뵙는 마지막 날일지도 모른다고 생각하자 천근만근 무쇠 족쇄를 매단 것처럼 발이 무거웠다.

"전하께서 무슨 말씀을 하셨습니까?"

'희빈 마마가 이런 음성을 지닌 분이셨던가.'

마치 모든 것을 다 알고 있는 것처럼 맑고 잔잔한 목소리를 듣자 몸이 떨려왔다.

"괜찮습니다. 전하의 뜻이 곧 저의 마음이니 편하게 말씀하십시오."

일국의 중전으로도 한 치의 손색이 없는 우아한 기품과 넋을 잃게 만드는 아름다움도 여전했다. 차마 얼굴을 마주할 수 없어 깊이 고개를 숙인 내관이 눈처럼 하얀 비단이 담긴 상자를 내밀며 작은 목소리로 말했다.

"전하께오선 구익부인을 언급하시며 이것을 희빈 마마께 전하라고 하셨습니다."

"구익부인이라…. 전하께서 이토록 세자를 지키고자 하시는데 내가 어찌 걸림이 될 수 있겠는가. 성심을 다하여 전하의 뜻을 받들겠다 전해주십시오."

귀한 노리개를 대하듯 목을 매달아야 할 하얀 비단을 섬섬옥수로 어루만지던 희빈 장씨가 희미하게 미소를 지었다. 속세를 초월한 관세음보살이 눈앞에 나타난 것 같았다. 내관은 희빈을 향해 길게 읍을 한 후 서둘러 숙종에게 돌아가 이렇게 고했다.

"희빈마마께서는…, 성심을 다하여 전하의 뜻을 받들겠다 하셨습니다."

숙종은 눈을 감은 채 아무 말도 하지 않았다. 나의 마음을 알아주는 단 한 사람, 누가 보는 것도 아까운 옥정의 고운 모습이 저절로 그려졌다. 왕비 민씨와 귀인 김씨를 쫓아낼 때는 아무렇지도 않았는데 옥정을 궁 밖으로 내쫓으려니 생각만 해도 몸이 떨려왔다. 차라리 내 곁에서 내 사람으로 죽으라는 비망기를 내릴지언정 남보다 못하게 따로 살고 싶지는 않았다.

'오직 그대만이 내 마음을 안다. 희빈, 그대는 훌륭하고 덕망이 높은 어머니이자 군왕에게 가장 많은 사랑을 받은 여인으로 기억될 것이니 그대를 끝으로 다시는 후궁이 중전의 자리를 넘보는 일은 없을 것이오. 누구도 그대의 자리를 대신하지 않을 것이니.'

숙종의 얼굴을 타고 흐르는 옥루^{눈물}가 용포를 적셨다. 늦도록 자리에서 움직이지 않던 숙종이 결심을 굳힌 듯 승지와 사관을 불렀다.

"이제부터 나라의 법전을 명백하게 정하여 빈어^{후궁}가 후비^{왕비}의 자리에 오를 수가 없게 하라."

《숙종실록》35권 | 숙종 27년 10월 7일

말을 마친 숙종은 바람처럼 자리에서 일어났다. 당황한 승지는 어떤 대답도 하지 못했고 사관은 숙종의 어명을 끝으로 잠시 붓을 내려놓았다. 무슨 말을 써야할 지 알 수 없었다.

악녀에서 주체적인 여성이 되기까지, 드라마 속 희빈 장씨와 죽음의 변천사

작품명	특징
《여인열전-장희빈》 1981~1982, MBC	예쁘고 표독스러운 악녀 희빈 장씨이미숙와 착하고 선한 인현왕후이혜숙, 카리스마 넘치는 숙종유인촌의 열연으로 당시 희빈 장씨를 다룬 최고의 작품이라는 찬사를 받았다. *죽음의 키워드: 사약, 발악, 비참
《조선왕조 오백년 -인현왕후》 1988, MBC	청순하고 요염하고 매력적인 희빈 장씨전인화의 팜므 파탈 같은 매력이 극대화된 작품. 희빈 장씨가 사약을 먹지 않으려고 발버둥치다가 옷고름이 풀어지는 격렬한 장면을 연출했다. *죽음의 키워드: 사약, 문짝으로 제압, 풀어진 옷고름
《장희빈》 1995, SBS	희빈 장씨정선경가 순수한 궁녀에서 사랑받는 후궁을 거쳐 사랑과 권력에 대한 집착과 욕망으로 몰락하기까지 대서사를 담았다. 숙종이 '인현왕후를 저주한 죄를 물어' 사약을 내렸다는 내레이션이 등장하며《인현왕후전》에서 묘사한 희빈 장씨의 죽음을 그대로 재연했다. *죽음의 키워드: 사약 세 번 리필, 격렬한 몸부림
《장희빈》 2002, KBS2	무려 100부작이며《인현왕후전》이 아닌《숙종실록》을 최대한 반영했다. 숙종전광렬의 승은을 입던 날, 왕의 마음을 원한다고 당돌하게 얘기하는 등 시종일관 똑똑하고 당당하며 자존감 넘치는 희빈 장씨김혜수의 모습이 인상적인 작품. 역시 다른 작품처럼 희빈 장씨의 입을 강제로 벌려 사약을 먹이는 장면을 연출했다. *죽음의 키워드: 사약, 발악, 독기

작품명	특징
《동이》 2010, MBC	희빈 장씨^{이소연}가 '먼치킨' 주인공인 동이^{숙빈 최씨, 한효주} 때문에 몰락하는 안쓰러운 후궁으로만 그려진다. 희빈 장씨는 동이에게 세자^{경종}를 지켜달라고 부탁한 다음, 사약을 마신 후 조용히 쓰러진다. 그 모습을 숙종^{지진희}이 괴롭게 지켜본다. *죽음의 키워드: 사약, 의연, 기품
《장옥정, 사랑에 살다》 2013, SBS	드라마 초반에 침방 소속 궁녀 장옥정^{김태희}을 궁궐의 유행을 선도하는 패셔니스타로 경쾌하게 그려냈다. 후반부로 갈수록 장옥정보다 숙종^{유아인}의 입체적인 연기가 돋보인다. 장옥정을 짝사랑하는 동평군 등 몇몇 남자 캐릭터 설정으로 역사가 왜곡돼 아쉬움을 남겼다. 그간 희빈 장씨를 다룬 사극과 달리 장옥정이 사약을 받고 죽을 때 숙종이 달려와 장옥정은 그의 품에서 눈을 감는다. *죽음의 키워드: 사약, 담담, 애절

의빈 성씨, 성덕임

제문에 새겨진
카리스마 개혁 군주의 절절한 순정

영조 38년1762 윤5월 중순, 영풍부원군 홍봉한의 집

후들거리는 다리와 무너지는 마음을 부여잡고 친정에 도착한 혜경궁 홍씨44는 그대로 혼절했다. 아니 혼절할 뻔했다. '남편이 죽었다. 조선의 세자가 죽었다. 열 살부터 세자빈으로 살아온 나는 이제 무엇이 되어야 할까. 친정에 짐이 되어 과부로 살다 죽을 것인가. 아니면 대들보에 목을 매고 남편을 따라갈 것인가. 대궐에서 사약이나 하얀 비단이 내려올지 모르니 처분을 기다렸다가 죽어야 하나. 대궐에서 처분이 내려오기 전에 죽는다면 도리어 집안의 화가 될까. 혹시 주상 전하께서 하나뿐인 며느리를 안쓰럽게 여기신다면 나의 자결이 자식과 가

---

44 정조의 어머니 홍씨는 사도세자가 죽은 후 '혜빈'으로 봉해졌고 정조 즉위 후 '혜경궁'이란 궁호를 받았다. 따라서 이 책 전체에서 홍씨를 혜경궁이라 칭하는 것은 오류가 있으나 대중적으로 널리 알려진 '혜경궁'으로 호칭을 통일했다.

문에 티끌만큼 도움이 될 수 있을까?'

혼절한 와중에도 머릿속에서 생각이 끊이지 않았다.

'내게는 정녕 죽는 길밖에 없는 것인가?'

하염없이 눈물이 흘렀다. 이러려고 그렇게 전전긍긍 숨도 못 쉬고 살았나 싶어 자괴감이 몰려왔다.

"어머니, 어머니…"

혜경궁 홍씨의 눈물을 본 청연군주와 청선군주가 덩달아 울음을 터트렸다. 아직 한창 어린 딸에게 어떻게 '할아버지가 아비를 죽였다, 너희는 아비 없는 자식으로 자라게 될 것이다, 어미도 어찌 될지 모르니 너희 살 길은 알아서 찾거라' 하고 말할 수 있단 말인가. 저 생때같은 자식을 위해서라도 살아야겠다는 마음이 들었다. 그때 청연군주 또래의 어린 여종이 물 네 대접을 들고 들어왔다.

"빈궁 마마, 세손빈 마마, 물 드시옵소서."

여종은 혜경궁 홍씨에게 제일 먼저 물을 올리고 세손빈, 청연과 청선에게 차례로 물을 올렸다. 경황이 없어 아무도 일러주지 않았을 텐데 어린 것이 눈썰미가 기특했다.

"못 보던 얼굴이로구나."

"본가 청지기의 딸, 성가 덕임이라 하옵니다. 앞으로 빈궁 마마와 세손빈 마마 그리고 두 분 군주의 심부름을 맡을 것이니 무엇이든 말씀하십시오."

혜경궁 홍씨는 어린 여종을 가만히 바라보았다. 언제 죄인의 신분이 될지 모르는, 허울만 남은 세자빈인 자신을 보고 바짝 긴장한 소녀가 안쓰러우면서도 대견했다.

사도세자에게 승은을 입은
궁녀 임유혜

사도세자 이선은 영조가 42세, 영빈 이씨가 40세에 태어난 귀한 아들이었다. 태어나자마자 원자가 됐고 돌을 넘기자마자 세자로 책봉된 그는 10세에 동갑내기 혜경궁 홍씨와 가례를 올리고 부부가 됐다. 영조 26년¹⁷⁵⁰, 세자빈 혜경궁 홍씨는 첫아들을 낳았다. 제20대 임금 경종과 제21대 임금 영조는 모두 후궁 소생이었고 사도세자 또한 영조의 후궁인 영빈 이씨의 몸에서 태어났기에 왕실에서 정궁이 아들을 낳은 것은 거의 100년 만의 경사[45]였다.

왕실의 후사를 탄탄히 해야 하는 책임과 의무를 무사히 해낸 16세 혜경궁 홍씨는 왕실 어른의 사랑과 기대를 받았다. 정궁의 소생인 원손은 존재만으로 왕실의 정통성과 위엄을 바로 세웠기 때문이다. 세자와의 금실도 나쁘지 않았다. 영원히 꽃길만 펼쳐

---

45 현종 2년1661 명성왕후가 세자빈 시절 숙종을 낳은 이후, 영조 26년 혜경궁 홍씨가 원손 의소세손을 낳기 전까지 세자빈 혹은 왕비의 몸에서 아들이 태어난 적은 없었다.

질 것 같았던 혜경궁 홍씨의 행복은 몇 년 만에 끝났다. 영조 28년 1752 3월, 세손의소세손이 3세에 갑자기 세상을 떠났다. 황망한 슬픔 앞에서도 혜경궁 홍씨는 무너질 수 없었다. 임신 중이었기 때문이다. 같은 해 9월 혜경궁 홍씨는 아들훗날 정조을 낳았다. 후에 정조와 의빈 성씨의 아들 문효세자가 세상을 떠났을 때 혜경궁 홍씨가 상심한 의빈 성씨를 위로한 한편, 임신 중인 성씨가 건강한 왕자를 다시 출산하리라 기대한 것은 이런 경험 때문이다.

한편 사도세자는 아버지가 될 무렵 영조와의 사이가 급속도로 나빠졌다. 영조는 대리청정 중인 사도세자에게 못마땅한 감정을 거침없이 드러냈고 사도세자는 방황과 반항을 시작했다. 영조 30년 1754 2월, 사도세자의 승은을 받고 임신한 동궁전 궁녀 '임유혜' 《한중록》에 나온 숙빈 임씨의 본명가 아들 은언군을 낳았다. 사도세자는 궁녀 임씨의 임신을 알았을 때 크게 두려워하며 아이가 태어나지 않기를 바랐다고 한다.

은언군이 태어난 후 영조는 한 달 넘게 사도세자를 볼 때마다 심하게 꾸중했고 남편을 단속하거나 질투하지도 않았다며 혜경궁 홍씨까지 책망을 들어야 했다. 손이 귀한 왕실이었으나 숙빈 임씨와 은언군은 보살핌을 받지 못한 채 방치되어 투명 인간처럼 지냈다. 숙빈 임씨 모자母子가 가여웠지만 당시 혜경궁 홍씨는 겨우 20세였고 임신 중이었기에 그들에게 해줄 수 있는 일은 거의 없었다.

영조 30년 7월, 혜경궁 홍씨는 첫딸 청연군주를 낳았고 영조 31년1755 1월, 숙빈 임씨가 둘째 아들 은신군을 낳았다. 숙빈 임씨는 종2품 양제 품계를 받고 정식으로 세자의 후궁이 됐다. 하지만 품계는 허울일 뿐 숙빈 임씨는 사도세자의 사랑이나 왕실의 보호를 제대로 받지 못했다. 영조 32년¹⁷⁵⁶ 9월, 혜경궁 홍씨는 둘째 딸 청선군주를 낳았다. 세자의 후궁 숙빈 임씨와 나란히 임신과 출산을 반복하는 동안 혜경궁 홍씨의 속은 까맣게 타들어 갔을 것이다. 하지만 얼마 후 사도세자의 총애는 다른 궁녀에게 향했고 혜경궁 홍씨와 숙빈 임씨는 더 이상 임신하거나 출산하지 않았다.

영조 33년¹⁷⁵⁷ 왕비 정성왕후와 대왕대비 인원왕후가 연달아 세상을 떠났다. 계속된 초상으로 왕실의 분위기가 숙연하고 무거울 때, 사도세자가 인원왕후 처소의 침방 궁녀 '박빙애《한중록》에 나온 경빈 박씨의 본명'에게 승은을 내렸다. 왕비와 대비의 장례가 끝나기 전 승은을 내린 것도 문제였으나 세자의 승은을 받은 궁녀가 대왕대비 처소의 나인이라 더 큰 문제가 됐다. 영조는 불같이 화내며 박씨를 내치라 명했고 사도세자는 우물에 몸을 던졌다. 영조 34년¹⁷⁵⁸ 딸 청근현주를 낳은 경빈 박씨는 종6품 수칙 품계를 받았고 이듬해 아들 은전군을 낳았다. 경빈 박씨를 향한 사도세자의 총애 역시 영원하지 않았다. 영조 37년¹⁷⁶¹ 1월, 경빈 박씨는 세자의 의복 시중을 들던 중 의대증衣帶症⁴⁶을 일으킨 사도세자의 손에 죽음을 맞았다. 비참한 죽음이었다.

경빈 박씨가 세상을 떠난 지 1년이 지난 영조 38년¹⁷⁶² 윤5월,

---

46 옷 입는 일에 어려움을 느끼는 강박증으로 순간적인 분노를 조절하지 못했던 사도세자의 대표적인 광증이다. 정성왕후와 인원왕후가 승하할 무렵 증세가 심해졌다고 전해진다.

결국 영조는 사도세자에게 대처분을 내렸다. 사도세자는 뒤주에 갇힌 지 8일 만에 숨을 거뒀다. 경빈 박씨 이상으로 비참하고 고통스러운 죽음이었다. 사도세자가 죽은 후 숙빈 임씨와 그의 두 아들 은언군과 은신군은 대궐 밖으로 쫓겨났다. 부모를 모두 잃은 경빈 박씨의 어린 자식은 정순왕후가 거두었다고 한다.

성덕임과 혜경궁 홍씨의 첫 만남

사도세자가 세상을 떠난 날, 영조는 혜경궁 홍씨에게 '혜빈惠嬪'이라는 빈호를 내렸다. 영조의 두 아들 효장세자와 사도세자는 모두 영조보다 먼저 세상을 떠났고, 효장세자의 세자빈 현빈 조씨와 사도세자의 세자빈 혜경궁 홍씨는 죽는 날까지 왕비나 대비가 되지 못한 채 '세자빈'을 유지했다. 현빈 조씨는 자식은커녕 합궁 한 번 못한 채 어린 나이로 남편을 잃었으나 혜경궁 홍씨는 세손의 어머니였다. 하지만 세손이 장차 영조의 뒤를 이어 왕위에 오르더라도 혜경궁 홍씨는 세자의 정궁일 뿐 영원히 왕비도, 대비도 될 수 없었다. 그것이 영조의 뜻이었다.

하지만 혜경궁 홍씨는 오지 않은 미래의 지위를 안타까워할 여유가 없었다. 그는 영조의 명에 따라 서둘러 친정으로 떠났다. 대신 영조의 명에 따라 세손이산, 훗날 정조은 궁에 남아야 했다. 혜경궁 홍씨는 두 딸 청연군주, 청선군주 그리고 자신을 따라가겠다는 세손빈훗날 정조의 왕비 효의왕후과 함께 친정으로 갔다. 혜경궁 홍씨는 28세였고 큰딸 청연군주는 8세, 작은딸 청선군주는 6세 그리고 세손빈은 9세였다. 9세에 처음 대궐에 들어와 10세에 세자빈이 된 후 거의 20년 만에 자식, 며느리와 함께 친정에 가는 길. 남편 사도세자는 죽고 죄인처럼 대궐에서 쫓겨나 친정으로 향하던 혜경궁 홍씨의 심정은 어땠을까.

혜경궁 홍씨의 아버지 홍봉한도 막막했다. 그는 지난날 사도세자의 비행과 잘못을 감싸줬던 전력이 있기에 만약 그것이 영조의 분노를 산다면 멸문은 시간 문제였다. 살 길은 오직 하나, 영조의 자비뿐이었다. 이런 상황에서 홍봉한은 세자빈 혜경궁 홍씨와 세손빈 효의왕후 그리고 군주 둘까지 지체 높은 왕실의 여인 네 명을 집에 모시고 있어야 했다. 이들이 언제까지 머물지도 알 수 없었고 왕실에서 과연 금전적 지원이나 배려를 해줄지도 모를 일이었다. 절망적인 상황에서 혜경궁 홍씨는 세손빈 효의왕후와 동갑내기인 9세 성덕임훗날 의빈 성씨을 만났다. 성덕임은 당시 혜경궁 홍씨의 친정에서 청지기[47]로 일하던 성윤우의 딸이었다. 성윤우는 본디 양반이 아니었고 집안도 가난했다. 그는 첫 부인과 일찍 사별하고 두 번 더 혼인하여 5남 3녀를 두었는데 성덕임은 그중 둘째 부인의 딸이자 막내딸이었다. 가난한 집안에 자식이 많았으니 생계는 빠듯했다.

다행히 성덕임이 태어난 영조 29년[1753], 성윤우는 종9품 하급

---

47 양반의 집에서 잡일을 맡아보거나 시중을 들던 사람.

무관이 됐고 3년 후엔 궁궐을 지키는 가위장이 되었다. 성윤우는 그 후 무관으로 여러 직위를 거쳤으나 사도세자가 죽기 1년 전인 영조 37년1761에 스스로 관직을 그만두었다. 이후 벼슬을 지낸 기록이 없으니 아마도 이 무렵 홍봉한의 집에서 청지기 생활을 시작했다고 추측할 수 있다. 성덕임도 8세 무렵부터 아버지와 계모 지씨[48]를 따라 홍봉한의 집에서 살다가 며느리와 두 딸을 데리고 친정으로 쫓기듯 돌아온 혜경궁 홍씨를 만났으리라 생각된다. 영조의 용서와 부름이 있을 때까지 반년가량, 아들인 세손과도 만나지 못한 채 친정에서 머물던 혜경궁 홍씨는 이듬해인 영조 39년1763 1월, 마침내 창덕궁으로 돌아갈 수 있었다.

세손 이산과 궁녀 성덕임, 두 사람만의 비밀

성덕임이 궁녀가 된 배경에는 혜경궁 홍씨의 뜻도 있었으나 가장 큰 이유는 가난이었다. 아버지 성윤우는 병이 있었고 오빠들은 변변한 돈벌이를 하지 못했다. 훗날 족보에 오르지 못한 친언니는 혜경궁 홍씨의 집안사람인 홍낙성의 첩이었다. 즉, 열 명이 넘는 식구를 건사하며 가장 노릇을 할 사람이 없었다. 오빠들이 제 몫을 하고 집안을 책임지려면 공부를 해야 했고 뒷바라지를 하기 위해서는

---

48 의빈 성씨의 친어머니 부안 임씨는 성씨가 3세 때 사망했다.

돈이 필요했다.

혜경궁 홍씨는 남편이 죽은 대궐로 돌아가기가 두려웠다. 대궐로 돌아가는 건 분명 다행이었지만 세자빈으로 간택되어 가례를 치를 때 그를 마냥 예뻐해 주던 웃어른^{대왕대비 인원왕후와 왕비 정성왕후}은 이미 세상을 떠난 후였고 시아버지 영조는 너무 무서운 존재가 됐다. 몇 년 지나지 않아 두 딸이 혼례를 치르고 출궁하면 대궐에 마음 붙일 곳이 없어질 터였다. 영조 39년¹⁷⁶³ 1월 혜경궁 홍씨는 며느리 효의왕후와 함께 창덕궁으로 돌아왔는데 싹싹하고 눈치도 빠른 성덕임은 아마 이때 입궁하여 궁녀가 되었을 것이다. 사가에서 힘든 시기를 함께 보낸 혜경궁 홍씨와 효의왕후 그리고 성덕임은 궁으로 돌아온 후에도 서로를 의지했다. 특히 효의왕후와 성덕임은 훗날 성덕임이 후궁이 된 후에도 사이가 각별했다고 전해진다.

대비나 왕비, 세자빈이나 후궁이 친정 하녀나 노비, 친척 혹은 인연이 있는 이들을 처소의 궁녀로 들이는 일은 예로부터 종종 있던 일이다. 10세 성덕임은 궁녀로 정식 입궁하기에는 다소 늦은 나이였으나 혜경궁 홍씨 처소의 궁녀가 됐다. 혜경궁 홍씨는 아들·딸과 비슷한 또래에 마음을 놓고 부릴 수 있는 성덕임을 딸처럼 키웠다고 한다. 훗날 정조의 승은을 입고 후궁이 되기 전, 의빈 성씨의 품계가 정5품에 해당하는 '상의尙儀'[49]였으니 그는 지밀 혹은 침방 등 상급 부서에서 생각시 시절을 보냈으리라 추측할 수 있다.

---

49 궁관宮官의 하나. 내명부 정5품으로 예의禮儀와 기거起居를 맡았다.

궁 생활에 조금씩 익숙해질 무렵 성덕임은 왕실에서 일어나는 중요한 일을 연달아 경험하게 된다. 그가 궁녀가 된 지 1년째 되던 영조 40년¹⁷⁶⁴ 2월, 영조는 세손^{훗날 정조}을 이미 세상을 떠난 효장세자와 현빈 조씨의 아들로 입적시켰다. 사도세자의 아들이라는 이유로 세손의 왕위 계승을 반대하는 논란을 종결하기 위해 법적 신분을 바꿔버린 조치였다. 영조는 세손을 지키기 위해 한 일이었지만 혜경궁 홍씨는《한중록》에서 아들을 빼앗긴 이날을 가장 슬펐던 날로 기록했다.

같은 해 5월, 사도세자의 삼년상이 끝났다. 영조는 사도세자의 묘호를 '수은垂恩'으로 내리고 사도세자가 세상을 떠난 창경궁에 묘우廟宇**50**를 세우라고 명한 후 세자의 대상大喪**51**을 지냈다. 7월엔 사도세자의 어머니이자 영조의 후궁인 영빈 이씨가 세상을 떠났다. 12월에는 영조가 영빈 이씨의 처소가 있던 경희궁으로 거처를 옮겼다. 왕비 정순왕후와 혜경궁 홍씨 그리고 세손 부부도 함께 경희궁으로 거처를 옮겼다.

세손이 효장세자의 아들로 입적되고 연이어 치른 사도세자의 삼년상과 영빈 이씨의 장례는 혜경궁 홍씨에게 매우 중요했다. 공적으로는 나랏일이었으나 사사롭게는 아들과 남편 그리고 시어머니의 일이었다. 덕분에 혜경궁 홍씨 처소의 어린 궁녀였던 성덕임

---

50 사당. 신주 혹은 신위위패를 모신 집.
51 삼년상을 마치고 탈상하는 제사. 사망한 날로부터 만 2년이 되는 두 번째 기일忌日에 지내는 상례의 한 절차.

은 슬기로운 궁중 생활의 기초를 여느 궁녀보다 세심하게 배울 수 있었다. 후에도 혜경궁 홍씨와 직·간접적으로 연관된 왕실의 대소사가 계속 이어졌다. 영조 41년1765에는 청연군주가 혼인했고 같은 해 사도세자의 서자 은언군과 은신군이 관례를 올렸다. 사도세자의 정궁으로서 혜경궁 홍씨는 예법에 어긋나지 않게 신경써야 했다. 영조 42년1766엔 청선군주도 혼인했다. 왕실의 분주한 일이 막 끝났을 무렵, 세손이 성덕임에게 다가왔다.

모든 것을 감수한
단 하나의 사랑

2009년에 정조와 노론 대신 심환지가 나눈 편지 '어찰첩'이 발견되면서 정조의 이미지는 대대적으로 달라졌다. 정조의 죽음이 노론의 음모이며 노론과 정조가 적대적인 관계라는 주장이 일순간 근거를 잃었다. 어찰첩은 조선 전기 세종대왕과 더불어 조선 후기를 대표하는 성군으로 불리던 정조의 새로운 얼굴을 생생하게 보여줬다. 노론 대신과 말을 맞춘 후 대전에서 연기를 하거나 사관과 신하를 속이며 언론과 여론을 능숙하게 조작하는 모습은 놀라웠다. 문체반정[52]을 주도할 만큼 보수적인 군주로 알려진 정조가 실제 편지에서는 비속어와 욕설도 자유롭게 구사했다.

---

52 정조는 당시 유행한 박지원의 《열하일기熱河日記》 등 참신한 문장을 잡문체라 규정하여 정통 고문의 문장을 모범으로 삼게 했다. 문장에 대한 군주의 개입은 문학 발전을 저해했다.

하지만 이는 정조의 왕권이 안정되고 군주의 지위가 안전해진 후의 일이다. 세손 시절의 정조는 항상 모범적인 모습을 갖추기 위해 하루도 긴장을 늦추지 못했다. 사도세자는 죄인이라는 근거로 죄인의 아들은 왕이 될 수 없다고 주장하는 노론 벽파의 상소문이 쩌렁쩌렁하게 대궐에 울려도 세손은 참고 견디며 말을 아끼고 행동에 신중해야 했다. 아무리 세손의 자리에 있어도 날마다 위기였으니 마음을 드러내거나 마음 가는 대로 행동할 수 없었다.

세손은 가족에게 위로받을 수도 없었다. 어머니 혜경궁 홍씨는 물론이거니와 할아버지 영조와 여덟 살 많은 할머니 정순왕후, 고모 화완옹주 모두 세손이 말과 행동을 가장 조심해야 하는 이들이었다. 세손이 드물게 마음을 보일 수 있는 유일한 사람은 가족이 아니라 홍국영이었다. 홍국영은 세손의 이야기를 들어주고 마음을 위로해주었을 뿐 아니라 이를 트집 잡는 이들의 공격을 알아서 척척 해결했다. 세손은 왕위에 오르자마자 자신의 힘든 시절, 버팀목이 되어준 홍국영에게 부귀영화와 권력을 모두 안겨주었다. 세손에겐 소년 시절부터 청년 시절까지 믿는 사람도, 진심을 보일 수 있는 사람도 없었다. 그래서 더욱 학문에 몰두하고 군주의 길을 찾으며 공부에 매진했다. 그런 정조가 여인을 그것도 궁녀를 마음에 두고, 그에게 승은을 내려 가족이 되기를 원했고, 거절당했지만 내내 곁에 두고 마음에 품고 있었다는 사실은 놀랍다.

정조와 의빈 성씨의 사랑이 특별한 이유는 정조가 의빈 성씨에게 사랑을 느끼고 그 사랑을 표현했던 시기가 세손 시절이기 때문이다. 당시 정조는 안팎으로 근신하며 한순간도 긴장을 늦추지 않고 근면했으며 홍국영을 비롯해 자신에게 해를 가하지 않을 소수 인물을 제외하고는 누구도 가까이 두지 않았다. 사도세자는 15세에 대리청정을 시작했고 할아버지 영조의 눈 밖에 났다. 세손은 15세가 되자 할아버지 영조의 사랑이 끝날까 두렵고 초조했을지 모른다. 영조는 사도세자가 멋대로 궁녀에게 승은을 내려 아들까지 낳자 사도세자를 크게 문책하며 노골적으로 미워했다. 세손은 아버지와 할아버지의 불화 그리고 아버지의 죽음을 모두 기억하고 있었다.

세손은 자신이 지금 궁녀에게 승은을 내린다면 세손의 지위와 목숨을 담보해야 한다는 걸 누구보다 잘 알고 있었다. 그럼에도 성덕임에게 승은을 내리려 했던 그는 어떤 마음이었을까. 처음 느꼈던 순수한 감정과 단 하나, 단 한 번뿐이라 생각한 사랑이었기에 자신에게 주어질 모든 시련을 감수하면서 고백했던 걸까.

성덕임이 세손의 승은을 거절한 이유

세손의 고백승은을 받으라는 요구을 받았을 때 성덕임은 14세였다. 혜경궁 홍씨 처소의 궁녀였던 성덕임은 세손만큼이나 대궐의 상황과 분위기를 잘 파악했다. 때문에 세손의 마음이 아무리 순수한 사랑이라도 승은을 받을 수 없었다. 작게는 자신을 위한 일이고 크게는 세손을 위한 일이었다. 어쩌면 성덕임은 작게는 세손의 지위를 보전하기 위해, 크게는 자신의 목숨과 궁녀 생활을 지키기 위해 승은을 거절했을지도 모른다.

이 무렵 세손의 두 여동생인 청연군주와 청선군주는 차례대로 혼인해 궁 밖으로 나가서 살게 됐고 세손과 세손빈의 사이는 소원했다. 자식이 없던 화완옹주가 조카인 세손에 대한 집착으로 효의왕후와 세손 사이를 이간질했기 때문이다. 22세에 딸과 남편을 연달아 잃은 화완옹주는 영조의 배려로 궁으로 돌아와 생활했다. 두 언니 화평옹주와 화협옹주는 이미 세상을 떠났고 사도세자마저 죽은 후였기에 화완옹주는 영조와 영빈 이씨의 하나 남은 자식이었다. 먼저 죽은 자식에 대한 마음의 부채 때문이었을까. 영조는 화완옹주를 굉장히 예뻐했고 화완옹주는 그런 영조의 사랑을 마음껏 누리고 이용하며 다정하게 지내는 세손과 세손빈을 필사적으로 방해했다. 얼마 지나지 않아 세손은 화완옹주의 집착에 부담을 느껴 그를 멀리했고 화완옹주는 세손과 사이가 멀어지자 정후겸을 양자로 들였다. 그때부터 화완옹주의 집착 대상은 세손에서 양아들 정후겸으로 바꼈다. 외손자라는 이유로 영조의 귀여움을 받은 정후겸은 세손이 왕위에 오르기 전까지 막강한 정적이었다.

왕위와 권력이 걸린 영조와 세손의 관계도 살얼음처럼 위험했으나 왕실 여인의 세계 또한 어렵고 복잡했다. 성덕임은 세손빈이 된 지 몇 달 만에 시아버지 사도세자의 비참한 죽음을 겪고 시어머니 혜경궁 홍씨를 따라 궁을 떠났다가 대궐로 돌아온 후에는 시고모 화완옹주의 시집살이에 시달렸던 효의왕후가 안쓰러웠다.

가난한 친정을 부양하기 위해 궁녀가 된 성덕임은 세손빈이라는 고귀한 지위와 신분을 가졌으나 어릴 때부터 너무 많은 책임과 무게를 짊어져야 했던 효의왕후를 보면서 어떤 생각을 했을까. 성덕임과 효의왕후의 신분은 달랐지만 동갑내기였고 동병상련의 마음으로 서로를 말없이 위로하며 궁 생활을 견뎠을지 모른다.

이런 복잡한 이유로 성덕임은 세손이 승은을 내리려고 했을 때 죽음을 각오하고 아직 세손빈이 후사를 잇지 못했다며 거절했다. 성덕임은 궁녀가 된 목적이 확실했다. 후궁이 되어 부귀영화를 누리고 총애를 권력으로 삼는 삶은 그가 원하는 바가 아니었다. 성덕임은 가난한 친정을 건사하기 위해 궁녀가 됐고 차근차근 목적을 이루어 나가는 중이었다. 장차 나인이 되고 상궁이 되면 친정에 더욱 도움이 될 터였다.

하지만 세손의 후궁이 된다면 이런 계획은 아무 소용이 없었다. 영조의 분노를 살 수도 있고 반대로 후궁 품계를 받는다 해도 끝까지 좋으리라는 보장도 없다. 당장 사도세자의 후궁이 어떤 결말을 맞이했는지 확인만 해도 답은 분명했다. 세손의 승은을 받고 후궁이 된다면 지푸라기를 부여잡고 언제 위험이 닥칠지 모르는 불구덩이로 들어가는 셈이었다.

다행히 세손 역시 자신의 지위가 여인에 대한 애정보다 훨씬 중요하다는 걸 알고 있었다. 무엇보다 성덕임을 아끼고 존중하는 마음이 컸기에 승은을 거절당한 후에도 그가 아무런 불이익을 받지 않고 궁녀로 계속 지낼 수 있도록 배려했다. 세손이 성덕임에게 거절당했던 일은 그렇게 두 사람만의 비밀이 됐다. 하지만 세손은 이미 마음에 둔 성덕임을 한 번도 포기하지 않았다. 국본의 첫사랑이자 임금의 순정이었다.

거절당한 승은, 15년 후에 다시 돌아오다

1776년 영조가 승하하고 정조가 즉위하자 정조의 세손 시절 그를 위협하며 대립했던 정후겸화완옹주의 양자과 홍인한 등은 모두 사사됐고 정조를 보필했던 이들은 출세 가도를 걷기 시작했다. 그중에서도 '세손의 오른쪽 날개'라는 별명으로 불린 홍국영은 승진을 거듭하며 왕명을 출납하고 왕의 비서 임무를 수행하는 승정원의 우두머리인 도승지에 올랐다. 홍국영이 앞장서서 왕권에 위협이 될 만한 이들을 제거하고 조정과 여론을 장악했지만 정조의 왕권은 여전히 굳건하지 못했다.

정조 1년1777, 정조의 서재인 존현각과 대궐에 자객이 침범했다. 임금을 죽이려는 목적으로 암살자가 대궐에 침범할 때까지 눈치 챈 사람은 아무도 없었다. 이는 대궐 내부에 협조한 세력이 있다는 뜻이었다. 발각된 역도는 사도세자의 서자이자 정조의 이복동생인 은전군사도세자의 손에 죽은 궁녀 경빈 박씨의 아들을 왕으로 추대하려 했다고 자백했다. 이 사건 이후 홍국영은 대궐에서 숙식하며 정조를 호위하는 숙위대장직을 겸하게 됐다. 그리고 정조 2년1778,

은전군은 역모에 이름이 오르내렸다는 이유로 결국 죽음을 맞았다. 결백을 주장하는 이복동생 은전군을 처형해야 하는 정조의 심정은 참담했다. 이처럼 참담한 와중에 대비 정순왕후는 효의왕후에게 자식이 없으니 후사를 위해 간택 후궁을 뽑는다는 교지를 내렸다. 정조는 대비의 뜻에 따라 후궁을 맞았다.

간택은 대비의 주도로 진행되었으나 후궁은 이미 정해져 있었다. 바로 정조의 무한한 신임을 받는 홍국영의 여동생이었다. 그는 '원빈元嬪'으로 봉해져 성대한 가례를 올렸다. 원빈 홍씨는 정조의 첫 번째 후궁이자 최초의 무품빈으로 특별한 대우를 받았다. 무품빈이란 품계가 없는 후궁으로 왕비를 대신하여 원자를 생산할 책임을 지닌 후궁이다. 왕비와 마찬가지로 품계가 없었고 왕비에 준하는 대우를 받았다. 원빈 홍씨는 원자의 어머니가 될 귀한 후궁으로 그가 아들을 낳으면 바로 세자로 책봉될 예정이었다. 문제는 원빈 홍씨의 나이였다. 13세에 불과했던 원빈 홍씨는 한시가 급한 후사를 보기 위한 간택 후궁이었으나 15세가 될 때까지 최소 2년 동안 정조와 합궁이 불가능했다.

원빈 홍씨는 당시 하늘을 찌르는 홍국영의 권세를 보여주는 동시에 홍국영의 권력을 더욱 굳건하게 만들었다. 이제 홍국영은 단순히 총애 받는 신하가 아니라 정조의 처남이자 가족이며 외척이었다. 장차 원빈 홍씨가 아들을 낳기만 한다면 홍국영은 세자의 외삼촌이 되고 나아가 임금의 외삼촌이 되어 절대 권력을 누리게 될 예정이었다. 그런데 홍국영이 미처 계산하지 못한 비극이 발생했다. 정조 3년1779, 원빈 홍씨가 회임은커녕 합방 한 번 하지 못하고 14세에 세상을 떠났다. 정조는 장례를 극진하게 치러 홍국영을 배려했으나 이미 권력에 취해 정조 이후에 누릴 권력까지 계획한 홍국영은 도를 넘기 시작했다. 그는 정조의 조카인 상계군을 정조와 원빈 홍씨의 양자로 입적시켜 세자로 만들 계획을 추진했다. 상계군의 아버지 은언군은 사도세자의 서자 중에서 유일하게 살아남은 정조의 이복동생이었다. 홍국영은 상계군뿐 아니라 은언군까지 위험하게 만들었다. 정조에게 상계군을 양자로 삼으라는 말은 아직 자식을 두지 못한 정조에게 아예 후사를 보지 말라는 억지나 다름없었다. 게다가 홍국영은 원빈 홍씨의 죽음이 수상하다며 왕비 효의왕후에게도 무수히 무례를 범했다. 정조는 변해버린 홍국영의 손을 놓기로 결심했다.

정조 4년1780, 홍국영은 정조의 뜻에 따라 모든 권력을 내려놓고 관직에서 물러났다. 같은 해 정조는 소론 가문 출신의 화빈 윤씨를 새로운 간택 후궁으로 맞이했다. 화빈 윤씨는 원빈 홍씨와 같은 무품빈으로 입궁했다. 두 번째 간택 후궁을 뽑을 때 정조는 성덕임에게 다시 승은을 내리려고 했으나 그는 재차 거절했다고 한다. 이에 정조는 더 이상 물러나지 않고 성덕임의 시녀를 꾸짖고 벌을 내리며 성덕임을 압박했다. 결국 성덕임은 승은을 받아들였다. 첫 번째 승은을 거절한 지 15년 만이었다. 정조와 성덕임의 인연은 이처럼 각별했고 승은을 거절하고 궁녀와 임금의 관계로 돌아간 후에도 마음으로는 언제나 함께였다. 적어도 정조의 마음은 15년 동안 한 번도 변한 적이 없었고 성덕임을 잊은 적도 없었다.

《이재난고》에 따르면 성덕임은 정조 4년에 승은을 받고 두 번 유산한 후 정조 6년[1782]에 문효세자를 낳았다고 한다. 하지만 정조가 직접 쓴 《어제의빈묘지명》에 따르면 성덕임은 정조 6년, 승은을 받은 바로 그달에 임신하여 9월에 문효세자를 낳았다고 한다. 정조의 말이 맞다면 성덕임은 승은을 입은 그날, 허니문 베이비를 가진 셈이다.

성덕임과 정조의 첫아들, 문효세자

왕자가 탄생하였다. 임금이 승지와 각신閣臣들을 불러 보고 하교하기를, "궁인 성씨가 태중이더니 오늘 새벽에 분만하였다. 종실이 이제부터 번창하게 되었다. 내 한 사람의 다행일 뿐만 아니라, 머지않아 이 나라의 경사가 계속 이어지리라는 것을 확실히 알 수 있으므로 더욱더 기대가 커진다. '후궁은 임신한 뒤에 관작을 봉하라'는 수교가 이미 있었으니 성씨를 소용昭容으로 삼는다" 하니 신하들이 경사를 기뻐하는 마음을 아뢰었다. 임금이 이르기를 "비로소 아비라는 호칭을 듣게 되었으니 이것이 다행스럽다" 하였다. (하략)

《정조실록》14권 | 정조 6년 9월 7일

정조 6년 9월 7일, 성덕임은 정조의 첫 자식이자 첫아들인 문효세자를 낳고 정3품 소용 품계를 받았다. 성덕임의 친정이 너무 한미해 감히 출산을 돕기 위해 가족이 입궁할 엄두를 낼 수 없었기 때문인지 혜경궁 홍씨는 29세에 처음 출산하는 성덕임을 위해 자신의 몸종과 유모를 보내 출산을 도왔다. 당시 성덕임이 아직 후궁의 품계를 받지 못한 궁녀_{당시 정5품 상의尙儀}였으니 혜경궁 홍씨가 성덕임을 어렸을 때부터 딸처럼 키웠다는 정조의 글이 사실임을 의미한다.

문효세자는 태어난 지 석 달 후 원자의 정호를 받았고 같은 달, 성덕임은 정1품 빈 품계를 받았다. 후궁 품계를 늦게 받았을 뿐 정3품 소용에서 정1품 빈으로 승격되는 데 3개월밖에 걸리지 않았으니 그야말로 초고속 승격이었다. 문효세자는 왕비의 아들로 입적됐으나 의빈 성씨가 직접 양육했다. 영빈 이씨가 후궁이라는 이유로 왕비의 아들로 입적된 사도세자를 직접 키우지 못한 것과 달리 의빈 성씨는 정조의 뜻과 효의왕후의 배려로 어린 문효세자를 직접 돌볼 수 있었으니 이 역시 특별한 일이었다.

문효세자의 탄생은 대궐 전체의 기쁨이었으나 왕실 여인의 마음은 모두 달랐다. 대비 정순왕후와 혜경궁 홍씨는 비로소 정조의 후사가 태어났으니 마음껏 기뻐할 수 있었다. 반면 의빈 성씨보다 먼저 후궁이 되어 회입한 후 오매불망 출산을 기다려온 화빈 윤씨는 망연자실했다. 후궁이 된 후 30개월 가까이 임신 중이던 화빈 윤씨는 마침내 자신이 상상 임신을 했다는 사실을 받아들였고 그의 출산을 위한 산실청 역시 철수됐다. 동시에 화빈 윤씨의 존재 가치와 후궁으로써의 입지는 급속도로 좁아졌다. 왕비는 어땠을 까. 간택이 아닌 승은과 임신으로 후궁이 된 의빈 성씨에게서 원 자가 태어났으니 안도하는 한편, 자식을 낳지 못하는 왕비가 된 자신의 처지가 무척 슬펐을 것이다. 궁녀였을 때나 후궁이었을 때 나 항상 윗전의 분위기를 잘 헤아려온 의빈 성씨 역시 원자를 낳 은 행복을 마음껏 드러낼 수 없었다.

반면 정조는 아버지가 된 기쁨을 감추지 않았다. 정조 7년1783, 정조는 장차 세자가 될 원자를 위해 중희당을 건설하고 원자 보양 관[53]을 임명한 후 원자와 보양관의 상견례도 거창하게 치렀다. 정 무와 후사를 세우는 일로 바쁜 중에도 정조는 의빈 성씨에게 꼬박 꼬박 승은을 내렸다.

정조는 직접 쓴《어제의빈묘지명》에서 의빈 성씨가 왕비와 다 른 후궁에게 승은을 양보했다고 말한 바 있다. 의빈 성씨는 승은 을 양보했으나 정조는 다른 여인에게 승은을 내릴 생각이 전혀 없 었다. 의빈 성씨는 산후조리가 끝나자마자 곧바로 임신하여 정조 8년1784 윤3월에 딸을 낳았다. 하지만 첫딸은 태어난 지 얼마 지나 지 않아 경기로 세상을 떠났다. 같은 해 8월, 문효세자는 세자 책 봉식을 치렀다. 정조는 책봉식의 순서와 방법을 직접 언급하며 리 허설을 세 번이나 진행했다. 문효세자의 세자 책봉식을 성대하게

---

53 조선시대에 세자와 세손을 교육하는 일을 맡아보던 벼슬. 세자 보양관은 정1품~종2품, 세 손 보양관은 종2품~정3품이었다.

치르면서 갓난 옹주의 죽음은 조용히 잊혔다.

의빈 성씨는 늦은 나이에 후궁이 되고 연이어 임신과 출산을 거듭했으나 이는 특이한 일이 아니었다. 영조의 후궁 영빈 이씨는 31세에 후궁 품계를 받았고 귀인 조씨는 29세에 승은을 받았으며 자식도 여러 명을 낳았다. 정조 또한 의빈 성씨가 자식을 많이 낳아주기를 기대했다. 하지만 두 사람이 누린 행복의 시간은 너무도 짧았다.

의빈 성씨의 죽음으로
모든 것이 무너진 정조

정조 10년[1786] 5월, 문효세자가 홍역을 앓다가 세상을 떠났다. 당시 의빈 성씨는 임신 중이었다. 자식을 연달아 잃은 슬픔을 너무 컸을까. 같은 해 9월, 의빈 성씨는 만삭의 몸으로 정조가 문효세자를 위해 지은 중희당에서 눈을 감았다. 이때 의빈 성씨는 34세, 정조는 35세였다.

의빈 성씨가 눈을 감기 전까지 매일 문병했고 약을 직접 살폈던 정조는 슬픔을 가누지 못했다. 늘 이성과 논리를 앞세워 신하를 압도해온 정조였으나 의빈 성씨의 죽음 앞에서 모든 것이 무너지고 깊은 슬픔만 가득했다. 정조는 의빈 성씨를 추억하며 절절한 글을 써서 기록으로 남겼다. 그중에서도 사랑하는 사람을 잃은 절절한 슬픔과 애틋함으로 가득한 《어제의빈묘지명》은 의빈 성씨를 향한 정조의 깊은 애정을 고스란히 보여준다.

정조는 의빈 성씨의 묘비문을 직접 쓰면서 그를 후궁의 반열에 둔 지 20년이라고 말했다. 처음 승은을 내리고자 했던 15세 때부터 이미 의빈 성씨를 마음으로 후궁의 반열에 두었던 것이리라. 정조는 자신이 아니면 의빈 성씨의 뛰어난 성품을 세상에 전하고 알릴 사람이 없어 그의 뛰어난 능력이 세상에서 사라질까봐 애석하다고 말했다. 정조의 바람대로 의빈 성씨와 정조의 사랑은 후대에 널리 알려져 뮤지컬과 드라마 등으로 만들어졌으니 정조의 소원은 이루어진 셈이다.

> 빈은 날 때부터 밝고 슬기로워 갓 한 살이 되었을 때 성명과 자字를 구분할 줄 알았고, 몸가짐을 깨끗이 하며 성품이 곧고 맑아 더욱 온화하였다. 열 살 무렵 궁궐에 뽑혀 들어와 임금의 친척 부녀들이 모두 나라에 공을 세우고 벼슬이 많은 집안 출신으로 여겼다. 타고난 바탕이 남달라 남을 높이고 자기를 낮추었으며, 검약했다. 뿐만 아니라 의리를 명백하게 가리고 확고하게 지켰다.
>
> (중략) 또한 길쌈에 능숙하고 요리도 뛰어났으며 다른 재능도 있어 문장 역시 범상함을 뛰어넘었고, 수리를 배움에도 두루 통하여 자세히 알고 지식을 깨우쳐 이르는 곳보다 재능과 기예를 온전히 갖추었다. 아, 빈을 장사 지냄에 있어서 묘지에 반드시 새기고자 하니 내가 그 재주를 잊지 않으리라.
>
> 정조 10년¹⁷⁸⁶《어제의빈묘지명》중에서

정조 10년1786《어제의빈묘지명》중에서

저 비천한 땅의 여항백성의 살림집이 많이 모여 있는 곳에서 이토록 현명한 이가 태어나 왕세자를 낳고 사랑을 입어 빈에 올랐으니 마땅히 우연이 아닐 것이다. 그러나 문효세자 무덤의 흙이 채 마르기도 전에 빈 또한 뱃속의 아이와 함께 세상을 떠났으니 내 마음이 다치고 쪼개짐이 빈의 한 몸만을 위해서가 아닐 터이다. 돌아간 지 석 달을 지내고 경인庚寅에 고양군 율목동 언덕에 장사지낸 바 문효세자의 무덤과 백 보 정도 떨어져 있으니 이는 빈의 소원을 따른 것이다. 바라건대 죽어서도 가까이 있어 위로가 되기를 원하노라. 빈의 언행에 대한 본말을 기록하여 무덤에 넣고 비석에 그 대략을 쓰니 찾는 이로 하여금 어진 빈을 애석하게 여기고 그 불행함을 슬퍼하게 하노라.

정조 10년《어제의빈묘표》중에서

의빈 성씨가 바라던 대로 문효세자의 무덤 근처에 그의 묘지를 마련하여 장례를 치르는 동안 정조는 의빈 성씨에 대한 모든 글을 직접 썼다. 장례가 끝나고 제사를 지내면서 정조는 마침내 의빈 성씨가 세상에 없다는 사실을 받아들이고 제사 때마다 애통과 슬픔을 글로 남겼다.

아아, 나는 빈의 죽음에 이처럼 슬프다. (중략) 끊어지는 아픔과 비통하고 참혹한 마음을 어찌 구하고 어디에 기댈까. 지금 닥친 슬픔이 예전의 일문효세자의 죽음과 비할 수 없구나. 어찌 슬픔이

오직 빈의 죽음뿐이겠는가. (중략) 이로써 죽은 사람과 산 사람이
서로 영원히 헤어지는 한스러움을 달래노라. 슬픔을 잊을 수 없
음을 슬퍼하는 것이 마땅하다. 그러하냐, 그렇지 아니하냐?

《어제의빈치제제문》중에서

나는 오히려 네가 지금 죽은 것이 믿기지 않는다. 슬퍼하고 슬퍼
하는 사람의 마음이 이어지지 않는구나.

나는 영원한 헤어짐을 슬퍼할 뿐이다.

만일 이리 와서 지금 즐거이 단장하고 집에 있었으면 하건만 몸은
이미 모두 넋이 되어 돌아갔구나. 어찌 저 거친 언덕 모퉁이에 혼
령이 되었는가.

상자를 열어 비단옷을 꺼내 나란히 늘어놓으니 하얀 휘장이 나
부낀다. 우수수 부는 바람 소리에 슬퍼 밤에 술 한 잔 올리노라.
보고 싶다 바라여도 느닷없이 떠나간 너를 만날 수가 없구나.

문득 생각하니 빈의 생일이 또 왔는데 어찌 더 살지 못하고 생일
에 제사상을 받는단 말인가. 그대와 즐겁게 노닐던 것을 돌아보나
적막하고 잠잠하다. 그대는 난초처럼 향기로운 풀과 같았고, 더불
어 이야기하며 내게 힘을 주었다. 술과 음식을 차려 제를 올리니

부디 흠향하라.

《어제의빈삼년내각제축문**54**》 중에서

---

54 《어제의빈묘표》와 《어제의빈묘지명》은 오늘날 《어제의빈묘표지명》御製宜嬪墓表誌銘이
라는 필사본으로 전하는데 모두 1786년 11월 의빈 성씨의 장례를 위해 정조가 직접 지었
다. '묘표'는 무덤 앞에 세우는 것이고, '묘지명'은 무덤 안에 넣는 글이다.
　　《어제의빈치제제문》御製宜嬪致祭祭文은 의빈 성씨의 장례에 사용한 제문이다. 《어제의빈
삼년내각제축문》御製宜嬪三年內各祭祝文은 의빈 성씨의 발인부터 탈상 후 담제제례의 한
순서로 유족이 상복을 모두 벗는 '제복제'라고도 한다. 초상에서 27개월째 해당하는 달에 지내는 제사까지
때마다 올린 제사의 제문 모음이고, 《어제의빈삼년후각제축문》御製宜嬪三年後各祭祝文은
탈상 후 1년 동안 때마다 올린 제사의 제문 모음이다. 역시 모두 정조가 직접 지었다.

정조의 후궁

	탄생 및 입궁	입궁 나이 당시 정조의 나이	궁호[55]	사망	자녀
원빈 홍씨	영조 42년1766 정조 2년1778	입궁 13세정조 27세	숙창궁 무품빈	정조 3년1779 당시 14세	없음
화빈 윤씨	영조 41년1765 정조 4년1780	입궁 16세정조 29세	경우궁 무품빈	순조 24년1824 당시 60세	없음
의빈 성씨	영조 29년1753 영조 39년1763	궁녀-승은 입궁 11세 승은 29세정조 30세	없음	정조 10년1786 당시 34세	정조 6년1782 문효세자요절 정조 8년1784 옹주요절
수빈 박씨	영조 46년1770 정조 11년1787	입궁 18세정조 36세	가순궁 무품빈	순조 22년1822 당시 53세	정조 14년1790 순조 탄생 정조 17년1793 숙선옹주 탄생

55 고려 시대에 왕족 남성 혹은 후궁과 공주에게 주어진 별칭. 궁궐의 이름이기도 하고 사람을 지칭하기도 한다. 조선시대에 궁중 여인을 품계에 따라 구분하는 '내명부' 제도가 완성된 후 사라졌으나 조선 후기에 간택 후 무품으로 입궐하여 후궁이 된 여인이 생기면서 다시 부활한 제도다. 사도세자의 세자빈 '혜경궁' 홍씨는 궁주 제도가 사라진 후 다시 처음으로 궁호를 받은 왕실 여인이며 정조는 간택 후궁 세 명에게 모두 궁호를 내렸다.

개혁 군주부터 로맨스 순정남까지, 다양한 정조의 얼굴

작품명	특징	명대사
드라마《한성별곡 正》 2007, KBS2	고뇌하는 개혁군주였던 정조안내상의 인간적인 내면을 그려냈다.	"나의 신념은 현실에 조롱당하고, 나의 꿈은 안타까운 희생을 키워가는데 포기하지 않는 나는, 과연 옳은 것이냐?"_정조
드라마《이산》 2007, MBC	정조이서진와 의빈 성씨한지민의 로맨스를 그린 최초의 드라마. 그러나 두 사람의 관계는 대부분 상상으로 그려냈다.	"알고 있느냐? 그러니… 가져가거라, 내 마음… 네가 가져가거라."_죽은 의빈 성씨를 향한 정조의 독백
다큐멘터리 《의궤, 8일간의 축제》 2013, KBS1	수원화성에서 치른 혜경궁 홍씨의 회갑연을 기록한 《원행을묘정리의궤》를 복원한 다큐.	"불취무귀不醉無歸 취하지 않는 자, 돌아갈 수 없다."_내레이션 중에서, 정조가 술잔을 들며 신하들에게 건넨 말
영화《역린》 2014	정조현빈의 남성적인 매력과 파격적인 캐릭터로 등장한 정순왕후한지민가 화제가 되는 등 배우만 돋보여 정조의 또 다른 매력을 기대한 관객에게 아쉬움을 남겼다. 개봉 전 공개된 정조의 등근육이 화제였는데 실제로 정조는 무예에도 뛰어났으며 무예 교본인《무예도보통지》를 저술했다.	
드라마 《옷소매 붉은 끝동》 2022, MBC	궁녀 성덕임이세영과 정조이준호의 로맨스. 그동안 각종 사극에서 한낱 조연에 불과했던 궁녀를 온전히 자신의 삶을 살고자 하는 주체적인 여성으로 재해석해 호평을 받았다.	"네가 나에게 휘둘렸느냐, 아니면 내가 너에게 휘둘렸느냐." _세손 이산 "저하가 소중해요. 하지만 전 제 자신이 제일 소중해요." _궁녀 성덕임

조선시대를 여행하는 역사 덕후를 위한

궁녀 안내서 1

궁녀의 시선으로 조선시대를 읽기 위해서는 궁녀에 대한 모든 것을 알고 있어야겠죠? 궁녀의 숙소, 선발 방법, 승진 등 궁금한 점을 속 시원히 해결해 드립니다.

Q1. 조선시대의 궁녀가 어떤 삶을 살았는지 궁금합니다.

조선에서 유일무이한 공간인 궁전에서 살아가는 거주자이지만 이름은 없는 사람이 바로 궁녀입니다. 다시 말하면 이들은 큰 잘 못을 저질러 쫓겨나지 않는 이상 죽는 날까지 궁 밖으로 나갈 수 없었습니다. 반면 왕의 첩실 혹은 측실이라 할 수 있는 후궁은 궁에서 현재 재위 중인 임금이 '승하하기 전까지'만 궁에서 생활해야 합니다. 남편인 왕이 승하하면 후궁은 궁 밖으로 나가야 했죠.

이처럼 궁에는 왕을 중심으로 여러 사람이 각각 자신의 처소를 지니고 살아갔습니다. 이들이 일상생활을 잘 영위하도록 돕고, 필요한 노동을 제공하는 실무자가 바로 궁녀와 환관입니다. 그중 환관은 주로 왕의 업무시간을 보필했고 궁녀는 궁의 안쪽인 내전 즉, 왕이 휴식하고 후사를 생성하는 공간이자 여인의 공간에서 각각의 주인을 섬기며 따랐습니다. 모시는 주인이 다르다고 해도 가장 큰 주인은 역시 왕입니다. 궁녀를 '왕의 여자', '왕의 여인'이라고 보는 시선도 여기서 비롯됐습니다.

물론 궁녀가 왕의 승은을 받거나 품계를 받고 후궁이 되면 자신의 처소를 소유하고 궁녀를 거느릴 수 있었습니다. 그러나 많게는 수백 명에 이르는 모든 궁녀가 왕의 승은을 목표로 궁에서 살아갔다고 생각한다면 지극한 편견입니다. 마찬가지로 왕이라고 해서 모든 궁녀를 마음대로 할 수 없었습니다. 조선의 제18대 임금 현종은 이렇게 말했습니다.

> (중략) 정태화가 아뢰기를 "삼가 듣건대, 최씨 성을 가진 사람의 딸을 이미 시집가기로 되어 있는데도 대궐 안에서 시녀로 택하여 들였으며 (중략) 이에 신이 몹시 놀라워서 물어보니 대전大殿에서 한 것이 아니라 대비전大妃殿에서 한 일이었습니다. 비록 이것이 대비전에서 한 일이기는 하지만 상께서 어찌 듣지 못하였을 리가 있겠습니까." 하니, 상이 이르기를, "대궐 안의 모든 일은 대전에서 모두 주관하고 있으나, 시녀를 뽑는 일에 있어서만은 일찍이 주관하지 않았는데, 대개 예전의 전례가 이와 같은 것이다." 하자, 허적이 아뢰기를, "비록 예전의 규례라고는 하지만 참으로 융통성 없이 지키기만 해서는 안 됩니다. 그리고

상께서 이미 그것을 들었으면 속히 그 여인을 돌려보내어 바깥 사람들로 하여금 분명하게 성상의 뜻을 알게 하여야 합니다." 하니 상이 이르기를 "반드시 곡절이 있을 것이니, 상세히 물어서 처리하겠다." 하였다. (하략)

《현종개수실록》12권 | 현종 5년 12월 13일

Q2. 그렇다면 궁녀는 언제부터 있었나요?

궁녀는 기원 전 고대 중국의 하나라, 상나라, 주나라 때부터 있었습니다. 우리에게 가장 유명한 궁녀는 아마도 백제의 삼천궁녀일 텐데요. 이들에 관한 설화에는 백제의 멸망이라는 슬픔과 나라를 멸망에 이르게 한 백제의 마지막 군주 의자왕에 대한 비난이 담겨 있습니다. 의자왕은 방탕하여 삼천 명에 이르는 궁녀를 두었고, 이들은 백제가 멸망하자 적국에 사로잡혀 치욕과 능욕을 당하지 않기 위해 산으로 몸을 피했다가 결국 벼랑에서 백마강金江으로 몸을 던져 스스로 목숨을 끊었습니다. 삼천궁녀가 강으로 몸을 던지는 모습이 마치 꽃이 떨어지는 것처럼 슬프고 아름다워서 백마강의 바위를 '낙화암落花巖'으로 불렀다는 설화가 고려 말의 학자 이곡의 저서 《주행기》와 《세종실록지리지》에 실려 있습니다.

그 외에 《삼국유사》, 《삼국사기》, 《고려사》 등에도 '궁녀'라는 명칭이 등장하는데 이를 통해 궁녀는 아주 오래 전부터 존재했다고 짐작할 수 있습니다. 삼천궁녀의 비극적인 이야기 때문에 궁녀가 오직 왕 한 사람의 쾌락을 위해 존재했다고 오해할 수 있으나 이는 사실이 아닙니다.

한편 전쟁에서 패배하거나 다른 특별한 이유로 신분을 잃게 된 여인이 궁녀가 되기도 했습니다.《사기》에 따르면 춘추 시대에 오나라와 월나라는 서로 경쟁하고 전쟁하는 앙숙이었습니다. 사자성어 '와신상담臥薪嘗膽56'으로 잘 알려져 있죠. 당시 월나라의 왕 구천은 오나라와의 전쟁에서 패배한 후 오나라의 왕 부차에게 사신을 보냈습니다. 자신은 부차의 노복이 되고 처자는 부차의 시녀가 되게 하겠다고 제안했고 오나라에서는 이를 받아들였다고 합니다.

Q3. 조선시대에는 어떤 이들이 궁녀가 되었나요?

조선 제21대 임금 영조 대에 편찬된《속대전》57에는 궁녀의 선발 기준이 명확하게 나와 있습니다.

---

56 '섶에 눕고 쓸개를 씹는다'는 뜻으로 원수를 갚으려고 온갖 괴로움을 참고 견디며 자신의 몸을 괴롭히면서까지 원한을 잊지 않는 지독한 모습을 나타낸 표현이다. 춘추전국시대에 오나라와 월나라가 서로 대립했을 때 오나라의 왕 합려가 월나라의 세자 구천을 공격하다가 대패하고 전사했다. 이를 원통하게 생각한 오나라의 새로운 왕 부차는 왕위에 오른 후 매일 밤 가시가 많은 장작 위에 누워 잠을 청했다와신臥薪고 한다. 결국 부차는 월나라를 침공하여 구천을 굴복시키는 데 성공했다. 이에 굴욕을 맛본 구천 또한 치욕을 잊지 않기 위해 방 천장에 쓰디쓴 곰의 쓸개를 매달아 놓고 매일 핥으며상담嘗膽 복수를 다짐했다. 결국 구천은 오나라를 함락시키고 부차를 자결하게 만들어 복수에 성공했다.

57 영조 22년1746에 문신 김재로金在魯 등이 왕명을 받아《경국대전》시행 이후 공포된 법령 중에서 시행할 법령만을 추려서 편찬한 통일 법전으로 총 6권 4책으로 이루어져 있다.《속대전》은 형전刑典을 통해 백성에 대한 가혹한 형벌을 크게 완화했고 기득권에게 남용되던 악형 폐지에 주력한 것이 특징이다. 1700년대 조선의 사회, 경제, 법제, 문화 등을 연구하는 데 중요한 자료로 인정받는다.

궁녀는 각사의 하전으로서만 선발해 들인다. 내수사의 여자 종은 궁녀로 충당하거나 선발해도 괜찮지만, 시비는 특교가 아니면 궁녀로 선발하지 않는다. 양가의 여성은 일체 논하지 않는다. 양인이나 시비를 혹시 궁녀로 추천하여 보내거나, 혹 속이고 들어가게 하는 자는 장 60에 도 1년의 형벌에 처한다. 종친부와 의정부의 노비는 시녀나 별감으로 선정하지 않는다.

《속대전》형전刑典 공천公賤 중에서

궁녀가 될 수 있는 이들을 명시한《속대전》을 보면 영조 이전까지 여러 계층, 여러 분야의 여인이 궁녀가 됐습니다. 인조 이후 효종과 현종, 숙종과 경종을 거쳐 영조에 이르기까지 양인 여성을 궁녀로 선발하려 할 때마다 백성의 동요와 반발이 컸습니다. 이를 고려해 영조는《속대전》을 편찬하면서 궁녀를 선발할 때 내수사의 노비를 가장 우선으로 뽑으라고 명시했습니다.

내수사는 조선 임금이 사적으로 소유한 토지와 노비가 소속된 기관이기 때문에 궁녀 선발 시 백성의 동요나 비판에서 자유로웠습니다. 이에 영조는 양인 여성이 궁녀가 될 수 없게 했고 내수사 외의 기관에서 궁녀를 선발할 경우, 반드시 왕의 명령이 있어야 한다고 강조해 백성의 마음을 헤아렸습니다.

조선의 제23대 임금인 순조가 공노비 해방을 시행했을 때 내수사 및 궁방에 소속된 노비의 수는 약 3만 7천 명에 달했으니 내수사에는 궁녀로 충원하기에 충분한 노비가 소속되어 있었습니다. 조선 후기인 순조의 공노비 해방 이후에는 여러 계층의 여인이 궁녀가 될 수 있었습니다. 조선 왕조 몰락 후 고종 황제의 궁녀였던 이들의 증언에 따르면 궁녀를 선발할 때 각 처소 나인의 친족 중에서 선발 혹은 선정했다고 합니다. 궁녀가 되기 위한 신분의 구애가 사라진 반면 연줄이 훨씬 중요해진 것입니다.

Q4. 내수사에서 차출된 노비 외에 다른 방법으로 입궁한 궁녀도 있었나요?

내수사 외에 종친 관련 부서에서 근무하던 노비가 궁녀가 되기도 했습니다. 조선 제7대 임금 세조와 제9대 임금 성종의 신임을 받았던 상궁 조두대는 세종의 다섯째 아들 광평대군의 집에 소속된 노비였습니다.

대군방이나 공주방, 옹주방 등을 통해 궁녀가 되는 이도 있었습니다. 그 외에 간택을 통해 입궁하는 왕비, 후궁, 세자빈 등이 궁에 들어갈 때 본가에서 부리던 노비나 시녀 등이 함께 입궁해 궁녀가 됐습니다. 사도세자의 정실 혜경궁 홍씨는《한중록》에서 자신이 친정에서 데리고 온 유모 등의 시녀가 궁녀가 됐다고 상세하게 기록했습니다.

Q5. 조선시대에 궁녀는 몇 명이나 있었나요?

궁에 상주하는 궁녀의 인원수는 시대마다 조금씩 다릅니다. 조선이 안정기에 접어들어 화려한 사치 문화가 펼쳐졌던 연산군 대에는 궁녀가 1천 명이 넘었다는 기록이 남아 있습니다. 반면 제16대 임금 인조 대에는 궁녀나인가 230명이라는 기록이 있으며 제19대 임금 숙종 대의 소설 《인현왕후전》에 따르면 당시 궁녀가 300명 있었다고 합니다.

제14대 임금 선조에서 제16대 임금 인조에 이르기까지 임진왜란과 정유재란, 정묘호란과 병자호란 등을 거치며 궁녀의 수도 줄었습니다. 하지만 이후 궁녀의 숫자는 계속 늘어 제21대 임금 영조 시대의 학자 성호 이익이 저술한 《성호사설》에는 궁녀가 684명이라고 기록됐습니다. 주인이 세상을 떠났거나 혹은 나이가 많고 병이 든 궁녀는 출궁했고 필요에 따라 새로운 궁녀를 뽑았으므로 영조 이후 궁에는 궁녀가 약 500~600명 있었다고 추측할 수 있습니다.

Q6. 몇 살부터 궁녀가 될 수 있었나요?

궁녀는 나이를 보고 뽑지 않고 충원 인력이 필요할 때마다 뽑았습니다. 나이 제한을 두지 않았기 때문에 입궁 나이는 모두 달랐지만 대략 6~14세 사이에 궁녀가 됐습니다. 궁녀의 나이에 대해서는 정확한 법이나 규칙보다는 몇 가지 관습이 있었습니다. 각 처소의 대비나 왕비는 어린 궁녀를 선호하기도 했습니다. 어려서 입궁해 궁중 생활을 잘 배우고 익힌 궁녀일수록 업무 처리가 능숙하고 유능했기 때문입니다.

중종의 후궁이자 선조의 할머니인 창빈 안씨는 9세에 궁녀로 입궁했다는 기록이 남아 있으며, 선조의 후궁이자 인조의 할머니인 인빈 김씨 역시 어린 나이에 입궁했다고 전해집니다. 영조의 어머니 숙빈 최씨는 신도비[58]에 따르면 7세에 궁녀로 입궁했다는 기록이 남아 있습니다.

궁녀가 일정 기간의 훈련을 거쳐 처소에 배치될 때는 나이와 성향, 인맥 등 여러 가지가 고려됐습니다. 가장 가까이에서 주인을 보필해야 하는 지밀 혹은 바느질 등 기술이 필요한 침방이나 수방 등에는 어린 궁녀가 배치되어 훈련을 받았고, 음식을 만드는 생과방이나 소주방이나 세탁 등을 담당하는 세답방에는 바로 업무를 시작할 수 있는 10세 이상의 궁녀가 배치됐습니다.

Q7. 드라마를 보니 궁녀도 종5품까지 올라갈 수 있었다던데 어떤 단계를 거쳐서 승진했나요?

궁녀는 처음에 각시 혹은 생각시로 불리며 견습 궁녀로 지내다가 15년이 지나면 관례를 올린 후 정식 나인이 됐고 다시 10~20년이 지나면 상궁이 됐습니다.

상궁이 되면 윗전으로부터 '상궁봉첩식'이라는 임명장을 받았습니다. 상궁은 궁녀가 올라갈 수 있는 최고의 품계로 승은 등 특별한 일이 없는 한, 일반 궁녀는 입궁이 아무리 빨라도 30세 이

---

58 죽은 사람의 평생 사적을 기록하여 무덤 앞에 세운 비.

후에야 상궁이 될 수 있었습니다. 상궁은 혼자 사용하는 독립된 방을 사용했고 친정이나 친척 중에서 살림을 도와줄 사람을 데려올 수 있었습니다.

궁녀의 승진

부서	입궁 나이	관례	승진
지밀	4~10세 사이	입궁 15년 후 관례	관례 10년 후 상궁
침방	6~7세 사이		관례 20년 후 상궁
수방			
세수간	12세 안팎		
생과방			
내소주방			
외소주방			
세답방			

Q8. 궁녀를 선발할 때도 특채가 있었나요?

궁녀의 경우에도 '낙하산'은 존재했습니다. 일명 '본방 나인', '본궁 나인', '본곁 나인'이라고 불리던 이들로 왕비나 후궁, 세자빈 등이 친정에서 데려온 하녀 출신 궁녀입니다.《한중록》에 따르면 혜경궁 홍씨는 세자빈에 간택되어 입궁할 때 보모와 몸종 즉, 본방 나인 두 명을 데려왔습니다. 본방 나인은 주인이 정해진 상태로 주인을 따라 입궁하여 궁녀가 됐기에 기존 궁녀와 다소 거리가 있었습니다.

본방 나인은 본가에서부터 주인과 함께한 만큼 하인인 동시에 가장 친근하고 가까운 친구이자 언니이며 이모 같은 존재였습니다. 궁녀가 궁을 위해 일하는 직원이라면 본방 나인은 오직 주인을 위해 일하는 이들이었기 때문입니다. 본방 나인은 자신의 주인과 정서적·심리적으로 궁녀보다 훨씬 각별했으나 일반 궁녀보다 나이가 많았고 승진도 늦었습니다.

혜경궁 홍씨는 《한중록》에서 자신을 따라 입궁하여 본방 나인이 된 몸종 '복례'가 입궁한 지 46년 만에 70세가 넘은 나이로 상궁이 됐다고 기록했습니다. 일반적으로 궁녀가 상궁이 되기까지 25~35년이 걸리는데 복례는 46년 만에 상궁이 됐습니다. 반면 인현왕후가 폐출될 당시 그가 데려왔던 본방 나인도 함께 쫓겨났습니다. 궁녀는 본방 나인이 될 수 없었으나 자신이 모시던 왕자나 공주가 출궁할 때 유모, 보모상궁과 함께 출궁했습니다.

Q9. 그럼 요즘 회사처럼 궁녀 조직도 체계적이었나요?

그럼요. 궁에서 살아가는 왕실 가족을 위해 일상생활과 궁중 연회에 필요한 모든 일을 도맡았던 궁녀는 배치된 부서 등에 따라 업무가 달랐고 승진하는 연차도 미묘하게 달랐습니다. 다른 궁녀보다 승진이 빠르다면 그만큼 중요한 부서에서 근무하며 능력이 뛰어나다고 볼 수 있습니다.

궁녀 조직도

서열	호칭	월급	근무 복장
1	제조상궁큰방상궁, 마마님	기본급, 직무수당, 복지비	남색 치마 옥색 저고리 조진 머리
2	부제조상궁아랫고상궁, 마마님		
3	상궁마마님	기본급, 복지비	
4	나인종5품~종9품		
5	생각시, 각시	수습비	생각시 : 생머리 각시 : 댕기 머리

부서별 업무

부서	업무	근무처	소속 궁녀		
지밀	의전, 비서, 자금, 감찰	침전	제조상궁 부제조상궁 감찰상궁	나인	생각시
침방	바느질, 의복, 침구 등 제작	내전	상궁		
수방	수, 자수				
소주방	음식 만들기	수라간			각시
생과방	간식 만들기	다과방			
세수간	세수, 목욕 등 위생 관리	부엌			
세답방	세탁, 불때기	빨래터			복이용변 담당, 각시
퇴선간	음식 처리	퇴선간			각시
색장	서신, 교지 등 연락	침전, 내전			

Q10. 각시와 생각시의 차이는 무엇인가요?

헤어스타일이 달랐습니다. 비교적 상급 부서라고 할 수 있는 지밀, 침방, 수방에 배속된 어린 궁녀는 생머리를 하여 다른 부서와 차이를 두었습니다. 이들은 생머리를 한 각시라는 뜻으로 '생각시'라고 불렀고 그 외 부서의 어린 궁녀는 댕기머리를 했으며 '각시'라고 불렀습니다. 생각시와 각시를 부르는 다른 호칭은 '항아님'으로 전설에 따르면 '항아'는 달에 거주하는 선녀의 이름입니다.

Q11. 드라마 제목 '옷소매 붉은 끝동'도 궁녀를 상징하는 이름이라면서요?

각시와 생각시, 나인과 상궁을 모두 통합하여 부르는 호칭으로 나인內人, 홍수, 여관 등이 있습니다. 나인은 내전에서 일하는 사람을 부르는 '내인'을 뜻합니다. 모든 궁녀는 내인이며 상궁 등은 품계계급장를 의미합니다. 한자로는 내인內人으로 표기하되 부를 때는 '나인'이라고 했습니다.

궁녀를 지칭하는 또 다른 이름은 '홍수紅袖'입니다. 궁녀는 옷소매가 붉은 저고리를 입었기 때문에 '붉은 옷소매'라는 뜻의 홍수가 궁녀를 부르는 이름이 됐습니다. '여관女官'은 여성 관리를 의미합니다. 조선은 왕조 국가였으므로 왕실 가족의 일상생활을 보필하는 업무를 전담하는 궁녀는 나라에서 녹봉을 받는 관리였습니다. 그 외에 궁녀 최고의 품계인 상궁이 되면 '마마님'이라는 호칭으로 불렸습니다.

Q12. 궁녀도 궁에서 숙식을 해결했나요?

아기 궁녀 시절에는 따로 처소가 없었습니다. 선배 궁녀나 독립된 처소를 갖고 있는 직속 상궁의 방에서 함께 생활했습니다. 결혼하지 못하고 자식이 없는 상궁은 아기 궁녀를 딸이나 조카, 동생처럼 생각하고 의지하며 업무를 가르쳤습니다.

계례를 마치고 정식 궁녀가 된 나인은 비록 방 한 칸에 불과할지라도 독립된 공간을 가질 수 있었습니다. 이곳에 친정에서 보내준 가구 등을 놓기도 하고 취향대로 방을 꾸밀 수 있었습니다. 보통은 마음이 맞는 동무와 함께 2인 1실을 사용했으며 서로를 '방 동무'라고 불렀습니다. 근무 시간이나 업무가 다르더라도 궁에서 함께 일하고 생활하며 같은 방을 쓰는 또래의 방 동무는 궁녀에게 매우 각별할 수밖에 없었습니다.

자신의 방이 생기면 이때부터 방자각심이와 취반비 등의 시녀 노비가 생겼습니다. 이들은 궁녀에게 밥을 지어주고 청소나 빨래 등을 해줬습니다. 나인의 방에 아기 궁녀가 함께 생활하기도 했기에 네 명까지 같은 방을 쓰기도 했습니다. 궁녀가 공동으로 사용하는 취사 구역이나 목욕탕, 화장실 등은 따로 없었고 각자의 방에서 해결했으며 구정물과 오물을 버리는 별도의 공간은 있었으리라 추측합니다. 물론 생활하수와 쓰레기, 오물을 버리는 일은 무수리 등 하인이 담당했습니다.

3부

왕은 나를
정치에 이용했다

숙빈 최씨

가장 신비로운
조선의 후궁

※※※

숙종 18년1692, 광성부원군 고妣 김만기의 집

"하아, 언제 또 뵐 수 있을까요?"

"참으로 서운하오. 그대가 원하기만 한다면 언제라도 볼 수 있소. 그대를 기다리면서 찬바람에 고뿔이 들어도 방문을 닫지 못한 지 오래요."

"제 마음도 서방님의 것입니다."

"마음만 내 것이라고?"

젊은 남자가 귓불과 옷고름을 지분거리며 말하자 짙은 화장으로 중년의 나이를 감춘 여인의 얼굴이 붉어졌다. 여인은 남자의 귓가에 입술을 바짝 붙이며 요염한 목소리로 속삭였다.

"제 몸도 오직 서방님의 것입니다."

남자의 뜨거운 눈빛에 여인은 온몸이 녹아내리는 것 같았다. 첩년에게 푹 빠진 서방에게 당장이라도 달려가서 이 남자가 내 남자라고 외치고 싶었다. 여인은 미련이 뚝뚝 남은 얼굴로 장옷을 뒤집어쓴 채 광성부원군김만기, 숙종의 장인 댁의 대문을 나섰다.

눈앞에 있던 남녀의 노골적인 수작을 애써 못 본 척하느라 고개가 꺾일 지경이던 복순훗날 숙빈 최씨은 여인이 대문 밖으로 사라지자 참았던 숨을 내쉬었다. 훤칠한 명문가 청년과 화려한 장신구와 비단으로 재력을 과시하는 중년 여인의 끈적한 대화는 누가 보아도 수상했다. 우아한 분위기의 젊은 미남자는 죽은 인경왕후숙종의 왕비의 조카 김춘택이었고 값비싼 진주 분을 얼굴에 잔뜩 바른 중년 여인은 장희재희빈 장씨의 오빠의 본처 작은아기[59]였다.

"잘 보았느냐? 내가 너에게 아주 좋은 구경을 시켜주었구나. 그래 네 눈에는 내가 어떻게 보이느냐? 더럽게 보이느냐?"

김춘택의 서늘한 목소리에 복순은 정신이 번쩍 들었다.

"아닙니다. 나리는 큰일을 하시는 분인데 이유가 있으시겠지요."

"이유라… 그래, 이유가 있다. 네게 그 이유를 말해주면 나

---

59 《숙종실록》에 등장하는 장희재 본부인의 실제 이름.

를 도와줄 수 있겠느냐?"

김춘택이 애절한 눈으로 복순을 바라보며 그의 두 손을 꼭 잡았다. 김춘택에게 손을 잡힌 순간, 복순은 숨이 턱 막히면서 머리가 어지러웠다. 벌 한 마리는 귓속에서 윙윙 날아다니고 미꾸라지 1백 마리가 가슴 속에서 요동치는 것 같았다. 김춘택은 멍한 표정으로 그를 바라보는 복순에게 그윽한 목소리로 말했다.

"복순아, 주상의 승은을 입고 용종을 잉태하거라."

아무래도 귓속에 진짜 벌이 들어간 것이 분명했다. 그렇지 않고서야 주상이니 승은이니 용종이라는 말이 들릴 리가 없었다. 하지만 못 들은 척 할 수가 없었다.

"복순아! 못하겠다는 말은 하지 마라. 나도… 저 여인을 품었다."

한없이 단호하고 진지한 목소리와 달리 김춘택의 눈빛에 울분과 슬픔이 묻어나왔다. 그의 얼굴에 그늘이 드리워지자 복순은 덩달아 울음이 나올 것 같았다. 그의 슬픔을 덜어줄 수만 있다면 무슨 일이든 하고 싶었다. 눈물이 그렁그렁한 얼굴로 복순이 고개를 끄덕이자 김춘택은 감격한 표정으로 그를 잠시 바라보더니 이내 힘껏 끌어안았다.

"고맙다, 복순아. 네가 우리 노론의 은인이다. 곧 중전마마 인현왕후의 탄일이 된다. 그날이다. 그날, 너는 주상의 승은을 받을 것이다. 복순아, 너는 할 수 있다. 너는 반드시 주상을 마음을 움직여 반드시 용종을 잉태할 것이다. 세자가 있으나 주상은 아들을 간절히 바란다. 네가 왕자를 낳는 날, 중전마마의 복위가 이루어질 것이다. 알겠느냐?"

사내의 뜨거운 체온과 야릇한 향기에 정신이 아찔해졌다. 복순은 김춘택이 도대체 무슨 말을 하는 것인지 다 알아들을 수는 없었으나 자신을 안고 있는, 이 아름답고 고귀한 남자를 위해서라면 목숨을 바쳐도 아깝지 않다는 생각이 들었다.

숙종 19년¹⁶⁹³ 4월 22일, 복순은 김춘택이 시킨 대로 빈 방에 들어가 불을 밝혔다. 혼자 앉아 있으려니 막막함이 몰려왔다. 문득 대궐 구석구석, 궁녀의 처소며 궁녀가 쓰지 않는 공간이 어디인지 모두 알고 있는 김춘택 나리가 대단하다고 생각했다. 그럼 나리의 말대로 해보자 싶어 상을 차리고 자세를 단정히 하고 있는데 얼마 후 인기척이 들리더니 거짓말처럼 숙종이 방으로 들어왔다. 김춘택 나리의 말 그대로였다.

복순은 그렇게 숙종의 승은을 받았다. 임금과 스치기도 어려운 일개 무수리가 승은을 받고 용종을 잉태하여 종4품 숙원의 품계를 지닌 후궁이 됐다. 어떻게 무수리가 승은을 입게 됐는지 궁녀 사이에서 소문이 분분했다. 복순이 어떻게 생겼나 보러 오는 궁녀도 있었다. 대단한 미색인 줄 알았는데 그저 그렇다는 말을 면전에 던지고 가기도 했다. 상궁과 나인은 천한 무수리를 상전으로 대하려니 껄끄러운지 복순을 못 본 척 무시하기도 했다.

생각해보니 우연인지 운명인지 복순은 유독 애처로운 처지일 때마다 숙종과 마주쳤다. 복순은 숙종을 볼 때마다 어쩔 줄 몰라 허둥거렸으나 숙종은 오히려 그런 모습을 좋아하는 것 같았다. 임금이 복순을 총애한다는 소문이 퍼지자 궁인의 태도도 달라지기 시작했다. 하지만 정작 복순은 몸에 걸친 비단옷이나 장신구가 영 남의 것 같았다. 왕자가 태어나면 누구도 무시하지 못한다는 숙종의 말이 기쁘기보다 두렵고 불안했다.

승은을 받았지만 이제부터 뭘 어떻게 해야 할지 알 수 없어 두려움이 커지던 어느 날, 김춘택이 보냈다는 궁녀가 은밀하게 찾아왔다. 복순이 애처로울 때마다 숙종이 나타났던 것도 김춘택의 안배였음을 그제야 알았다. 나리를 직접 볼 수 있다면 좋으련만 후궁이 되니 대궐 밖으로 한 걸음도 나갈 수 없었다.

지나치게 간략한
숙빈 최씨의 기록

15세에 왕위에 오른 조선의 제19대 임금 숙종은 46년 동안 재위했다. 숙종의 재위 기간은 제21대 임금 영조재위 52년에 이어 두 번째로 길다. 오랜 세월 왕위에 있으면서 숙종은 왕비 네 명과 여러 후궁을 두었고 자신의 가정사, 특히 여인을 정치 깊숙이 개입시키며 왕권을 강화해나갔다. 후궁에게 품계를 내리는 일은 내명부의 수장인 왕비 고유의 권한이었으나 숙종은 모든 후궁에게 직접 품계를 내렸다. 또한 기사환국을 일으켜 정권을 교체하면서 인현왕후의 왕비 지위를 박탈하고 친정으로 내쫓아 5년 가까이 별거하기도 했다.

인현왕후는 다시 왕비의 자리를 되찾았으나 숙종과 금실이 좋지도 않았고 무엇보다 자식을 낳지 못했다. 하지만 길고 치열했던 정쟁 끝에 살아남은 인현왕후의 오빠 민진원은《숙종실록》의 총감독관을 역임하며 인현왕후를《숙종실록》의 여주인공으로 만들었다. 그래서일까.《숙종실록》에서 인현왕후와 후궁의 관계는 시종일관 인현왕후의 입장과 시선으로 그려진다. 대표적인 예로 희빈 장씨는 대단한 미색을 지닌 요물이자 악독한 첩이고 숙빈 최씨는 은혜를 잊지 못하는 충직한 아랫사람이다.

《숙종실록》에서 숙빈 최씨가 처음 등장하는 장면은 후궁 품계를 받았을 때다. 숙빈 최씨가 소문처럼 무수리였는지 궁녀였는지, 궁녀였다면 어디 소속의, 어느 전각의 나인이었는지에 대한 설명은 전혀 없다. 내력이 상세하게 기록된 숙종의 다른 후궁인 희빈 장씨나 영빈 김씨와 대조적이다.

> 명하여 김씨를 숙의로 삼고, 노비 1백 50명을 내려 주었다. 김씨는 곧 현감 김창국의 딸이다.
>
> 《숙종실록》 17권 | 숙종 12년 3월 28일

> 장씨를 책봉하여 숙원으로 삼았다. 전에 역관 장현은 국중의 거부로서 복창군 이정과 복선군 이남의 심복이 되었다가 경신년^{숙종 6년}의 옥사에 형을 받고 멀리 유배되었는데, 장씨는 곧 장현의 종질녀이다. 나인內人으로 뽑혀 궁중에 들어왔는데 자못 얼굴이 아름다웠다. 경신년 인경왕후가 승하한 후 비로소 은총을 받았다. 명성왕후가 곧 명을 내려 그 집으로 쫓아내었는데 숭선군 이징의 아내 신씨가 기화奇貨로 여겨 자주 그 집에 불러들여 보살펴 주었다. (하략)
>
> 《숙종실록》 17권 | 숙종 12년 12월 10일

최씨를 숙원으로 삼도록 명하였다.

《숙종실록》25권 | 숙종 19년 4월 26일

왕자가 탄생하였는데 숙원 최씨가 낳았다.

《숙종실록》25권 | 숙종 19년 10월 6일

특별히 숙원 최씨를 숙의로 삼도록 명하였다.

《숙종실록》27권 | 숙종 20년 6월 2일

숙종 19년[1693] 4월부터 숙종 20년[1694] 9월까지 18개월 동안 최씨는 승은을 입어 후궁 품계를 받고 왕자 둘을 낳았다. 하지만 최씨가 이루어 낸 혁혁한 성과에 비해 《조선왕조실록》의 기록은 지나치게 간략하다. 숙의로 승격될 때 숙종이 사용한 '특별히'라는 수식어 한마디로 그의 애정을 확인해야 할 정도다. 반면 노론 이문정[숙종 후궁인 영빈 김씨의 사촌 오빠]이 쓴 《수문록》은 숙빈 최씨의 특별함을 매우 자세하게 묘사한다.

노론이 민심과 여론을 장악하는 법 그리고 《수문록》

노론은 숙종 재위 당시 축출-복권-숙청-복권 등 정치적 파란을 몇 차례 겪으면서도 좌절하지 않았다. 고난을 겪으며 더 단단해진 대신 정치적 유연함은 사라졌다. 다른 당파와 공존을 거부하는 노론의 당론은 분열을 가져왔다. 일당 독재 체제를 유지하기 위해 권모술수와 정치 공작도 서슴지 않는 과격한 당론에 거부감을 느낀 소론은 노론의 정적이 됐다. 노론과 소론은 서인西人이라는 같은 뿌리에서 갈라져 나왔으나 화합할 수 없었고 날을 세워 대립을 일삼는 당쟁의 상징이 됐다.

과격한 당론을 가진 노론을 미워하면서도 숙종과 영조 그리고 정조가 끝까지 노론을 놓지 않았던 이유는 무엇일까. 단지 노론이 왕권을 능가하는 힘을 가졌기 때문만은 아니다. 노론에는 출중한 재능을 가진 인재가 많았고 무엇보다 그들은 민심을 움직이는 방법을 알았다. 노론은 사람들이 원하는 이야기를 만들어 낼 줄 알았다. 뛰어난 문장력을 지닌 노론의 인재는 상소문 이상으로 공을 들여 대중 콘텐츠를 창작하고 제작해 유통했다. 《구운몽》,《사씨남정기》등 권선징악과 꽉 막힌 해피엔딩이 확실한 한글 소설이 대표적이다. 이 소설을 쓴 사람은 인경왕후숙종의 왕비이자 김만기의 딸, 천연두로 사망의 숙부이자 정치가였던 서포 김만중이었다. 왕이 스토리텔링과 여론몰이에 강한 정치 집단을 어떻게 적으로 둘 수 있겠는가.

민심과 여론을 장악한 노론의 방식은 '승리하는 정치'의 비급을 훔쳐보는 것처럼 흥미진진하다. 덕분에 희빈 장씨는 악독한 첩, 인현왕후는 가련한 현모양처의 대명사가 됐다. 픽션과 논픽션을 교묘하게 편집해 '들은' 이야기를 옮긴 《수문록》은 여기서 더 나아가 희빈 장씨를 사악하고 못된 여인이자 어머니로, 숙빈 최씨를 사랑스럽고 충성스러운 소녀로 그려낸다.

연화방^{지금의 종로구 예지동} 효교 옆에 유경관이란 사람이 있었는데, 사람됨이 근후하고 글을 알았다. 일찍이 사알로 선대왕^{숙종}을 6~7년간 모시다가 병으로 일찍 퇴거하였다. 그 사람이 말하기를, 선대왕이 하루는 밤이 깊어진 후에 지팡이를 들고 궁궐 안을 돌아다니다가 나인들의 방을 지나게 되었는데 유독 한 나인의 방만 등촉이 휘황찬란해 밖에서 몰래 엿보니 진수성찬을 차려놓고 한 나인이 두 손을 마주 잡고 무릎을 꿇어앉아 있었다. 선대왕이 매우 이상히 여겨 그 문을 열고 연유를 물어봤다. 나인이 엎드려 아뢰기를, "소녀는 중전의 시녀로서 특별히 총애를 받았습니다. 내일은 중전의 탄신일입니다. 폐위돼 서궁^{西宮}에 계시면서 죄인으로 자처하며 수라를 들지 않으시고 조석으로 드시는 것이라곤 거친 현미뿐입니다. 내일이 탄신일인데 누가 좋은 음식을 올리겠습니까? 소녀는 사람의 도리로서 슬픔을 이길 수 없어 이것을 차렸습니다. 중전께서 좋아하시는 것들이지만 도저히 진헌할 방법이 없어서 실제 진헌하듯이 소녀의 방 안에 차려놓고 정성을 드리고자 했습니다."

임금이 비로소 생각해보니 내일이 과연 중전의 탄신일이었기에 깊이 느껴 깨닫는 바가 있어 그 성의를 가상히 여기시고는 마침내 그를 가까이하여 태기가 있게 되었다. 장희빈이 이를 알고, 그

나인을 잡아들여 결박하여 놓고 악랄하게 때려 거의 사경에 이르게 한 뒤에 담장 밑에 두고 큰 독을 엎어 덮어두었다. 선대왕이 베개에 기대어 잠깐 조는 사이에, 홀연히 꿈에 신룡이 나타나 땅속으로부터 나오려다가 나오지 못하고 가까스로 머리 뿔을 드러내고 울면서 선대왕에게 고하기를 "전하께서 속히 저를 살려주십시오"라고 하였다.

선대왕이 놀라서 깨어나 심히 이상하게 여기고 희빈 침방으로 들어가 두루 살펴보았지만 처음에는 이상한 것이 없었다. 홀연히 담장 밑을 보니 큰 독이 엎어져 있어 "저 독은 어찌하여 거꾸로 서 있으냐"고 물었다. 희빈이 교묘한 말로 "빈 독은 본래 거꾸로 세워 놓습니다"고 대답하였다.

선대왕이 즉시 내시에게 명하여 바로 세우게 하니 그 속에서 결박한 여인이 드러났다. 선대왕이 크게 놀라서 보니, 이에 지난밤 가까이한 나인이라. 피가 흘러 온몸에 가득하고, 명이 곧 끊어지려고 하였다. 급히 결박을 풀게 하고 먼저 약물을 입에 흘려 넣고, 미음을 목구멍에 넣으니, 한 식경이 지난 후에야 비로소 생기가 돌았다. 드디어 정침에 딸린 작은 방에 두고 조석으로 구호하여 다행히 회생하게 되었고 뱃속의 아이도 괜찮았다.

선대왕이 이로부터 희빈의 악랄함을 알고, 드디어 소원하에 배척하는 마음이 있었고, 사뭇 중전에게 향하는 뜻이 있었다, 숙빈 최씨가 왕자를 낳으니, 선대왕이 십분 기쁘고 다행하게 여겨, 최씨에게 하교하기를, "네가 중전에게 지극한 정성 있어 신명이 도와서 나로 하여금 너를 가깝게 하여 왕자가 탄생하게 되었으니, 이것은 바로 중전 덕분이 아니겠느냐. 만약 중전 탄신날이 아니면 네가 어찌 등불을 밝히고 음식을 차려놓고 내가 지나가는 때에 맞춰 보이겠느냐. 지금 왕자를 낳은 복은 바로 중전이 내리신 것이다" 하니 최씨가 우러러 대답하기를, "금일 하교는 절절히 지당하신 말씀이십니다. 만약 왕자를 낳은 복이 과연 중전 덕분이었다면 마땅히 중전을 복위시키는 처분이 있어야 합니다"고 하였다.

《수문록》1권 중에서

《수문록》은 흥행이 보증된 숙종과 숙빈 최씨의 이야기로 1권을 열었다. 개성 강한 등장인물과 흡입력 넘치는 강렬한 서사는 작자 미상의 《인현왕후전》과 매우 닮았다. 악독한 희빈 장씨가 최강 빌런으로 등장해 몰입감을 고조시키고 시종일관 인현왕후를 추종하는 숙빈 최씨는 숙종의 총애와 왕자 출산으로 충직함을 보상받는다. 숙빈 최씨를 한껏 미화시킨 《수문록》은 희빈 장씨의 죽음과 경종의 병환에 대해서도 고의적이고 악의적인 소문을 만들어 냈다.

장희빈이 사약을 받는 날, 한 번 세자를 보고 나서 사약을 받겠다고 하여 모자의 정리로 금하기가 어려워 세자와 서로 보는 것을 하락하였다. 장희빈은 진실로 눈물을 흘리며 울 겨를도 없을 텐데 도리어 차마 말할 수 없는 악언을 하고 방자하게 그 흉악한

손으로 세자의 하부생식기를 침범하였다. 세자가 땅에 쓰러져 기가 막혀 있다가 반 시각이 지난 후에 회생하였다. 궐내가 모두 놀래어 어쩔 줄 몰랐다. 세자는 이때부터 기이한 병을 앓아 용모는 점점 파리하고 누렇게 되고 정신은 때때로 혼미하고 어지러웠다.

《수문록》1권 중에서

경종의 생식기를 훼손하여 후사를 이을 가능성을 끊어버렸다는 '풍문'은 희빈 장씨의 악랄함을 증명하는 단골 에피소드로 사용되곤 한다. 이는 당연히 사실이 아니다. 조선의 임금 중 후사를 두지 못했던 왕은 경종 외에도 더 있다. 노론은 경종의 건강이 좋지 않다는 이야기를 끊임없이 흘리면서 그것이 희빈 장씨 때문이라는 악의적인 소문을 만들었다.

만약 반대로 인현왕후의 불임에 대해 남인이나 소론이 온갖 추문을 흘려서 민심을 동요시켰다면 노론은 이를 받아들였을까? 사람들이 쑥덕거리는 대상이 희빈 장씨나 경종이 아니라 인현왕후였다면 노론은 어떻게 대처했을까? 누구라도 용서하지 않았을 것이다. 노론에게 인현왕후는 성역聖域이었고 희빈 장씨는 성역을 더럽힌 악녀였다. 이러한 노론의 성격을 알고 나면 노론이 만든 '의리'와 '충정'의 상징인 숙빈 최씨에 대해서도 다시 생각해보게 된다.

'썰'만 무수한
숙빈 최씨의 신분

《수문록》에 따르면 숙빈 최씨는 인현왕후의 생일 밤에 몰래 방 안에 상을 차린 다음, 가련하고 올곧은 모습으로 숙종과 처음 만나 승은을 입었다. 참으로 드라마틱한 전개였다. 인현왕후의 생일을 알고 있고 인현왕후가 폐출된 지 4년 후에도 생일을 챙겼던 숙빈 최씨는 어떤 사람이었을까. 아쉽게도 숙빈 최씨의 본래 신분이나 과거에 관한 정확한 기록은 없다. 인현왕후의 시녀였다는 이야기는 《수문록》의 문장일 뿐이다. 하급 무관의 딸로 일찍 고아가 됐다거나 혹은 침방 궁녀였다는 이야기도 모두 영조의 일방적인 주장이다.

> 어느 날 영조가 어머니께 "침방에 계실 때 무슨 일이 제일 어렵더이까?" 하니 "중누비, 오목 누비, 납작누비, 다 어렵지만 세누비가 가장 하기 힘들더이다" 하고 대답했다. 그 이후부터 영조는 평생 동안 누비옷을 입지 않았다.

숙빈 최씨가 침방 나인이었다는 주장은 여기서 비롯됐다. 하지만 이 내용은 기록이 아니라 고종의 후궁 광화당 이씨와 삼축당 이씨가 고종에게 직접 들었다는 이야기로, 말하자면 구전판 궁중 《수문록》이다. 제26대 임금인 고종은 영조보다 150여 년 후 즉위한 조선의 마지막 임금이니 이 주장의 진위 여부를 판단하기 어렵다.

숙빈 최씨의 신분과 과거를 그럴 듯하게 보이고 싶던 영조의 노력에도 불구하고 가장 널리 알려진 이야기는 최씨가 궁녀의 허드렛일을 하던 무수리였다는 '썰'이다. 무수리가 침방 나인으로 승격하기란 하늘의 별따기다. 그 어려운 일을 숙빈 최씨는 단번에 해냈다. 숙빈 최씨가 무수리였다면 숙종의 동선과 어심을 파악하고 인현왕후의 처소 부근에 빈 방을 구해 성대한 상차림을 준비하기란 불가능하다. 오히려 김춘택의 탄탄한 시나리오를 기본으로 인경왕후를 따랐던 궁녀 혹은 당시 도성 최고의 '매력남'이었다고 전해지는 김춘택을 사모하는 궁녀의 도움과 숙빈 최씨의 매력이 더해져 숙종을 움직였다는 주장이 더 설득력 있다. 아마 김춘택은 최씨의 매력이 숙종에게 반드시 통하리라 생각한 듯하다. 숙빈 최씨의 외모에 대한 기록은 실록에서 단 한 글자도 찾아볼 수 없으니 상상의 여지는 더욱 커진다. 영조가 왕위에 오른 후 그가 '숙종이 아닌 김춘택의 자식'이라는 소문이 파다했다고 하니 숙빈 최씨와 김춘택의 관계도 짐작해 볼 수 있다.

민간 설화에 묘사된
숙빈 최씨의 어린 시절

숙빈 최씨의 과거는 뜻밖에도 지역 민간 설화에 등장한다. 1936년 장봉선이 펴낸《정읍군지》에 따르면 당시 어린 아이였던 최씨는 현재 정읍시 태인면 거산리에 위치한 대각교라는 다리에서 영광 군수로 부임한 민유중과 그의 가족을 만났다고 한다.

> 숙종 1년1675, 둔촌 민유중이 영광 군수로 발령을 받았다. 그는 부임길에 아내와 딸을 대동하여 가고 있었다. 그런데 대각교 다리 위에 한 소녀가 서 있었는데 모습은 몹시 초라했으나 너무나도 앳된 얼굴을 하고 있었다. 당시 아홉 살 된 딸인현왕후을 안고 있던 민씨의 아내는 그 아이를 불러 이것저것 묻고 부모 없이 밥을 빌어먹고 다니는 떠돌이 아이라는 것을 알고 측은지심이 발동했다. 평소 인정이 많기로 유명한 인현왕후의 친정어머니는 아이를 데려다 키우기로 하였다.

민유중의 아내가 거둔 최씨는 훗날 민유중의 가족과 함께 한양으로 올라갔고, 민유중의 딸이 왕비로 간택되자 최씨도 궁녀로 입궁했다고 추측할 수 있다. 이 내용이 사실이라면 일개 궁인인 최씨가 폐출된 인현왕후의 생일에 굳이 성대한 상까지 차려놓고 정성을 들인 의리를 이해할 수 있다. 하지만 《정읍군지》에는 약간의 오류가 있다. '평소 인정이 많기로 유명한' 인현왕후의 친정어머니는 인현왕후가 9세가 되기 전 세상을 떠났기 때문이다.

인현왕후의 친어머니는 송준길의 딸로 송준길은 송시열과 함께 노론의 존경을 받는 사대부이자 정치가이며 대학자였다. 민유중은 송준길의 제자이자 사위였고, 송씨와 혼인 후 송시열의 문하에서 공부했다. 송씨는 민유중과의 사이에서 2남 5녀를 두었는데 인현왕후는 위로는 언니와 오빠 두 명, 아래로는 여동생 세 명이 있었다. 송씨와 민유중 사이에서 태어난 인현왕후의 형제·자매는 말하자면 노론 가문 자제 중에서도 성골인 셈이었다. 인현왕후 밑으로 여동생과 쌍둥이 여동생을 연달아 낳은 송씨는 출산 후 얼마 지나지 않아 세상을 떠났다. 이때 인현왕후는 6세였고 인현왕후의 언니는 이미 혼인하여 분가한 후였다. 즉, 살림을 맡을 안주인이 없었다. 게다가 송씨의 장례를 치르는 동안 갓난 두 여동생이 세상을 떠났다. 민유중은 송씨의 삼년상이 끝난 후 재혼했는데 계_{실후처를 높여 이르는 말} 조씨는 민유중의 장남 민진후와 동갑이었다. 민진후, 민진원, 인현왕후 삼남매는 나이 차이가 얼마 되지 않는 계모 조씨와 사이가 좋지 않았다. 따라서 《정읍군지》에서 어린 인현왕후를 안고 다리를 건넜다는, 평소 인정이 많기로 유명한 인현왕후의 친정어머니는 송씨를 이르는 말이다. 하지만 인현왕후가 9세일 때 송씨는 세상에 없었다.

대신 눈여겨 볼 만한 대목이 있다.《정읍군지》는 어린 숙빈 최씨를 '부모 없이 밥을 빌어먹고 다니는 떠돌이 아이'라고 묘사했는데 이와 비슷한 이야기가《숙종실록》에도 등장한다. 숙종 20년¹⁶⁹⁴ 윤5월 2일, 숙빈 최씨의 사촌 형부 김해성은 국청에서 심문받던 중 "본래 구걸이나 하던 사람으로서 숙원에 봉작된 뒤로부터 의식의 도움을 받게 되니…"라고 고백했다. 후궁이 되기 전 최씨와 그의 친척이 어떻게 살았는지 짐작할 수 있는 부분이다.

숙원 최씨는
왜 영빈 김씨와 가깝게 지냈을까

간택으로 중전의 자리에 오른 인경왕후, 인현왕후, 인원왕후는 아무도 아들을 낳지 못했다. 반면 승은을 받은 숙종의 후궁은 아들 '만' 낳았다. 숙종 16년[1690] 7월 19일, 희빈 장씨^{당시 왕비}가 대군 성수을 낳았다. 숙종은 기뻐했다. 하지만 9월 16일, 갓난 대군이 갑자기 세상을 떠났다. 이때 숙종은 신하 앞에서 울음을 터트릴 정도로 슬퍼했다. 희빈 장씨는 아들을 바라는 숙종을 위해 더 많은 대군을 낳고 싶었다. 하지만 출산 두 번이 모두 난산이던 희빈 장씨는 이후 건강이 나빠져 더 이상 임신하지 못했다.

그러던 숙종 19년[1693] 10월 6일, 숙원 최씨^{훗날 숙빈 최씨}가 아들을 낳았으니 숙종의 기쁨은 매우 컸다. 하지만 숙원 최씨의 아들도 백일을 넘기지 못하고 12월 13일에 세상을 떠났다. 어렵게 얻은 왕자가 자꾸 요절하자 아들에 대한 숙종의 갈망은 더욱 커졌다. 이때 숙원 최씨가 다시 임신 소식을 알리자 숙종은 부디 건강한 왕자가 태어나기를 바라고 또 바랐다. 무사히 연잉군이 태어났을 때 최씨의 출산을 도운 환관과 의관에게 숙종이 내구마⁶⁰를 상으로 내린 이유도 왕자를 아끼는 마음이 컸기 때문이다.

---

60 조선시대 임금의 말과 수레를 관리하던 내사복시에서 기르던 말. 하사품으로도 자주 쓰였다.

숙의 최씨가 왕자를 낳았다. 준례대로 호산청을 설치했는데, 임금이 호산청의 환시와 의관에게 내구마를 상으로 주었다. (하략)

《숙종실록》 27권 | 숙종 20년 9월 20일

숙종의 자녀

자녀	탄생	어머니	책봉 및 가례	사망
공주	숙종 3년1677	인경왕후		요절
공주	숙종 5년1679			요절
공주	숙종 6년1680			유산
세자 제20대 임금 경종	숙종 14년1688	희빈 장씨	숙종 16년1690, 3세 책봉 숙종 22년1696, 9세 가례	경종 4년1724, 37세
대군성수	숙종 16년1690	숙빈 최씨		요절
왕자영수	숙종 19년1693			요절
연잉군 제21대 임금 영조	숙종 20년1694		숙종 25년1699, 6세 책봉 숙종 30년1704, 11세 가례	영조 52년1776, 83세
왕자	숙종 24년1698			요절
연령군	숙종 25년1699	명빈 박씨	숙종 29년1703, 5세 책봉 숙종 33년1707, 9세 가례	숙종 45년1719, 21세

숙종 24년1698에 숙빈 최씨당시 귀인는 다시 아들을 낳았으나 사흘만에 세상을 떠났다. 그의 마지막 임신과 출산이었다. 아들을 잃을 때마다 숙종은 슬퍼했고 아들을 원하는 마음은 점점 커졌다. 이후 마침내 숙종의 마지막 아들연령군이 태어났다. 오래 전 숙종의 승은을 입었으나 후궁이 되지 못했던 상궁 박씨의 아들이었다.

인현왕후와 영빈 김씨의 연결고리

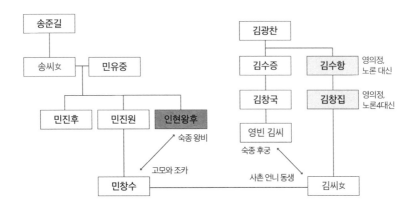

숙빈 최씨는 연잉군을 위해 영빈 김씨와 가깝게 지냈다. 그는 영빈 김씨의 친정이 연잉군에게 힘이 되어주길 바라며 연잉군을 양자로 삼아달라고까지 했다. 그렇다면 《수문록》에 기록된, 인현 왕후를 향한 숙빈 최씨의 갸륵한 마음과 행동은 짝사랑이었을까. 인현왕후가 숙빈 최씨와 연잉군을 각별하게 생각하고 아꼈다면 굳이 영빈 김씨의 후원이나 보호가 필요하지 않았을 것이다. 하지만 숙빈 최씨는 왕비가 아닌, 총애 받지 못하는 영빈 김씨와 각별한 관계를 맺고자 했다. 영빈 김씨의 뒤에는 든든한 친정 그리고 노론이 있었기 때문이다.

노론 김춘택의 계획으로 승은을 받고 후궁이 된 숙빈 최씨는 처음부터 노론과 공생해야 할 운명이었다. 이는 연잉군도 마찬가지였다. 어쩌면 후궁이 된 후에 영빈 김씨와 가깝게 지내는 것까지 김춘택의 계획이었을지도 모른다. 훗날 영빈 김씨가 세상을 떠나자 영조는 이렇게 말했다.

숙종의 후궁 영빈 김씨가 졸하였다. (중략) "선대 왕조의 후궁은
다만 이 한 사람만 남았었다. 일찍이 인현성모와 더불어 기사년
환란을 만났었다가 갑술년 성모께서 복위되었을 때에 그도 또
한 복작되었다. 내가 어렸을 때 항상 어머니라고 일컬었는데 지
금 그 상을 당한 소식을 들으니 슬픈 감회를 억누르지 못하겠다.
예장은 안빈효종의 후궁의 예에 따라 행하도록 하라." 하였다가 이
윽고 명령을 바꾸어 명빈숙종의 후궁의 예를 쓰도록 하였다.

《영조실록》40권 | 영조 11년 1월 12일

갑술환국을 노론의 승리로 이끈
숙원 최씨의 임신

숙원 최씨가 연잉군을 임신했을 때, 조정에서는 인현왕후의 복위
운동을 주도하다가 발각돼 잡혀 온 이들에 대한 옥사가 한창이었
다. 당시 남인이 정권을 차지하고 있었고 희빈 장씨가 왕비였으며
세자경종의 자리가 굳건한 시절이었기에 인현왕후의 복위를 꾀한
다면 역모나 다름없었다. 게다가 이 사건의 주모자가 노론 명문가
의 자제라는 고변이 들어왔기에 곧바로 국청이 열렸다. 숙종 20년
1694 3월 23일 숙종은 비변사에서 대신을 인견윗사람이 아랫사람을 불러
서 만남한 후 엄한 형벌을 내리라고 명했다.

대신과 비국비변사의 여러 신하들을 인견하였다. 민암이 아뢰기를, "(중략) 함이완이 들어와서 말하기를, '제가 마침 최격이란 자와 이웃이 되었는데, 최격의 말에 '전 승지 한구의 아들 한중혁이 김경함과 내외종 형제가 되는데, 김경함이 귀양간 후로부터 이내 그 일을 주장하여 김진귀[61]인경왕후 오빠의 아들 김춘택과 유명일의 아들 유복기와 유태기 등과 모여서 (중략) 도당불순한 사람의 무리을 삼아서, 각기 금전과 포백을 내었으며 (중략) 당여같은 편에 속하는 사람들를 많이 기르고는, 이내 환관·폐인남의 비위를 잘 맞추어 귀염을 받는 사람과 척가외척 장희재에게 뇌물을 써서 그들로 하여금 거짓말과 허위의 풍문을 만들어 내어, 조신조정의 높은 관리을 헐뜯고 인심을 불안하게 하여, 음험하게 간악한 짓을 시행하려는 계획을 만들었다.'고 합니다. (중략) 명백히 조사하여 죄를 논정하여 그들의 음모와 사계삿된 계략를 깨뜨리지 않을 수가 없습니다. 의금부로 하여금 엄중히 조사하여 사실을 알아내게 하는 것이 어떻겠습니까?" 하니, 임금이 말하기를 "좋다." 하고는, 이내 사실을 조사할 때 특별히 엄한 형벌을 쓰도록 명하였다.

《숙종실록》26권 | 숙종 20년 3월 23일

---

61 김진귀金鎭龜. 김진'구'라고도 한다. 한자 '龜'는 여러 음으로 부르는데 거북동물의 의미로 사용할 때는 '귀', 이름에 사용할 때는 '구'나 '균'으로 읽는다. 보통은 '구'와 '귀'를 혼용하는 경우가 많다. 대표적인 예로 세조의 조카 '구성군'은 '귀성군'이라고도 하며, 정순왕후의 오빠 '김귀주' 역시 '김구주'라고도 부른다. 이 책에서는 실록 기록을 제외하고 김진구로 표기했다.

주도자 김춘택과 한중혁 등 노론 수십 명이 옥에 갇혔다. 3월 29일 국청이 이레로 접어들며 노론에 대한 대규모 숙청이 시작되던 그때, 갑자기 논점이 변했다. 죄인이던 노론 자제는 모두 풀려나고 국청을 다스리던 우의정 민암 등 남인 대신이 파직, 유배 등 처벌을 받았다. 하루아침에 피해자와 피의자의 처지가 뒤바뀐 이유는 단 하나였다. 숙종이 마음을 바꿨기 때문이다. 더 나아가 숙종은 인현왕후를 복위시키며 자신의 변심을 대외적으로 알렸다. 불과 십여 일 전 인현왕후의 복위를 꾀한 이들에게 엄한 형벌을 쓰라던 숙종은 4월 12일, 폐출됐던 인현왕후를 입궁하게 한 후 그날 저녁 복위를 명했다. 아침에 덕수궁에서 대기하던 인현왕후는 그날 저녁 창덕궁으로 들어가 왕비의 신분을 완전히 되찾았고 방금까지 중전의 자리에 있던 장씨는 희빈으로 강등되어 중궁전을 비우고 거처를 옮겼다. 바로 '갑술환국'이다.

갑술환국으로 정권을 되찾은 노론은 성공의 열쇠를 숙원 최씨 _{훗날 숙빈 최씨}에게서 찾았다. 숙종의 몸과 마음을 사로잡은 숙원 최씨가 인현왕후에 대한 숙종의 미안함과 죄책감, 그리움을 촉발시켰다는 분석이었다. 감동적인 스토리텔링이었으나 숙종은 인현왕후에 대한 깊은 그리움과 애정을 드러낸 적이 없기에 설득력이 부족했다. 그렇다면 숙종이 마음을 바꾼 진짜 이유는 무엇이었을까?

옥사의 논점이 갑자기 달라진 3월 29일 이른 아침 노론 김인, 박귀근, 박의길이 창덕궁의 차비문으로 들어와 숙종에게 직접 고변서를 올렸다. 승정원을 거쳐 대전에서 받은 문서가 아니었으니 비공적인 전달이었다. 고변서에는 세자훗날 경종의 외삼촌 장희재가 숙원 최씨의 사촌 형부 김해성에게 뇌물을 주고 숙원 최씨를 독살 하려고 했다는 내용이 담겨 있었다. 충격적인 고변에 놀란 숙종은 곧바로 의금부에 수사를 지시했다. 당시 숙원 최씨는 임신 중이었 고 숙종은 감히 임금의 자식을 해치려는 이를 용서할 수 없었다.

대혼돈의 국청 끝에 태어난 왕자, 연잉군

숙종에게 고변서를 올린 김인 등은 세자의 외삼촌이자 왕비희빈 장씨 의 오빠인 장희재가 숙빈 최씨의 독살을 사주했다고 주장했다. 사 실이든 아니든 이는 세자의 지위를 흔들 수 있는 엄청난 고발이었 다. 인현왕후 복위를 꾀하던 이들을 심문하기 위해 설치한 국청장 은 숙원 최씨의 독살 사건으로 방향이 바뀌었다. 그런데 국청을 진행하던 중 고변서를 올린 김인의 신상에 대한 새로운 정보가 쏟 아졌다.

알고 보니 김인은 자신이 고발한 성호빈의 첩과 불륜 사이였 다. 김인은 간통죄로 고소되기 직전, 고변서를 올리며 오히려 성 호빈을 위기에 몰아넣었다. 김인의 간통 사실을 밝히며 억울함을 호소하던 성호빈은 국청 중 세상을 떠났다. 자신의 치부를 알고 있던 성호빈이 사라지자 김인은 거리낄 것이 없었다. 김인은 숙원 최씨가 왕자를 출산할 경우를 대비해 남인이 숙종의 의중을 은밀하게 헤아렸다고 주장했다. 임금의 의중을 헤아렸다는 말은 감히 세자와 왕자의 가치를 계산하고 저울질했다는 의미였기에 이 발언으로 자칫 남인 전체가 역모가 휘말릴 수 있었다.

국청을 담당했던 영의정 남구만은 숙원 최씨의 독살 주도자로 몰린 장희재의 극형을 막기 위해 노력했다. 다시 정권이 바뀐다 해도 세자의 외삼촌인 장희재는 살리고 싶은 숙종의 속내를 알았기 때문이다. 하지만 장희재를 살리려면 남구만은 노론을 영원히 적으로 돌려야 했다. 인현왕후가 복위된 후 노론의 목적은 장희재와 희빈 장씨의 몰락이었기 때문이다. 남구만은 노론의 비난을 받으면서도 남인에 대한 무자비한 숙청을 막고 장희재의 선처를 호소했다. 덕분에 장희재는 사형을 면했으나 남인의 수장인 우의정 민암은 유배 끝에 사사됐다.

자신과 관련된 국청이 열리고 장희재와 민암 등 권력자가 처벌과 처형을 받는 중에도 숙원 최씨는 강건했다. 후궁의 지위에 미련이 없어서였는지, 임신 중이니 처벌받지 않으리라 확신했기 때문인지 아니면 미리 노론에게 귀띔을 받았는지 알 수 없다. 숙원 최씨의 외숙모 봉영과 사촌 언니 구월, 사촌 형부 김해성 등이 국청장으로 불려와 조사받았으나 숙원 최씨는 두려워하지 않았다. 국청이 마무리될 무렵인 숙종 20년1694 6월, 숙종은 특별히 숙원 최씨를 종2품 숙의로 승격시켰다. 숙의 최씨는 그로부터 석 달이 지난 9월에 건강한 왕자를 낳았다. 봄부터 여름 내내 계속된 갑술환국의 뜨거운 옥사가 끝나고 시원한 바람이 부는 가을에 탄생한

이 왕자가 훗날 조선의 왕 중 가장 장수했으며 50년 넘게 왕위를 지킨 제21대 임금 영조다.

희빈 장씨의 목숨을 위협한
숙빈 최씨의 한마디

갑술환국 이후 숙의 최씨는 평온한 나날을 보냈다. 품계는 나날이 올라 종1품 귀인숙종 21년, 1695을 거쳐 정1품 빈숙종 25년, 1699에 이르렀고 아들은 건강하게 자라 연잉군으로 봉해졌다. 이제 노론이 정권을 주도하고 있으니 숙빈 최씨는 안심할 수 있었다. 숙종의 애정은 다른 여인에게 향했고 연달아 새로운 궁녀가 후궁의 품계를 받았으나 숙빈 최씨는 조금도 질투하지 않았다. 숙빈 최씨의 성품 자체가 워낙 겸손해서였는지, 숙종에게 그다지 애정이 없었는지 아니면 숙종에 대한 신뢰가 깊었기 때문인지 알 수 없다.

인현왕후가 긴 투병 끝에 숙종 27년1701 세상을 떠났다. 왕비의 자리가 다시 공석이 되자 궁중의 시선은 세자의 어머니인 희빈 장씨에게 향했다. 노론의 뜻은 영빈 김씨로 모이던 중 마침내 숙빈 최씨가《숙종실록》의 새로운 여주인공으로 떠올랐다.

> (중략) 왕비가 하교하기를 "(중략) 지금 나의 병 증세가 지극히 이상한데, 사람들이 모두 말하기를 '반드시 귀신의 재앙이 있다.'고 한다. (중략) 어떤 사람이 주상께 감히 고하여 주상으로

하여금 이를 알게 하겠는가?" (중략) 이때에 이르러 무고의 사건이 과연 발각되니, 외간에서 혹 전하기를, "숙빈 최씨가 평상시에 왕비가 베푼 은혜를 추모하여, 통곡하는 마음을 이기지 못하고 임금에게 몰래 고하였다." 하였다.

《숙종실록》35권 | 숙종 27년 9월 23일

숙빈 최씨의 고변을 들은 숙종은 비망기를 내려 희빈 장씨가 취선당 서쪽에 몰래 신당을 설치하고 인현왕후를 저주했다며 제주도에 유배 중인 장희재의 처형을 명했다. 이날을 시작으로 '무고의 옥'이 벌어졌다. 무고와 관련된 무당과 시녀가 갖은 고문 끝에 죄를 실토하고 죽었다. 숙빈 최씨의 '임신'이 옥사의 방향을 바꿔어 갑술환국의 계기가 됐다면 이번엔 숙빈 최씨의 '말'이 장희재와 희빈 장씨의 목숨을 위협하는 옥사를 일으킨 셈이다.

숙종은 9월 25일에 비망기를 내려 희빈 장씨의 잘못을 나열한 후 자진을 명했다. 희빈 장씨가 10월 8일에 자진하자 숙종은 종사와 세자를 위해 부득이한 일을 했다며 그의 장례를 극진하게 치러주었다. 희빈 장씨의 장례를 치르는 중에도 옥사는 계속됐다. 희빈 장씨와 친분이 깊었던 동평군숙종의 당숙과 장희재의 본처 작은아기, 장희재 등이 차례로 처형됐는데 이 과정에서 장희재의 본처 작은아기가 인현왕후의 복위를 꾀했던 김춘택과 불륜 사이였다는 증언이 나왔다.

노론 김춘택은 정보 수집을 위해 남인 장희재의 본처에게 의

도적으로 접근했겠지만 간통은 엄연한 사실이었다. 노론 명문가의 자제가 유부녀와 부적절한 관계였다는 사실은 추문을 넘어 노론의 근간을 흔들기에 충분했다. 권모술수를 위해 도덕성마저 버렸다는 사실이 알려진다면 백성의 지지를 받는 것은 불가능했다. 이제껏 쥐락펴락해온 여론의 역풍을 맞을 위기였다. 김춘택의 동생들은 목숨을 걸고 형의 결백을 주장했다. 가문뿐 아니라 노론의 정치 생명이 달린 일이었다. 하지만 여러 동생과 노론의 구명에도 불구하고 결국 김춘택은 유배됐다. 인현왕후의 복위와 노론의 재집권 그리고 희빈 장씨의 죽음에 결정적 역할을 했던 숙빈 최씨의 미인계도 김춘택만은 구하지 못했다.

숙종, 숙빈 최씨에게 하사한 궁방을 환수하다

희빈 장씨의 죽음 이후 숙빈 최씨는 총애 받는 후궁의 자리를 대신했을까? 《숙종실록》의 대답은 '그렇지 않다'. '무고의 옥' 이후 숙빈 최씨는 숙종의 총애와 멀어졌다. 게다가 숙종은 희빈 장씨가 자진하기 하루 전 '후궁은 왕비가 될 수 없다'는 교지를 내려 영빈 김씨가 왕비가 되는 길을 차단했다. 희빈 장씨는 세상을 떠났어도 영빈 김씨의 양자였던 연잉군의 입지는 나아지지 않았다. 몇 년 후 숙종은 연잉군이 대궐 밖에서 지낼 저택을 구입하면서 숙빈 최씨에게 주었던 궁방을 환수했다.

《숙종실록》에는 숙종이 후궁에게 너무 많은 재산을 내린다며 염려하는 신하들이 종종 등장한다. 그들은 사사로이 재산을 축적하는 후궁의 궁방저택을 비난하기도 했다. 실제로 숙종은 후궁에게 전답과 노비 외에도 궁방을 아낌없이 하사하곤 했다. 숙빈 최씨가 후궁이 된 이후 품계를 받은 소의 유씨와 명빈 박씨에게 재산을 내린 기록을 보면 이렇다.

> 궁인 유씨를 봉하여 숙원으로 삼도록 명하였다. 이에 후부에 명령하여 전장토지을 살 값으로 은 4천 냥, 용도에 천거하여 보낼 콩 1백 석, 궁방의 값으로 쓸 은 2천 냥을 수송輸送하게 하였다. 대개 이때 나라의 저축이 고갈되어 민생이 계속 곤궁했으나, 후궁의 전택 매입에 소요되는 값이 6천 금에 이르니 식자들이 근심하고 한탄했다.
>
> 《숙종실록》32권 | 숙종 24년 8월 2일

(중략) 호조에서 아뢰기를, "김 숙원 방의 선반음식, 의식옷 따위의 물건은 봉작한 날부터 비롯하여 진배하라는 뜻을 각 해사에 분부하였습니다. 전장을 살 가은 4천 냥과 첨보두콩 1백 석은 전례에 따라 본조호조에서 실어 보내겠습니다마는, 첨보미쌀는 선혜청에서 실어 보내게 하소서." 하니, 전교하기를, "윤허한다." 하였다. 사신史臣은 말한다. "(중략) 신하들이 여러 번 상소에 언급하였으나, 임금은 따르지 못할 뿐더러 이와 같이 더하니, 식자

가 한탄하였다."

《숙종실록》42권 | 숙종 31년 5월 2일

숙종은 혼례를 올린 연잉군의 출합出閤⁶²을 위해 숙종 30년¹⁷⁰⁴에 저택 창의궁을 구입했다. 후궁과 왕자의 저택이 따로따로 마련된 경우는 처음이었고 이에 비난이 있었으나 숙종은 숙빈 최씨의 궁방을 환수해 민심을 얻었다.

> (중략) "옛날의 이현궁은 곧 지금의 숙빈방이다. 주위의 넓고 큼이 다른 궁에 비교할 바가 아니어서 연잉군의 가마을 타고 지날 때마다 마음이 항상 미안편안함에 미치지 않음, 많이 불편하다. 이제는 연잉군의 제택으로 이미 정하였으니, 이 집에 동거하여도 불가할 것이 없다. 이러한 뜻으로 분부하라." 하였다. (하략)

《숙종실록》50권 | 숙종 37년 6월 22일

숙종이 숙종 37년¹⁷¹¹에 숙빈 최씨의 궁방을 환수하자 사관과 신하 모두 숙종의 결단을 칭찬했다. 숙빈 최씨는 어린 시절에 구걸로 연명할 만큼 가난했고 후궁이 된 후 생긴 재산으로 형제와 친척을 건사했다. 숙빈방의 환수는 단순히 아들 연잉군과 같은 집에 살게 됐다는 의미 뿐만 아니라 숙빈방을 통한 경제 활동이 불

---

62 왕자가 자란 후 사궁私宮을 짓고 따로 나가서 살던 일.

가능해졌다는 뜻이기도 했다. 숙빈 최씨에게는 숙종의 총애를 잃는 일보다 숙빈방 환수가 더 큰 충격이었다. 그는 숙빈방 환수를 자신에 대한 숙종의 애정이 끝났다는 의미로 받아들였다.

같은 해에 가을에서 겨울로 넘어갈 즈음 연잉군은 천연두를 심하게 앓았고 숙종 38년1712 2월 천연두에서 회복되자마자 대궐을 나왔다. 연잉군의 저택인 창의궁 부근에는 노론이 모여 살았다. 숙빈 최씨는 너무 늙기 전에 대궐을 나와 아들과 지낼 수 있는 삶이 싫지만은 않았을 것이다. 대궐 밖에 나왔으니 보고 싶은 사람, 고마운 사람, 인사할 사람 등 누구라도 만날 수 있었다. 하지만 숙빈 최씨를 후궁의 길로 이끌어준 김춘택만은 죽는 날까지 다시 만날 수 없었다.

김춘택은 숙종 28년1702에 유배에서 풀려났으나 이내 한양을 떠나야 했다. 아버지 김진구의 삼년상을 치르기 위해서였다. 김춘택이 숙종 32년1706에 삼년상을 마치고 한양으로 돌아오자 홍문관 수찬 조태일은 "김춘택이 위로는 임금을 협박하고 아래로는 신하들을 능멸한다"며 탄핵했다. 김춘택은 다시 유배됐다. 사간원 정언 이진유는 숙종 42년1716에 "김춘택이 귀양가면 조정이 조용하고 그가 나타나면 도성이 들썩거린다"며 도성 출입이 금지된 김춘택을 재차 경계하는 글을 올렸다. 김춘택은 정계에 복귀하기는커녕 한양에 돌아오는 것조차 아득해졌다.

숙빈 최씨는 창의궁에서 지내며 김춘택을 한 번쯤은 다시 만나고 싶었을지 모른다. 아들 연잉군을 위해 할 수 있는 일이 무엇인지 묻고 싶었을 수도 있다. 하지만 숙빈 최씨는 대궐을 나온 지 5년이 지나도 김춘택을 만날 수 없었다. 답답한 심정이 쌓여서 병을 만든 것일까. 숙빈 최씨는 시름시름 앓기 시작했다. 그는 아픈 와중에도 숙종의 병간호를 위해 종종 입궁했으나 숙종은 대궐 밖으로 행차할 때 단 한 번도 창의궁에 가지 않았고 숙빈 최씨를 부르거나 찾는 일은 없었다. 김춘택이 숙종 43년¹⁷¹⁷에 유배지에서 세상을 떠났다. 그로부터 1년이 지난 숙종 44년¹⁷¹⁸ 3월 9일 숙빈 최씨도 49세에 창의궁에서 눈을 감았다.

영조의 한恨, 숙빈 최씨의 장례와 추숭

숙종 44년 3월 9일 숙빈 최씨가 세상을 떠나기 전날, 세자빈^{단의왕후 심씨}이 승하했다. 왕실에서 세자빈의 장례는 후궁의 죽음보다 훨씬 중요했다. 숙종은 관을 보내고 제수를 넉넉하게 내리라고 명했으나 장지는 정해주지 않았다. 연잉군은 풍수를 아는 목호룡과 장세상^{환관}을 대동하고 장지를 보러 다니면서 숙빈 최씨의 장례 과정을 《무술점차일기》라는 기록으로 꼼꼼하게 남겼다. 영조의 지극한 정성에도 불구하고 숙빈 최씨의 장례는 순조롭지 못했다.

4월 22일 연잉군이 선택한 첫 번째 장지는 경기도 광주의 명당이었는데 공교롭게도 숙종의 여동생 명선공주, 명혜공주의 묏자리와 겹쳤다. 이를 전해 들은 숙종은 분노하며 동행한 내관에게 엄벌을 내렸고 연잉군에게 당장 들어와서 보고하고 다른 묏자리를 알아보라고 명했다. 한차례 꾸지람을 들은 연잉군은 4월 29일 양재동으로 묏자리를 정하고 땅 주인과 매매 계약을 체결했다. 이를 전해 들은 숙종은 다시 분노했다. 그 자리에서 성종의 능선릉이 마주 보인다는 이유였다. 결국 연잉군은 계약을 취소했고 숙빈 최씨의 장지[63]는 양주 고령동지금의 파주시 광탄면으로 결정됐다.

연잉군은 5월 17일 숙종의 명으로 상복을 벗었고, 5월 22일 졸곡제를 끝으로 3개월 동안 이어진 장례를 모두 마무리한 후 업무에 복귀했다. 숙종은 연잉군이 숙빈 최씨의 초상에 머리를 풀어헤치는 파발을 하고 예조에서 보낸 최복[64]을 입었다고 나무랐다. 예에 어긋날 정도로 과도했다는 이유였다. 또한 숙종은 연잉군이 숙빈 최씨의 삼년상을 마치기 전, 애첩 정빈 이씨와의 사이에서 아들훗날 효장세자을 낳았다고 질책했다. 이 무렵 세자 경종은 대리청정 중이었고 노론은 빌미를 잡아 세자를 교체할 계획을 세우고 있었다. 노론 대신 이이명이 이를 위해 숙종과 독대했는데《숙종실록》에 기록하지 못한 이 독대의 내용이 민진원이 쓴《단암만록》에 실려 있다.

---

63 숙종의 왕릉은 경기도 고양시 용두동에 위치한 명릉으로 '서오릉'이라고 부른다. 이곳에는 숙종과 더불어 인경왕후, 인현왕후, 인원왕후의 능이 함께 있는데 숙종의 능은 인현왕후와 나란히 쌍릉으로 자리한다. 바로 근처에 희빈 장씨의 무덤인 대빈묘까지 있으니 숙종은 죽어서도 왕비 네 명과 함께하는 셈이다. 숙빈 최씨의 무덤은 숙종의 능에서 멀리 떨어진 파주에 있다.

64 생포로 만든, 옷깃이 둥글고 소매가 넓은 상복.

연령군은 사람됨이 온유하고 영민하여 임금숙종의 사랑을 받는 것이 연잉군영조보다 지나쳤다. 연잉군은 자주 임금의 질책을 받았고 또 생모의 상중에 있으면서 아들훗날 효장세자을 낳았기 때문에 행검점잖고 바른 몸가짐이 없다고 책망하여 임금을 알현하지 못하게 한 것이 몇 개월이나 되었다. 정유년1617 이이명이 독대했을 때 임금의 뜻은 대개 연령군에게 있었다고 한다.

숙빈 최씨를 대궐 밖으로 내보낸 후 숙종의 행동을 보면 그가 숙빈 최씨를 진정 총애했을까 싶은 생각이 든다. 연잉군 또한 어머니 숙빈 최씨의 죽음과 함께 자신의 입지가 흔들리고 있다는 사실을 누구보다 잘 알았다. 연잉군이 진정으로 숙종의 사랑을 듬뿍 받은 아들이었다면 훗날 자신도 아들에게 사랑을 베풀었을 것이다. 하지만 영조는 아들과 극도로 대립했고 끝내 그 관계는 비극으로 끝나지 않았던가. 어쩌면 사도세자와 영조 사이에서 벌어진 비극의 시작은 숙종과 영조의 관계일지 모른다.

왕을 낳은 후궁의 사당, 칠궁의 시작

숙종 45년1719에 연령군명빈 박씨의 아들이 20세를 갓 넘기고 세상을 떠나자 연잉군은 세자경종를 대체할 수 있는 유일한 희망이 됐다. 1720년 숙종이 승하하고 세자 경종이 즉위하자 노론은 경종을 압박하여 연잉군을 왕세제로 책봉하게 했다. 경종에게 자식이 없다는 이유였다. 이어서 노론은 왕세제의 대리청정까지 요구했는데 이에 소론 강경파가 크게 반발하면서 노론과 연잉군은 역풍을 맞았다. 조정을 주도하던 노론 대신은 역도로 처형당했고 연잉군은 역적의 수괴로 지목된 '신임옥사'가 일어났다. 당시 연잉군의 목숨은 오직 경종의 손에 달려 있었다. 하지만 경종은 어머니 희빈 장씨의 원수나 다름없는 숙빈 최씨의 아들인 연잉군을 죽이지 않았다.

1724년 경종은 후사를 남기지 않은 채 세상을 떠났고 왕세제 연잉군이 경종의 뒤를 이어 조선의 제21대 임금으로 즉위했다. 힘들게 왕위에 오른 영조는 곧바로 어머니 숙빈 최씨의 추숭을 시작했다. 숙빈 최씨의 추숭은 영조의 치밀한 계획 하에 체계적으로 진행됐다. 영조는 작호를 높이는 대신 먼저 무덤을 지키는 사람을 두고 사당을 세워 신하의 반발을 줄였다. 이후 영조는 숙빈 최씨와 함께 살았던 창의궁을 사당으로 개조하려 했으나 잠저[65]를 후궁의 사당으로 세울 수 없다는 반대에 부딪혔다. 영조는 신하들과 싸우는 대신 경복궁 뒤편에 땅을 매입하여 사당을 세웠다. 이때 만들어진 숙빈 최씨의 사당이 오늘날 칠궁[66]의 시작이라고 할 수

---

65 임금이 된 사람이 즉위 전에 살던 집.

66 왕비에 오르지 못했으나 왕을 낳은 후궁 일곱 명을 모신 사당이다. 칠궁에 모셔진 위패의 주인공은 인조의 할머니이자 선조의 후궁이었던 인빈 김씨의 저경궁, 영조의 생모 숙빈 최씨의 육상궁, 경종의 어머니 희빈 장씨의 대빈궁, 영조의 후궁이자 효장세자의 생모인 정빈 이씨의 연호궁, 사도세자의 생모 영빈 이씨의 선희궁, 순조의 생모 수빈 박씨의 경우궁, 영친왕의 어머니 귀비 엄씨의 덕안궁이다. 영조는 재위 중 연호궁, 육상궁, 저경궁, 선희궁을 안치했다.

있는 '육상궁'이다. 육상궁을 시작으로 조선 후기에 후궁의 사당을 '궁宮'으로 칭하고 후궁의 묘지를 '원圓'으로 높여 부르는 궁원 제도와 사친 추숭이 자리 잡았다.

숙빈 최씨의 묘를 소령원으로 승격시킨 영조는 재위 동안 이곳을 무려 350번 이상 방문했다. 사친의 묘를 너무 시도 때도 없이 방문해 임금의 체모가 말이 아니라는 비판을 받기도 했으나 영조는 추숭을 멈추지 않았다. 숙빈 최씨의 사당을 한양에 모신지 거의 30년이 지난 영조 29년1753, 영조는 마침내 숙빈 최씨에게 '화경'이라는 시호를 올리고 그의 조부모와 증조부모에게는 당상관과 정부인 작호를 내렸다. 세월이 더 흘러 숙빈 최씨를 아는 사람들 대부분이 세상을 떠나자 영조는 숙빈 최씨의 과거를 본격적으로 미화했다.

영조 37년1761 8월 2일, 영조는 인현왕후의 탄생지가 배추밭으로 변했다며 그곳에 집을 짓고 후손을 거주시키라는 명을 내렸다. 또한 이틀 후인 8월 4일 숙빈 최씨의 탄생지가 한양이라는 말을 '전해 듣고' 즉시 그 지역의 집을 사들여 숙빈 최씨의 친척과 자손이 살게 했다. 이에 따라 숙빈 최씨는 한양 사대문 안, 그것도 인현왕후의 탄생지 부근에서 태어난 사람이 되었다.

70세를 앞둔 영조는 숙빈 최씨가 사대문 안에서 태어난 하급 무관의 딸이라고 주장했다. 영조의 일방적인 주장에 반발하는 신하는 더 이상 없었다. 숙빈 최씨의 과거를 아는 사람이 없었기 때문이다. 덕분에 숙빈 최씨는 조선시대 후궁 중 가장 신비로운 여인이 됐다.

숙종의 왕비와 후궁

왕	왕비	자녀	후궁	자녀
제19대 임금 숙종 1661~1720 **즉위** 1674	인경왕후 김씨 1661~1680	공주 요절, 1677~1678	영빈 김씨 1669~1735	없음
		공주 요절, 1679~1679	숙의-소의-귀인-빈	
	인현왕후 민씨 1667~1701	없음	희빈 장씨 1659~1701	제20대 임금 경종 1688~1724
			숙원-소의-빈 왕비-빈	성수대군 1690, 요절
			숙빈 최씨 1670~1718	영수 1693, 요절
			숙원-숙의-귀인-빈	제21대 임금 영조 1694~1776
				왕자 1698, 요절
	인원왕후 김씨 1687~1757		소의 유씨 ?~1707	없음
			명빈 박씨 ?~1703	연령군 1699~1719
			귀인 김씨 ?~1735	없음
제20대 임금 경종 1688~1724 **즉위** 1720	단의왕후 심씨 1686~1718	없음		
	선의왕후 어씨 1705~1730			

영빈 이씨

찬란했던 후궁의 빛,
그만큼 짙었던 그림자

※※※

영조 1년1725 3월 20일 늦은 저녁, 대왕대비 인원왕후 김씨의 처소

인원왕후는 대비전에 앉아 곰곰이 생각했다. 아침부터 경의군효장세자의 세자 책봉식 때문에 온 대궐과 함께 긴장했다가 이제야 피곤이 몰려오는 듯했다. 2월 초파일, 주상영조의 장녀인 화순옹주 책봉을 시작으로 세자의 호를 정하고, 세자의 생모정빈 이씨를 빈으로 추증하고 세자를 책봉하기까지 한 달 넘게 신경 쓸 일이 많았다.

'이제 딸은 옹주로 봉작되고 아드님은 세자로 책봉됐으니 주상의 마음도 흐뭇하시겠지. 그런데 내 마음은 왜 이리도 복잡한 것인가?'

어렵게 보위에 오른 주상이 국본을 정하였으니 종묘와 사직의 경사였다. 그런데 인원왕후의 마음은 무겁기만 했다.

"내일은 왕대비경종의 계비 선의왕후와 중전영조의 왕비 정성왕후을 불러 함께 차담이라도 나눌까. 자식 하나 없이 대궐에서 전각 하나 차지하고 앉아 숨만 쉬며 살다가 눈을 감아야 하는 팔자가 참으로 서글프구나. 아직 불혹도 되지 않은 내가 대왕대비라는 무거운 가채를 쓰고 있는 것도 고단한데 이제 갓 스물을 넘긴 우리 왕대비의 마음은 오죽 힘들까.”

인원왕후가 혼잣말을 중얼거리는 사이 나인 이씨는 소리도 없이 침수 준비를 마쳤다. 인원왕후는 나인 이씨가 이끄는 대로 가만히 있다가 머리를 풀고 의복을 갈아입은 뒤 자리에 몸을 뉘었다. 주상의 보령이 벌써 서른이 넘었는데 자식이라고는 세상을 떠난 정빈이 남긴 세자와 옹주뿐이니 참으로 걱정이었다. 게다가 중전은 아이를 잉태할 기미조차 없는데 주상에게는 후궁이 한 명도 없었다.

“대궐 후원에 후궁이 있던 때가 아득하구나.”

생각이 꼬리를 물고 계속 이어지자 머리가 아팠다. 가슴이 답답한가 싶더니 이내 얼굴로 열이 확 올라왔다. 인원왕후는 자리에서 벌떡 일어나 이불을 걷었다. 아직 여름이 오려면 한참 남았는데 머리에 땀이 맺혔다. 요즘 들어서 가끔 한 번씩 몸에 열이 올라올 때가 있는데 그때마다 당황스러웠다. 혹시 부채가 있을까 싶어 찾았으나 당연히 없었다. 그때였다.

“마마, 이 나인입니다. 잠시 들어가도 되겠습니까?”

이 나인의 차분한 목소리를 듣자 마음이 가라앉는 것 같았다.

"들어오게."

이 나인의 손에 작은 찻상이 들려 있었다.

"마마, 생과방에서 시원한 배숙을 만들었다 하니 정성을 생각하여 한 번 젓수시옵소서."

시원한 배숙이라는 말에 인원왕후의 얼굴에 화색이 돌았다.

"요 며칠 날씨가 푸근한데다 연일 행사를 치르느라 고단하신 마마께서 갈증이 나실까 싶어 준비했다 합니다. 변덕이 잦은 봄 날씨에 마마의 감모(감기)를 염려하여 방안을 따뜻하게 했더니 소인도 땀이 나서 약방의 의녀에게 부탁하여 부채를 빌려왔습니다."

"갑자기 몸이 더워지고 땀이 나던 차였다."

"잠시 부채질을 해 드리겠사옵니다. 선뜻한 기운이 들면 그만하라 말씀하시옵소서."

이 나인의 손이 움직일 때마다 시원한 바람이 느껴졌다. 자리에 누워 한동안 땀을 식히던 인원왕후가 다시 벌떡 일어나자 이 나인이 부채질을 멈췄다.

"이 나인, 자네 올해 나이가 몇이지?"

"서른이옵니다."

"자네는 정빈과 같은 해 궁에 들어왔다고 했지?"

"네, 마마. 신사년숙종 27년에 입궁했습니다."

"궁 안에 여러 일[67]이 많을 때 입궁했을 텐데. 어린 나이에도 여항의 여아 같지 않게 조숙하고 음전하다며 선왕숙종께서 자네를 어여삐 여기셨던 기억이 나네. 그래, 그래! 주상의 곁에는 자네 같이 총명한 사람이 곁에 있어야 해."

인원왕후의 눈이 답을 찾은 듯 반짝거렸다. 오랜만에 입술에 미소가 걸렸다.

---

67 숙종 27년1701 인현왕후가 승하하고 무고의 옥이 일어나 희빈 장씨가 자진한 일.

연잉군의 애첩,
궁녀 출신 후궁 정빈 이씨

영조는 왕비 두 명과 후궁 네 명을 두었다. 왕비 두 명은 자식을 낳지 못한 반면 후궁은 많은 자식을 낳았다. 영조의 첫 번째 후궁인 이씨훗날 정빈 이씨는 영조와 동갑으로 숙종 27년1701 8세에 입궁해 궁녀가 됐다. 이씨가 언제 영조의 후궁이 되었는지는 알 수 없으나 영조가 대궐에서 지낼 때 궁녀와 왕자로 만나 애첩이 됐다고 추측한다.

숙종 44년1718 3월 8일, 경종의 세자빈단의왕후 심씨이 승하하고 3월 9일 숙빈 최씨가 세상을 떠났다. 숙종은 숙빈 최씨의 장례를 간소하게 치르라고 명했다. 연잉군훗날 영조은 어머니의 장례를 성대하게 치르지 못한 슬픔을 감춘 채 숙종의 명을 따랐다. 숙빈 최씨의 장례를 치르는 중 돌이 채 지나지 않은 연잉군의 첫딸이 세상을 떠났다. 연잉군과 이씨는 자식을 잃을 슬픔을 함께 나누며 서로를 뜨겁게 위로했다. 그 결과 숙종 45년1719 2월 15일, 이씨는 연잉군의 첫아들을 낳았고 이듬해 3월 8일, 둘째 딸화순옹주을 낳았다. 숙빈 최씨의 탈상을 서둘렀던 숙종은 삼년상이 끝나기 전에 연달아 자식을 낳은 연잉군에게 핀잔을 주었다.

1720년 숙종이 승하하고 경종이 왕위에 올랐다. 이듬해인 경종 1년1721 9월 26일, 연잉군은 왕세제로 책봉되어 대궐로 거처를 옮겼다. 이씨도 종5품 소훈의 품계를 받고 세제의 후궁으로 봉해졌다. 그가 생전에 받은 처음이자 마지막 품계였다. 그로부터 한 달도 채 지나기 전, 이씨가 갑자기 세상을 떠났다. 당시 연잉군의 입지는 매우 위태로웠다. 연잉군의 왕세제 책봉과 대리청정을 주장하던 노론은 역풍을 맞고 목숨을 잃을 처지였기 때문에 연잉군은 사랑하는 이씨의 죽음을 마음껏 애도하지 못했다. 1724년 노론과 소론의 치열한 정쟁 중 경종이 재위 4년 만에 승하하자 연잉군이 왕위에 올랐다. 바로 조선 제21대 임금 영조다. 영조는 선원록조선시대 왕실 족보 중 하나에 종5품 소훈으로 봉작된 이씨의 품계를 정4품 소원으로 기록했다. 영조 1년1725 2월, 영조는 이씨의 딸을 화순옹주로 봉작하고 아들 경의군효장세자에게 세자의 정호를 내린 후 이씨를 정1품 빈으로 추증했다. 정빈 이씨는 눈을 감은 후에야 후궁 제일의 지위에 봉해졌다.

숙종과 인원왕후의
칭찬을 받은 아기나인

숙종 22년^{1696} 7월 18일에 태어난 궁녀 이씨$^{훗날\ 영빈\ 이씨}$는 영조보다 두 살 어렸다. 그는 숙종 27년^{1701} 6세에 궁녀가 됐는데 궁녀가된 시기뿐 아니라 부모와 조부모의 이름이 정확하게 남아 있어 가난한 양인 혹은 몰락한 양반 출신일 가능성이 높다. 실제로 이씨의 행동거지는 어린 궁녀 사이에서도 돋보였고 아기나인 시절에는 숙종의 감탄을 받기도 했다. 정조는 영빈 이씨의 행장에서 이와 관련된 일화를 이렇게 기록했다.

> 높은 벼슬하는 집안의 여자들도 이러한 나이에는 오히려 어린
> 아이의 습관을 면하기 어렵거늘, 여항의 여자가 조숙하기가 이
> 와 같을 수 있는가!

이씨는 아기나인 시절 인원왕후의 처소에서 총명함과 신중한 성품을 인정받았고 인원왕후의 의중을 잘 파악하여 궁중 예법에 맞게 일을 야무지게 해냈다. 자식이 없던 인원왕후에게 어리고 영특한 궁녀 이씨는 각별했다. 인원왕후는 숙종이 온양 온천으로 거둥했을 때 숙종의 옷을 챙기고 음식을 차리는 일을 이씨에게 맡기기도 했다.

정유년숙종 43년, 1717에 숙종이 온천에 거둥하셨다. 무릇 행재소에
는 궁인이 배종하여 가는 전례가 없었다. 그러나 이때 숙종이 조
용히 조섭하시는 중이어서 옷가지를 챙기고 음식을 차려 드리
는 일들은 궁인이 아니면 할 수 없었다. 그래서 똑똑하고 신중한
궁인을 특별히 뽑아서 따라가게 하였는데 거기에 영빈이 참여하
게 되었다.

정조가 직접 쓴 영빈 이씨의 행장 중에서

이씨의 영특함과 총명함은 영조의 눈과 마음도 사로잡았다. 정
빈 이씨가 세상을 떠난 후 후궁이 된 영빈 이씨는 영조의 곁을 가
장 오래 지키며 가장 많은 자식을 낳은 여인이 됐다.

인원왕후는 영조가 31세에 왕위에 올랐을 때 이씨를 대전으로
보냈다. 어렵게 왕위에 오른 영조를 보필하는 데 도움이 되리라
생각했기 때문이다. 이씨는 궁녀로서 영조를 돕는 이상을 해냈다.
후궁이 된 것이다. 능력 있고 총명한 이씨는 바로 영조가 바라던
여인이었다. 이씨는 후궁의 품계를 받을 당시 나이가 적지 않았으
나 이는 문제가 되지 않았다. 영조는 오히려 자신과 나이가 비슷
하고 똑똑하고 신중하며 근검한 성품의 이씨를 총애했다. 말하자
면 이씨는 영조의 이상형이었다.

왕가의 일 가운데 후사를 얻는 것만큼 중요한 일은 없으니 사대
부의 여자로서 잘 알지 못하는 사람을 선발하기보다 차라리 궁

중의 후덕한 사람을 취하는 편이 낫다.

정조가 직접 쓴 영빈 이씨의 행장 중에서

영조 2년[1726] 11월 16일, 영조는 31세 이씨를 종2품 숙의로 삼았다. 승은 궁녀인 이씨에게 명문가 출신 간택 후궁과 같은 품계를 내린 것이다. 이에 신하가 은밀하게 후궁을 봉하는 일에 신중해야 한다고 간언하자 영조는 침묵으로 무시했다. 품계를 받을 당시 임신 중이던 이씨는 영조 3년[1727] 4월 27일 첫딸[화평옹주]을 낳았다. 영조는 크게 기뻐했다. 같은 해 효장세자는 성균관에 입학했고 세자빈을 맞아 가례를 올렸다. 왕위를 이을 국본은 무탈하고 사랑하는 여인을 만난 이때가 영조의 인생에서 가장 행복한 시절이었을 것이다.

궁녀 순정의 흉악한 복수

영조 4년[1728] 11월 16일 효장세자가 10세에 세상을 떠났다. 효장세자와 가례를 올린 세자빈 조씨는 당시 14세였다. 합방 한 번 하지 못한 채 과부가 된 세자빈 조씨는 죽는 날까지 대궐을 나가지 못했다. 효장세자의 목숨을 앗아간 것은 독毒이었다. 왕자 시절 영조를 보필했던 궁녀 순정이 개인적인 원한으로 세자를 비롯하여 영조의 자녀에게 독을 썼는데 효장세자가 승하하고 2년이 지나서야 이 사실이 밝혀졌다. 순정의 범행 현장이 영조에게 발각됐기 때문이다. 당시 영빈 이씨의 갓난 둘째 딸이 돌연 세상을 떠나 이를 조사하던 중 궁녀 순정의 소행이었다는 게 밝혀졌고 효장세자의 죽음 또한 그 이유가 밝혀졌다.

감히 세자와 옹주에게 독을 써서 죽음에 이르게 한 순정은 평소 성품이 좋지 않아 한 번 궁에서 쫓겨난 적이 있었는데 영조가 즉위하면서 부족한 인력을 충원하는 과정에서 다시 대궐로 돌아왔다. 순정은 궁에서 쫓겨났을 때부터 이미 앙심이 깊었고 궁으로 돌아온 후 배정받은 처소에 대한 불만으로 영조의 자식에게 독을 썼노라고 자백했다. 순정은 영조의 자식에게만 독을 썼다고 주장했으나 영조는 정빈 이씨의 갑작스러운 죽음 역시 순정의 소행이라고 생각했다. 만약 영조의 생각이 맞다면 효장세자와 정빈 이씨 그리고 이름조차 받지 못한 채 세상을 떠난 갓난 옹주의 죽음은 참으로 억울하고 안타까운 일이었다. 영조는 순정과 관련자를 모두 처형해 사건이 당쟁으로 번지지 않게 막았다.

(중략) 재작년 원량元良, 세자의 병이 증세가 자못 이상하게 되었을 적에 (중략) 지난 번 화순옹주가 홍진紅疹, 홍역을 겪은 뒤에 하혈하는 증세가 (중략) 이제 와서야 비로소 독약을 넣어 그렇게 된 것임을 알게 되었다.

그궁녀 순정가 이미 세자의 사친정빈 이씨에게 독기를 부렸기 때문에 세자가 점점 장성하는 것을 좋게 여기지 아니하여 또 다시 흉악한 짓을 하였고, 강보에 있는 4왕녀영빈 이씨의 둘째 딸에게도 또한 모두 독약을 썼다. 나의 혈속을 반드시 남김없이 모두 제거하려 했으니, 어찌 흉악하고 참혹하지 아니한가? (하략)

《영조실록》25권 | 영조 6년 3월 9일

온 우주가 기다려온 아들, 사도세자의 탄생

이씨는 후궁이 된 후 거의 매년 임신과 출산을 반복했다. 당시 영조에게 다른 후궁은 없었으니 영조의 총애는 오직 승은 궁녀인 이씨 한 사람에게 향했다. 이씨의 품계 또한 빠르게 승격됐다. 영조 6년¹⁷³⁰ 6월 경종의 왕비 선의왕후 어씨가 세상을 떠났다. 21세에 남편을 잃고 왕대비가 된 선의왕후는 겨우 26세에 승하했다. 영조는 선의왕후의 인산因山**68**과 세자의 대상이 끝나자마자 종1품 귀인이었던 이씨를 정1품 빈으로 봉했다. 《조선왕조실록》에는 아직 문무백관이 상복을 벗기도 전에 후궁의 품계를 높이는 영조의 행동에 온 나라가 놀라며 탄식했다는 기록이 있다.

> 귀인 이씨를 봉하여 영빈暎嬪을 삼았다. 정청에 전교하기를 "고첩誥牒을 드릴 때에는 청복·흑함에다 차길借吉**69**하여 행하라." 하였다. 이때에 인산 막 끝나자 온 나라 사람이 흰 옷을 입고 있었

---

68 상왕, 왕, 왕세자, 왕세손과 그 비妃의 장례.
69 상제가 길례 때에 특별히 길복吉服을 입는 일.

는데 이러한 명령이 있으니 서울과 지방에서 놀랍게 여겨 탄식
하였다.

《영조실록》28권 | 영조 6년 11월 27일

　　영조 3년1727 첫딸화평옹주을 낳은 영빈 이씨는 후궁이 된 후 7년
동안 무려 딸만 다섯 명을 연달아 낳았다. 둘째, 셋째, 넷째 딸은
모두 요절했고 영조 9년1733에 태어난 다섯째 딸화협옹주은 다행히
무사히 성장했다. 영빈 이씨는 다산했으나 계속 옹주만 낳고 태
어난 옹주가 자꾸 요절하자 정승이 영조에게 기도를 올리자고 간
청했다. 성리학의 나라 조선에서, 성리학의 예법을 가장 중시하는
노론이 정권을 주도하고 있는 영조 시대에 정승이 '명산과 신에게
기도하여 아들이 태어나기를 빌자'는 말을 먼저 왕에게 꺼낸 것이
다. 그도 그럴 것이 당시 영조는 40세였고 아들이 없었으며 유일
하게 출산을 이어갔던 후궁 영빈 이씨가 38세였으니 후사에 대한
걱정이 깊을 수밖에 없었다.

　　약방과 영상·우상이 청대하여 입시하였다. 이때 영빈 이씨가 연
　　달아 옹주 네 명을 출산했고 또 임신했으므로 남아를 출산하는
　　경사가 있기를 상하가 기축하였으나 어제 또 옹주를 출산하였
　　다. 대신들이 임금께서 실망하여 지나치게 염려할까 두려워하

여 각기 위로와 면려의 말을 진달하였다. 송인명이 고매[70]에게 빌고 명산에 기도하는 등의 일을 앙주仰奏[71]하니 임금이 이르기를 "내가 어찌 이 일 때문에 침식을 제대로 하지 못하는 지경에 이르겠는가? 다만 삼종三宗[72]의 혈맥을 생각하느라 마음이 평상시와 같지 못한 것뿐이다." 하였다.

《영조실록》33권 | 영조 9년 3월 8일

영조는 내심 담담한 척했으나 누구보다 초조한 마음으로 후사를 기다렸다. 왕자의 탄생을 바라는 영조의 절절함이 우주에 닿았을까. 영조 11년[1735] 1월 21일, 영빈 이씨는 창경궁 집복헌에서 마침내 아들을 낳았다. 태어나자마자 원자가 됐고 왕비 정성왕후의 아들로 입적됐으며 돌이 지나자마자 세자로 책봉된 이 왕자가 바로 훗날 사도세자 '이선'이다.

영빈 이씨가 원자를 집복헌에서 탄생하였다. 그때 나라에서 오랫동안 저사가 없으니 사람들이 모두 근심하고 두려워하였는데, 이때에 이르러 온 나라에서 기뻐하고 즐거워하였다. (중략) "삼종의 혈맥이 장차 끊어지려 하다가 비로소 이어지게 되었으니 지금 다행히 돌아가서 열성조에 배알할 면목이 서게 되었다.

---

70 마고신 혹은 삼신. 아들을 낳게 해 달라고 비는 신神의 이름.
71 천자께 삼가 아룀.
72 효종·현종·숙종.

즐겁고 기뻐하는 마음이 지극하니 그 감회 또한 깊다."

(중략) "삼종의 혈맥을 지금 부탁할 데가 있으니 즐겁고 기쁜 마음을 어찌 말하랴? 내전에서 아들로 취하고 원자의 호를 정하는 일을 어찌 조금이라도 늦출 수가 있겠는가? 즉시 이를 거행하여 위로 종묘와 사직에 고하고 아래로 8도에 반사하도록 하라." (하략)

《영조실록》40권 | 영조 11년 1월 21일

총애와 권력을
탐할 필요가 없는 후궁

영조의 유일한 후궁으로 지내온 지 10년, 40세였던 영빈 이씨는 원자를 낳아 온 나라에 기쁨과 즐거움을 주었다. 하지만 뒤를 이을 아들이 태어났다는 안도감 때문이었을까 아니면 적지 않은 나이로 임신과 출산을 반복해온 영빈 이씨의 건강이 나빠졌기 때문일까. 원자가 태어난 후 영조는 새로운 궁녀에게 승은을 내리고 후궁으로 삼았다. 영조 11년[1735] 종4품 숙원 품계를 받은 궁녀 조씨는 당시 29세로 영빈 이씨가 후궁이 됐을 때와 같은 나이였다. 어리고 예쁜 궁녀보다 궁중의 예법에 익숙하고 침착한 성품에 위와 아래를 두루 살필 줄 아는 현명한 궁녀를 좋아하는 영조의 일관된 취향을 엿볼 수 있는 부분이다.

영조의 후궁이 한 명 더 늘었으나 영빈 이씨와는 경쟁 상대가 될 수 없었다. 영조는 조씨에게 종4품인 숙원 품계를 내렸으니 처음부터 종2품 숙의 품계를 받았던 영빈 이씨와는 대우가 사뭇 달랐던 셈이다. 조씨는 딸만 둘을 낳았는데 첫딸은 요절했고 영빈 이씨는 마흔이 넘은 나이로 다시 임신해 영조 14년1738에 막내딸 화완옹주를 낳았다. 반면 후궁 조씨는 영조 16년1740에 화유옹주를 출산한 후로 더 이상 임신하지 않았다. 조씨는 영조 48년1772에 후궁이 된 지 37년 만에 처음으로 품계가 승격돼 비로소 종2품 숙의가 됐는데 이때 무려 66세였다. 숙의 조씨는 누구에게도 위협이 되지 않는 존재였으니 외롭지만 안전했다.

영빈 이씨와 영조의 자녀

년도	품계 및 출산	영빈 나이	책봉 및 봉작	가례 혼인
영조 2년1726	종2품 숙의	31세		
영조 3년1727	화평옹주 탄생	32세	영조 7년, 5세	영조 14년, 12세
영조 5년1729 추정	옹주요절	34세		
영조 6년1730	정1품 영빈	35세		
영조 7년1731 추정	옹주요절	36세		
영조 8년1732 추정	옹주요절	37세		
영조 9년1733	화협옹주 탄생	38세	영조 19년1743, 11세	
영조 11년1735	사도세자 탄생	40세	영조 12년1736, 2세	영조 20년1744, 11세
영조 14년1738	화완옹주 탄생	43세		영조 25년1749, 12세

후궁이 된 지 5년 만에 정1품 빈의 자리에 올랐고 다시 5년 만에 아들을 낳은 영빈 이씨는 그야말로 궁중에 적수가 없었다. 만약 영빈 이씨가 야심이 큰 여인이었다면 '영조의 유일한 아들을 낳은 후궁'이라는 무기를 사용했을 지도 모른다. 하지만 영빈 이씨는 다른 후궁과 총애를 다툴 필요가 없었다. 그는 아들을 낳기전 이미 후궁 제일의 품계를 받았고 아들은 태어나자마자 원자가됐다. 즉, 아들을 위해 왕의 총애를 구하거나 권력과 손을 잡을 필요조차 없었다. 어쩌면 영빈 이씨는 지나치게 큰 영광을 힘들지않게 얻었기에 훗날 엄청난 대가를 치러야 했는지도 모른다.

큰딸 화평옹주의 죽음, 영조와 사도세자의 불화

영빈 이씨는 자녀들이 무사히 성장해 가례를 올릴 때까지 10여 년동안 행복한 시간을 보냈다. 딸이 옹주로 봉작되고 아들이 세자에책봉되는 모습을 직접 보면서 아들과 딸, 며느리와 대궐에서 함께지내는 기쁨을 누릴 수 있는 후궁이 과연 몇 명이나 있었겠는가. 영조 14년1738엔 영빈 이씨와 영조의 첫째 딸 화평옹주가 12세에박명원과 가례를 올렸다. 영빈 이씨는 후궁이기에 자식의 혼사에직접 관여할 수 없었으나 이를 지켜보는 것만으로도 대단한 일이었다. 하지만 너무 과분한 복이었을까. 영빈 이씨는 차근차근 다가오는 거대한 슬픔에 대항할 수 없었다.

부모가 겪을 수 있는 가장 큰 고통은 바로 자식이 먼저 세상을 떠나는 것이다. 영조 24년1748에는 영조가 영빈의 자식 중 가장 총애했고 가장 온화한 성품을 지닌 큰딸 화평옹주가 22세에 자식도 없이 세상을 떠났다. 영조는 화평옹주가 출합공주나 옹주가 시집가던 일한 후에도 종종 딸과 사위의 집에 들를 정도로 그를 무척 아꼈다. 무엇보다 화평옹주는 성품이 부드럽고 선해 아버지의 사랑이 동생에게도 두루 전해질 수 있도록 중재하며 가족의 화목을 이끌었다. 화평옹주의 병세가 심각해지자 영조가 한달음에 달려왔으나 화평옹주는 얼마 후 눈을 감았다. 슬픔에 빠진 영조는 곡을 하며 화평옹주의 처소에서 밤을 지새웠고 시신 염습도 직접 지켜봤다. 하지만 영빈 이씨는 딸의 임종을 지킬 수 없는 것은 물론, 장례에도 참석할 수 없었다. 그저 죽은 딸을 가슴에 묻어야 했다.

화평옹주의 죽음 이후 영빈 이씨는 더 이상 화평한 시간을 보내지 못했다. 매 순간이 가시밭길의 연속이었다. 영조 25년1749 1월, 사도세자의 대리청정이 시작됐다. 군주의 길을 공부하던 세자가 정치라는 실전 무대에 올랐다. 이제 영조와 사도세자는 아버지와 아들이기에 앞서 임금과 국본이었다. 하지만 대리청정 이후 두 사람의 사이는 점점 나빠졌다. 정무에 관여할 수 없는 영빈 이씨는 이를 중재할 힘이 없었다.

영조 26년1750 8월 사도세자와 혜경궁 홍씨가 원손의소세손을 낳았다. 영조와 영빈 이씨의 첫 손주였다. 영조는 원손을 자신의 처소로 데려가 영조 27년1751 5월에 세손으로 책봉했다. 오랜만에 대궐이 기쁨으로 가득했으나 이 또한 잠시뿐이었다. 같은 해 11월에는 효장세자정빈 이씨와 영조의 맏아들, 사도세자의 이복형의 세자빈 현빈 조씨가 38세로 세상을 떠났다. 14세에 과부가 되어 24년을 생과부로 살다 죽은 며느리 현빈 조씨의 장례를 치르면서 영조는 현빈 조씨 처소의 궁녀에게 승은을 내리고 후궁으로 삼았다. 이 여인이 영조의 마지막 승은 후궁이자 훗날 사도세자 및 정조와 치열한 대립 끝에 죄인으로 죽은 숙의 문씨다. 며느리의 초상을 치르면서 며느리 처소의 젊은 궁녀에게 승은을 내린 영조의 행동은 논란이 되기 충분했다. 하지만 이미 신하를 다루는 데 일가견이 있던 영조에게 기꺼이 쓴소리를 할 사람은 아무도 없었다.

영조 28년1752 3월에는 영조가 직접 데려가서 길렀던 세손의소세손이 3세에 요절했다. 아들을 품 안에서 길러 보지도 못한 사도세자와 혜경궁 홍씨의 슬픔은 컸다. 게다가 당시 혜경궁 홍씨는 임신 중이었다. 혜경궁 홍씨는 첫아들 의소세손의 장례를 치르면서도 뱃속의 아기를 지키기 위해 노력했고 같은 해 9월, 다시 아들을 낳았다. 그가 바로 조선의 제22대 임금 정조다. 하지만 이번에도 기쁨은 잠시뿐이었다. 같은 해 11월에 화협옹주가 자식 없이 20세에 세상을 떠났다. 이제 영빈 이씨 곁에 남은 자식은 아들 사도세자와 며느리 혜경궁 홍씨뿐이었다.

유일한 아들
사도세자의 죽음

6세에 입궁한 영빈 이씨는 25년 동안 궁녀로 지내면서 실력을 쌓았고 윗전의 신임을 받았다. 무난히 궁녀로 살았더라면 제조상궁까지 꿈꿀 수 있었다. 하지만 궁녀가 된 지 25년이 지난 31세에 영조의 후궁이 됐다. 이후 67세에 세상을 떠날 때까지 37년 동안 후궁으로 지냈으니 궁녀로 보낸 시간보다 후궁으로 보낸 시간이 훨씬 길다. 거의 평생을 대궐에서만 보낸 셈이다. 만약 영빈 이씨가 스스로 인생을 선택할 수 있었다면 끝까지 궁녀로 살고자 했을까, 아니면 그래도 후궁이 되고 싶었을까? 승은을 입고 후궁이 되는 삶이 궁녀가 누릴 수 있는 최고의 지위이자 인생이라면 영빈 이씨의 삶은 성공했다. 하지만 후궁이 된 후 그의 삶을 따라가 보면 어쩌면 영빈 이씨는 뛰어난 여관女官[73]으로 더 행복하게 살았을지도 모른다는 생각이 든다.

물론 후궁으로 보냈던 모든 시간이 불행하진 않았다. 영조의 총애가 지극했던 30~40대에 영빈 이씨는 빛나는 시간을 보냈다. 평생 수절해야 하는 궁녀의 삶에서 벗어나 임금의 사랑을 받으며 자식도 많이 낳았다. 하지만 50세가 넘은 후부터는 고난과 시련의 연속이었다. 영조는 나이가 들수록 성정이 불같아졌고 아들 사도

---

[73] 궁궐에서 왕과 왕비를 가까이 모시는 내명부를 통틀어 이르던 말.

세자와의 사이는 극도로 나빠졌다. 그토록 아끼던 아들을 원수 대하듯 하는 영조를 보면서 영빈 이씨는 얼마나 전전긍긍하며 가슴을 졸였겠는가. 게다가 화평옹주에 이어 손자 의소세손과 화협옹주까지 요절했다. 자식과 손자를 앞세운 슬픔에 빠져 지내는 사이 영조는 젊은 궁녀에게 승은과 품계를 내리고 연달아 화령옹주와 화길옹주를 낳았다. 새롭게 후궁이 된 소원 문씨가 낳은 화령옹주와 화길옹주는 사도세자와 혜경궁 홍씨의 두 딸 청선군주, 청연군주와 비슷한 시기에 태어났으니 영빈 이씨는 며느리를 볼 때마다 얼마나 민망했을까.

영빈 이씨의 굴곡진 삶

년도	사건	나이	기타	영빈 나이
영조 24년1748	화평옹주영빈 이씨와 영조의 첫딸 사망	22세	자녀 없음	53세
영조 25년1749	사도세자 대리청정 시작	15세		54세
영조 26년1750	원손사도세자와 혜경궁 홍씨의 장남 탄생			55세
영조 27년1751	원손을 세손으로 책봉의소세손	2세		56세
	현빈 조씨효장세자의 세자빈 사망	38세	자녀 없음	
영조 28년1752	의소세손 사망	3세		57세
	정조 탄생			
	화협옹주영빈 이씨와 영조의 다섯째 딸 사망	20세	자녀 없음	
영조 29년1753	궁녀 문씨현빈 조씨 처소 궁녀 정4품 소원 품계			58세
영조 30년1754	청연군주사도세자와 혜경궁 홍씨의 첫딸 탄생			59세
영조 31년1755	나주 괘서 사건소론 대숙청			60세
영조 32년1756	청선군주사도세자와 혜경궁 홍씨의 둘째 딸 탄생			61세
영조 33년1757	정성왕후 서씨영조의 왕비 승하	63세		62세
	대왕대비 인원왕후 김씨숙종의 계비 승하	71세		
	화완옹주영빈 이씨와 영조의 여섯째 딸의 딸 사망 정치달화완옹주 남편 사망	화완옹주 20세		
영조 34년1758	김한신화순옹주 남편 사망 화순옹주정빈 이씨와 영조의 첫딸 사망	39세	자녀 없음 양자	63세
영조 35년1759	정순왕후 김씨영조의 계비 왕비 책봉	15세		64세
영조 38년1762	세손빈정조의 왕비 효의왕후 김씨 간택	10세		65세
	사도세자 훙서임오화변	28세		

※※※

영조 33년¹⁷⁵⁷ 5월 31일

"마마, 마마! 이리 가시면 아니 됩니다."

영빈은 대왕대비 인원왕후의 손을 잡고 흐느꼈다. 대왕대비의 숨이 점점 미약해지고 있었다. 영빈은 잡고 있는 주름지고 작은 이 손에서 온기가 빠져나가는 것이 너무나 두려웠다.

"마마, 마마!"

궁녀가 슬픔을 주체하지 못한 채 무너지듯 흐느끼는 영빈 이씨를 부축했다. 막막한 슬픔이 몰아치는 가운데 정신이 번쩍 들었다. 영빈 이씨는 부축하는 궁녀를 제지하며 자세를 반듯하게 했다. 그는 눈물을 닦고 목소리를 가다듬었다.

"마마, 소인이 부족하여 못난 모습을 보였습니다. 용서하여 주시옵소서."

영빈 이씨의 단정한 음성에 궁녀가 긴장했다.

"마마가 계셔서 소인은 참으로 행복했습니다. 만약 다음 생이 있다면 그때는 마마를 조금 더 잘 모시겠습니다. 소인에게 서운하고 미운 마음이 있으시다면 모두 털어버리십시오."

대왕대비의 감은 두 눈에서 눈물이 흘렀다. 영빈 이씨의 손을 잡은 대왕대비의 손에 잠시 힘이 들어가는가 싶더니 이내 힘이 풀려버렸다.

"마마, 송구합니다. 정말 송구합니다."

영빈 이씨는 터져 나오는 울음을 꾹꾹 삼켰다. 곡하는 궁녀와 경황이 없어 허둥거리는 궁녀가 눈에 들어왔다. 이렇게 소란스럽게 대왕대비 마마를 보내드릴 수는 없었다.

"자네는 전하께 가서 고하게. 오는 길에 왕비 마마 처소의 지밀상궁에게도 전하게. 그러면 쓸 만한 이들을 보내 줄 걸세. 그리고 자네는 궁에 들어와서 장례를 처음 겪는 아이들은 다른 곳으로 잠시 보내게. 젊은 궁녀도 장례가 끝날 때까지 다른 곳으로 보내게. 무슨 말인지 알겠지? 그리고 자네는 서둘러 빈궁 마마를 모셔오게. 전하께서 오시기 전에 빈궁 마마께서 먼저 오셔야 하네. 알겠는가?"

영빈 이씨의 빈틈없는 지시에 따라 대왕대비 처소의 상궁이 일제히 움직였다. 잠시 소란했던 대왕대비의 처소에 언제 그랬냐는 듯 기묘한 고요함이 내려앉았다.

'잠시 후, 빈궁 마마가 오고 전하께서 오시면 이 고요함은 다시 사라질 것이다. 세자 저하께서 빈궁 마마와 함께 오시면 더없이 좋으련만. 전하께서 어째서 세자는 오지 않냐고 진노하시면 뭐라 대답해야 할까. 빈궁 마마와 말을 맞춰서 전하의 노기를 진정시켜 드려야 할 텐데. 세자 저하께서도 얼마나 오고 싶으실까. 차마 전하를 뵙는 게 두려워서 오지 못했다고 말할 수 없을 테지. 무엇이 이렇게 복잡하단 말인가. 무엇 때문에 이토록 복잡해야 한단 말인가.'

방은 고요했지만 영빈 이씨의 머릿속엔 생각이 넘쳐났다. 문득 그의 눈에서 눈물이 흘렀다. 예전처럼 대왕대비 처소의 궁녀였다면 소리 내어 곡이라고 할 텐데 이제는 마음껏 눈물조차 흘릴 수 없는 자신의 처지가 너무나 답답했다. 윗전이 돌아가셨는데 마음껏 슬퍼할 수도 없고 혹시 있을지 모를 상황을 그리며 정신을 바짝 차려야 하니 너무나 힘들었다.

영조 33년1757 왕비 정성왕후 서씨에 이어 영빈 이씨의 든든한
후원자이자 사도세자를 보호해주었던 대왕대비 인원왕후 김씨가
나란히 세상을 떠났다. 넓고 넓은 대궐에서 영빈 이씨는 의지할
곳을 잃었다. 왕비와 대왕대비의 장례를 치르는 사이에 하나 남은
딸 화완옹주마저 자식과 남편을 잃고 과부가 됐다.

사도세자와 영조의 사이가 날로 위태로워지는 불안 속에서 영
빈 이씨는 왕비와 대왕대비의 장례를 살피고, 불안할 때마다 폭력
성을 드러내는 사도세자에게 시달리는 며느리 혜경궁 홍씨를 보
살피고, 손녀들을 돌보고 청상과부가 되어 궁으로 돌아온 막내딸
화완옹주까지 챙겨야 했다. 과로와 극심한 스트레스로 십신이 무
너지기 직전이었으나 영빈 이씨에게는 잠시나마 지친 몸을 기댈
친정도, 자식도, 윗전도 없었다.

내명부에서 영빈 이씨의 유일한 윗전은 이제 겨우 15세에 불과

한 왕비 정순왕후였다. 정순왕후에게는 환갑이 넘은 남편 영조를 평생 모시며 세자를 낳은 영빈 이씨도, 뒤늦게 얻은 영조의 총애를 빌미로 두 옹주를 낳은 후 오만방자하게 행동하는 소원 문씨도 불편한 존재였다. 위로는 어린 왕비를 윗전으로 모시며 영조와 사도세자의 스트레스까지 받아주고, 자식과 며느리, 손자와 손녀를 보살피며 모든 고통과 아픔을 홀로 감내해야 했던 영빈 이씨. 이쯤 되면 아무리 정승에 버금가는 정1품 빈의 지위에 올랐어도 살아도 사는 게 아니었으리라.

영조 38년1762 2월 영빈 이씨의 생애에서 마지막으로 기쁜 일이 생겼다. 세손 이산훗날 정조이 세손빈을 맞아 가례를 올렸는데 이는 그가 생전에 누린 마지막 행복이었다. 그로부터 넉 달이 지난 윤 5월 13일 영조는 사도세자에게 대처분을 내렸다. 8일이 지난 윤 5월 21일 사도세자는 세상을 떠났다. 영조 40년1764 7월 26일, 사도세자의 삼년상이 모두 끝난 다음 날 영빈 이씨는 경희궁 양덕당에서 69세로 눈을 감았다.

의열義烈과
선희宣禧

영빈 이씨가 세상을 떠나자 영조는 빈전에 친히 나아가 슬프게 곡하며 후궁 1등의 예로 장사를 지내라고 명했다. 영빈 이씨가 처음 후궁이 되고 품계가 승격됐을 때 사관과 신하들은 영조의 총애가 너무 과하다고 했다. 하지만 영빈 이씨가 세상을 떠나자 사관은 그에 대하여 엄숙하고 단정하게 표현했다.

영빈 이씨가 사도세자를 탄생하였는데, 후궁에 40여 년간 있으면서 근신하고 침묵을 지켜 불행한 때에 처하여 보호한 공로가 있었다.

《영조실록》104권 | 영조 40년 7월 26일

영조가 기억하는, 영조가 역사에 남기고자 하는 영빈 이씨는 사관보다 훨씬 장중했다. 영조 41년1765 7월 11일, 영조는 영빈 이씨에게 '의열義烈'이라는 시호를 내렸다. 조선의 후궁 중에서 이토록 장엄한 시호를 받은 이는 아무도 없었다. 전쟁에서 공을 세운 장군도 받기 어려운, 후궁에게는 어울리지 않는 시호였으나 아무도 반대하지 않았다.

영조는 몸소 영빈 이씨의 교서와 제문을 짓고 세손훗날 정조 과 그의 무덤에 동행했다. 왕위를 이을 세손이 임금의 후궁 무덤에 나아가다니 예법에 어긋나는 망극한 일이었다. 하지만 영조는 상관하지 않았다. 영빈 이씨의 의로움을 세손에게 알리고 영빈 이씨에게 최상의 애도를 하는 일이 더 중요했기 때문이다.

영조는 눈물을 흘리며 사도세자의 잘못과 비행을 고한 영빈 이씨의 결심이 종묘와 사직 그리고 세손을 살렸다고 알려줬다. 영빈 이씨가 아들 사도세자의 잘못을 고한 이유는 영조와 세손을 지키기 위해서였다는 것이다. 하지만 영빈 이씨가 실제로 영조에게 무슨 말을 했는지 우리는 알 길이 없다. 사실을 아는 사람은 영조뿐이나 그는 명확한 진실을 말하지 않았다. 영조의 주장에 따르면 그는 영빈 이씨의 결심 덕분에 사도세자를 벌하는 결단을 내릴 수 있었다. 영조의 '말'을 해석하면 세손과 종묘와 사직 모두 영빈 이씨에게 목숨을 빚진 셈이다.

영조 또한 영빈 이씨에게 명예를 빚졌다. 영빈 이씨 덕분에 영조는 아들 사도세자를 죽인 행동에 대한 정당함을 마음껏 증명할 수 있었다. 영빈 이씨는 자신이 영조를 후대의 비난으로부터 막아주는 방패막이 될 것을 알았을까. 이 또한 알 수 없다. 우리가 확인할 수 있는 부분은 사도세자의 죽음 이후 영빈 이씨는 아무 말이 없었고, 영조는 정말 많은 말을 했다는 사실이다. 영조는 영빈 이씨가 세상을 떠난 후에도 영빈 이씨의 고발이 얼마나 의로웠는지 끝없이 말했다.

영조 42년¹⁷⁶⁶ 7월 26일 영조는 영빈 이씨의 대상에 친히 묘에 거둥하면서 이번에도 세손을 데려갔다. 세손은 영빈 이씨의 무덤 의열묘 앞에서 두 번 절하고 곡했다. 훗날 왕위에 오른 정조는 영빈 이씨의 시호 '의열'이 무덤과 사당^{의열묘와 의열궁}에 같이 사용된 전례는 없다는 금성위[74] 박명원의 상소를 받아들여 영빈 이씨에

---

74 공주 혹은 옹주와 혼인한 왕의 사위는 '위尉'라는 명칭의 작위를 받는다. 박명원은 영조와 영빈 이씨의 첫딸 화평옹주의 남편이다. 왕의 사위는 관직에 나아갈 수 없으나 왕실 대소사 및 외교 등과 관련한 일을 주로 담당했다.

게 '선희宣禧'라는 시호를 내렸다. '복을 펼친다'는 뜻으로 의열보다 후궁에게 훨씬 어울리는 시호였다. 이후 영빈 이씨는 그 사당의 이름을 따서 '선희궁'으로 불렸다. 그의 사당과 위패는 인빈 김씨의 저경궁, 숙빈 최씨의 육상궁, 정빈 이씨의 연호궁과 함께 칠궁에 모셔졌다.

4부

왕은 내 손 안에
있었다

조두대

붓 끝으로 권력을 좌우한
언어 천재

세종 27년¹⁴⁴⁵ 1월, 경복궁 강녕전

천연두를 앓던 광평대군세종과 소헌왕후의 다섯째 아들이 세종 26년 ¹⁴⁴⁴ 12월 끝내 회복하지 못한 채 20세에 세상을 떠났다. 세종 27년 1월엔 평원대군마저 천연두로 목숨을 잃었다. 한 달 사이로 두 아들을 잃은 세종과 왕비 소헌왕후는 슬픔을 가눌 길이 없었다. 세종은 7년 전 13세 광평대군을 무안대군⁷⁵의 봉사손으로, 12세 금성대군세종과 소헌왕후의 여섯째 아들을 의안대군⁷⁶의 봉사손으로 삼아 제사를 받들게 했다. 아버지 태종 이방원에게 비참하게 목숨을 잃은 숙부의 넋을 위로하려던 선택이었는데 광평대군이 무안대군의 불행을 물려받은 것이 아닌가 싶

---

75 태조 이성계와 신덕왕후 강씨의 첫째 아들. '제1차 왕자의 난' 때 태종 이방원에게 목숨을 잃었다.
76 태조 이성계와 신덕왕후 강씨의 둘째 아들. 조선 최초의 세자로 '제1차 왕자의 난' 때 태종 이방원에게 목숨을 잃었다.

어 세종의 마음은 한없이 무거웠다. 게다가 광평대군의 아내 영가부부인 신씨는 남편을 잃은 충격을 견디지 못하고 출가했다. 세종은 애끊은 심정을 부여잡고 광평대군이 남긴 하나뿐인 손자 영순군을 궁으로 데려왔다.

"가까이 오라."

주상전하의 윤음을 들은 유모 홍씨가 갓난아기를 품에 안고 조심스럽게 앞으로 나아갔다. 대군의 적장자로 태어났으나 세상에 나온 지 반년 만에 아버지를 여의고, 어머니는 비구니가 됐으니 임금의 손자라 해도 갓난 아기씨는 고아나 다름없었다.

광평대군의 노비 조두대는 안타까운 눈으로 유모의 품에 안긴 아기씨를 바라보았다. 세종이 광평대군의 집을 자주 찾았기에 조두대는 주상 전하의 용안을 몇 번 뵌 적이 있었으나 경복궁은 처음이었다. 좋은 일로 부름을 받았다면 곁눈질을 해서라도 대궐 구경을 할 텐데 온통 슬픔으로 가득한 분위기라 고개를 움직일 겨를도 없었다.

"이제 이곳이 너의 집이다. 이 할아비와 할미가 아비와 어미를 대신하여 너를 돌볼 것이니 아무 걱정 말거라."

손자를 보며 눈시울이 붉어진 세종에게 소헌왕후가 말했다.

"궁에서 자라면 원손[77]도 외롭지 않을 것입니다."

세종이 고개를 끄덕였다.

"아기씨가 지낼 처소를 준비할 것이니 너희는 궁에 남아 아기씨를 보살피도록 하여라."

"그리하겠사옵니다."

유모 홍씨와 조두대는 고개를 깊이 숙였다. 아기씨에게 꼭 필요한 유모 홍씨와 달리 다른 곳으로 보내지거나 팔려갈까 싶어 초조했던 조두대는 세종과 소헌왕후의 배려에 그야말로 성은이 망극했다. 노비에 불과한 자신이 이제부터 대궐에서 먹고 자며 살게 되다니 믿어지지 않았다.

---

77 단종. 단종의 어머니 현덕왕후는 단종이 태어난 다음 날 세상을 떠났다.

노비 조씨,
궁녀 발탁되다

조두대는 광평대군의 가노家奴였다. 본디 신분이 노비였기에 태어난 년도는 전해지지 않는다. 조두대는 노비였으나 똑똑하고 총명했으며 광평대군은 그에게 아들 영순군을 돌보는 임무를 맡겼다. 영순군은 광평대군의 첫 자식이자 첫아들이었으니 몸종이던 조두대는 자못 중요한 임무를 맡은 셈이다. 광평대군은 세종과 소헌왕후의 다섯째 아들로 용모가 아름답고 아버지 세종을 닮아 학문에 출중했다. 그는 문장, 글씨, 무예에도 빼어난 천재일 뿐 아니라 성품이 관대하고 자애롭기로 정평이 나 있었다. 광평대군은 다른 노비가 부러워할 만한 좋은 주인이었다.

하지만 세종 26년1444, 영순군이 태어난 지 얼마 지나지 않아 불행이 파도처럼 밀려왔다. 늦가을 무렵 천연두를 앓기 시작한 광평대군이 해를 넘기지 못한 채 세상을 떠났고 남편을 잃은 광평대군의 부인 신씨는 머리를 깎고 출가했다. 이때 영순군은 태어난 지

겨우 6개월 밖에 되지 않은 갓난아기였다. 주인을 잃은 조두대는 유모 홍씨와 함께 갓난 영순군을 보살폈다. 전화위복이라고 했던가. 불행의 연속 끝에 복이 찾아왔다. 얼마 후 영순군을 대궐로 부른 세종의 명에 따라 조두대는 유모 홍씨와 함께 궁에서 생활하게 됐다. 정식 궁녀로 선발되진 않았지만 왕실의 특별한 상황에 따른 일종의 특채였다.

당시 세종은 세종 23년[1441] 8월 세자빈 권씨[현덕왕후]의 죽음과 세종 26년 12월 광평대군의 죽음, 세종 27년[1445] 1월 평원대군의 죽음까지 며느리와 아들을 연이어 잃고 심신이 무너져 내렸다. 경연에서 신하를 압도할 정도로 성리학에 능통했던 세종은 사랑하는 이들의 연이은 죽음으로 불교에 심취하는 한편, 은밀하게 훈민정음을 창제했다. 불교에 대한 세종의 관심과 새로운 문자 창제에 신하들은 거세게 반발했다. 조선의 지배층인 사대부는 성리학을 통치 이념으로 내세우며 불교를 억압했으나 조선의 백성은 1천년 넘게 이어져 온 불교를 여전히 의지하고 있었다. 소헌왕후를 비롯한 왕실 여인들 역시 암암리에 불공을 드리거나 기도하는 일이 많았다. 조두대 역시 불교를 의지했고 얼마 지나지 않아 천재적인 언어 자질을 드러내기 시작했다. 세종은 그의 재능을 단번에 파악했다.

언어 천재
궁녀의 탄생

조두대는 궁녀가 되면서 자신이 알지 못했던 재능을 발견했다. 그는 어렵지 않게 한문을 배웠고 이내 한자를 읽고 쓸 줄 알게 됐다. 당시 한자는 남성의 문자로 왕실이나 사대부 여인 중에서도 한자를 모르는 이가 많았다. 세종은 조선의 그 어떤 임금보다도 백성과 인재를 중시하는 군주였다. 노비 장영실을 관리로 발탁하지 않았던가. 조두대는 여인이었기에 천부적인 재능이 있다 해도 장영실과 같은 입신양명은 불가능했다.

반면 궁녀였기에 좋은 점도 있었다. 세종과 왕비의 은밀한 임무를 수행할 자격과 환경이 충분했기 때문이다. 한문을 익힌 조두대는 나아가 이두와 불경의 근간이 되는 범어梵語, 산스크리트어에도 능통하게 됐다. 이는 조두대가 궁녀로서 한문, 불경, 이두, 범어 등을 공부할 수 있는 곳에서 일했다는 증거이기도 하다.

훈민정음을 창제하고 반포한 세종이 가장 먼저 한글로 만들어 배포한 책자는 석가모니 부처님의 일대기를 담은 《석보상절》이다. 불교와 인연이 깊고 범어와 한문에 능통하며 이두의 체계를 이해했던 조두대는 창제자 세종만큼이나 훈민정음을 가장 완벽하게 파악한 인물로 훈민정음의 수정, 보완, 반포 그리고 《석보상절》의 탄생 과정에서 중요한 역할을 했으리라 추측할 수 있다. 훈민정음은 뛰어난 문자이지만 1천 년 넘게 한자에 의존해왔던 사대부는 새롭게 창제된 문자를 이해하기 어려웠다. 한자를 고집하는 사대부와 달리 조두대는 훈민정음을 자유자재로 완벽하게 읽고 쓸 수 있는 몇 안 되는 인물이었으며 문장력까지 뛰어났다.

　이러한 능력 덕분에 조두대는 입궁의 계기였던 영순군이 장성하여 대궐 밖으로 나간 후에도 궁에 남았다. 조두대를 눈여겨본 이는 더 있었다. 본디 불심이 깊었던 세종의 둘째 아들 수양대군은 《석보상절》 제작을 담당했는데 이때 조두대의 재능과 불심은 수양대군에게 깊은 인상을 남겼다. 훗날 수양대군이 제7대 임금 세조로 즉위하면서 조두대의 삶은 '권력의 측근'이라는 새로운 국면을 맞이했다.

계유정난의 혼란이 조두대에겐 기회로

30년 넘게 재위하며 성군의 기준을 만들었던 세종이 1450년에 승하하고 문종이 즉위했다. 문종은 조선 건국 이후 처음으로 임금의 적장자로서 세자를 거쳐 왕위에 올라 정통성에 조금의 결함도 없었다. 태조 이성계에서 제4대 임금 세종에 이르기까지 조선의 임금은 적장자가 왕위를 계승하지 않고 '양위'로 즉위해왔다. 제5대 임금 문종은 선왕 세종이 승하한 후 세자가 왕위를 계승해 임금으로 즉위한 첫 번째 왕이었다.

　문종이 즉위한 후 문종의 세자 시절에 국가 정책을 함께 연구하고 토론했던 집현전 출신의 성삼문, 박팽년, 신숙주 등이 조정으로 나왔고 세종 시절 국경을 수호했던 북방의 호랑이 김종서도 중앙 정계로 돌아왔다. 문종의 시대는 학문이 출중하고 노련한 경륜을 가진 젊은 관리가 조정을 이끄는 생동감 넘치는 시대였다. 하지만 그의 재위는 너무도 짧았다. 건강이 좋지 못했던 문종은 왕위에 오른 지 2년 2개월 만에 승하했고 문종의 외아들이자 세손을 거쳐 세자의 자리에 있던 단종이 왕위에 올랐다.

단종은 왕위에 올랐을 때 12세에 불과했으나 곧바로 친정을 해야 했다. 살아 있었다면 대왕대비의 자리에 올랐을 소헌왕후는 세종보다 먼저 세상을 떠났고, 대비 자리에 올랐을 어머니 현덕왕후는 단종이 태어난 다음 날 세상을 떠났다. 세자빈 현덕왕후가 세상을 떠난 후 문종은 새로운 세자빈을 뽑지 않았고 왕위에 오른 후에도 왕비를 맞지 않았다. 문종이 승하한 후 문종의 후궁은 출궁했고 내명부[78]에는 궁녀만 있을 뿐 수렴청정을 할 수 있는 인물은 없었다.

단종은 문종의 외아들이었으나 세종에게는 아들이 18명 있었다. 즉, 왕위에 오른 단종의 곁에는 건장한 숙부가 15명이나 있었다는 뜻이다. 이들 중 일부는 단종을 보호하고 보좌했으며 일부는 왕위와 권력에 대한 야망을 숨기지 않았다. 후자의 대표적인 인물이 바로 세종의 둘째 아들 수양대군이다. 단종 즉위 이듬해인

---

[78] 조선시대 궁중에서 봉직한 빈嬪·귀인貴人·소의昭儀·숙의淑儀 등을 통틀어 일컫는 여관의 명칭.

1453년 계유년, 수양대군은 결국 정난을 일으켜 정권을 장악했다. 이것이 '계유정난'이다. 좌의정 김종서를 직접 척살한 수양대군은 친동생이자 단종을 보호하던 안평대군마저 제거했다. 수양대군은 단종 3년¹⁴⁵⁵에 마침내 단종의 양위를 받아 왕위에 올랐다. 제7대 임금 세조의 즉위로 세종-문종-단종으로 이어졌던 적장자 계승의 원칙은 완전히 어긋났다.

문종의 승하와 단종의 즉위, 계유정난과 세조의 즉위 등 권력이 급속하게 이동하면서 많은 사람이 숙청됐고 많은 가문이 몰락했으며, 누군가는 벼락 출세를 했다. 권력 이동을 통해 더 큰 부귀를 보장받은 이도 있었다. 세종과 문종의 신임을 받으며 권력을 누렸던 일부 신하는 세조의 편에 서서 더 큰 권력과 부귀를 거머쥐었다.

종친과 후궁의 삶도 완전히 바뀌었다. 단종을 보살피기 위해 궁으로 돌아왔던 세종의 후궁 혜빈 양씨와 그의 세 아들은 세조에게 죽음을 맞았고, 화의군^{세종과 영빈 강씨의 아들}과 금성대군은 단종의 복위를 꾀하다가 각각 유배되고 처형됐다. 궁의 주인이 달라지자 궁녀의 삶도 크게 변했다. 수양대군 시절부터 세조와 인연이 있던 조두대는 세조의 왕비 정희왕후의 눈에 들면서 출세의 길이 열리기 시작했다.

세조의 불경 간행에 동참하고,
궁체를 창시하다

세조는 왕위를 위해 친동생 안평대군과 금성대군 그리고 조카 단종을 죽였다. 권력을 손에 넣기 위해 피도 눈물도 없는 선택을 했던 세조는 독실한 불자였다. 즉위 후 강력한 왕권을 발휘한 세조가 불심을 드러내면서 '숭유억불'의 통치 이념은 퇴색됐고 불경 간행 작업이 본격적으로 이루어졌다. 이 무렵 조두대는 불경에 대한 깊은 이해와 천재적인 언어 능력으로 세조의 허락을 받아 불경 간행에 적극적으로 동참했다.

조두대는 노비 시절에 제대로 교육을 받거나 학문을 익힐 기회가 없었으나 궁녀가 된 후 임금의 배려로 마음껏 공부하며 누구보다 빠르게 재능과 실력을 키워나갔다. 세종이 훈민정음 창제와 수정 및 보완, 반포에 심혈을 기울였던 시기에 궁녀가 된 것도 유효했다. 조두대의 천재성은 훈민정음의 등장으로 더욱 빛을 발했는데 정인지는 훈민정음 해례본[79]의 서문에서 이렇게 말했다.

(중략) 계해년 겨울에 우리 전하께서 정음正音 28자字를 처음으로 만들어 예의例義를 간략하게 들어 보이고 명칭을《훈민정음訓

---

[79] 세종 28년1446에 훈민정음 28자를 세상에 반포할 때 찍어낸 판각 원본. 세종이 훈민정음의 창체 이유를 직접 밝힌 어제 서문과 자음자와 모음자의 음가와 운용 방법을 설명한 예의例義, 훈민정음을 해설한 해례, 정인지 서序로 되어 있다. 대한민국 국보로 1997년에 유네스코 세계 기록 유산으로 지정됐다.

民正音》이라 하였다. 물건의 형상을 본떠서 글자는 고전古篆을 모방하고, 소리에 인하여 음音은 칠조일곱 음계에 합하여 삼극三極, 천지인天地人을 뜻함의 뜻과 이기二氣, 음양陰陽의 정묘함이 구비 포괄되지 않은 것이 없어서, 28자로써 전환하여 다함이 없이 간략하면서도 요령이 있고 자세하면서도 통달하게 되었다. 그런 까닭으로 지혜로운 사람은 아침나절이 되기 전에 이를 이해하고, 어리석은 사람도 열흘 만에 배울 수 있게 된다. (하략)

《세종실록》113권 | 세종 28년 9월 29일

정인지의 말처럼 아침나절이 되기 전에 훈민정음의 자음과 모음 28자를 통달하여 이해한 사람은 아마 조두대가 아니었을까. 실제로 조두대는 궁녀의 서체, 궁체의 창시자다. 한자에 이어 이두[80]와 범어를 능숙하게 익히고 훈민정음의 체계와 구조 그리고 읽기와 쓰기를 완벽하게 파악한 조두대는 세조가 주도한 불경 번역 작업의 핵심 인물 중 한 명으로 자리매김했다.

세조는 훈민정음 창제에도 그림자로 활약했으며 즉위 후 간경도감을 설치하고 대대적으로 한문으로 된 불경을 훈민정음으로 번역하고 발행했다. 세조의 왕사王師였던 승려 신미대사가 간경도감의 총책임을 맡았다. 세조는 세조 5년1459에 부처님의 일대기를 담은《석보상절》과 부처님의 공덕을 찬양하는《월인천강지곡》

---

[80] 한자의 음과 훈을 빌려 우리말을 기록하던 표기법.

을 합친《월인석보》를 간행했다.《석보상절》과《월인천강지곡》은 수양대군 시절, 세조가 세종의 명을 받고 제작한 한글 불서였으니 왕위에 오른 후 간행한《월인석보》는 그 의미가 남달랐다. 간경도 감에서 최초로 한글 번역된 불경은 세조의 친필로 간행된《능엄경》[81]이다. 세조는 능엄경 발문에서 번역 과정을 상세히 밝히며 동참했던 사람의 이름을 모두 언급했는데 그중엔 조두대의 이름 도 있었다.

> 상세조이 한문에 토를 달고 혜각존자 신미대사가 토를 단 문장을 확인하면, 수빈 한씨세조의 맏며느리, 훗날 인수대비가 소리내어 읽으 며 교정하고 한계희, 김수온이 그것을 들으며 번역하여 적는다. 박건, 윤필상, 노사신, 정효상 등이 번역된 문장을 서로 고찰해 보고 영순군광평대군의 아들이 예例를 정하며, 조변안과 조지가 한 자에 동국정운에 따른 운을 적고 신미와 사지, 학열, 학조 스님 이 잘못된 번역을 고치면 최종적으로 세조가 보고 난 후 조두대 가 문장을 소리 내어 읽었다.
>
> 《능엄경언해》권10 어제발문 중

　세조가 주도한 역경 사업불교 경전 번역에는 스님과 여인도 동참 했다. 수빈 한씨는 불심이 깊고 한문에 능통한 세조의 며느리였

81　보물 제1520호《대불정여래밀인수증요의제보살만행수능엄경》. 훈민정음 창제 무렵 한글 의 특징을 담고 있어 조선 초기 활자 연구에 귀중한 판본이다.

고, 집현전 학사 출신의 김수온은 신미대사의 동생으로 당대의 석학이자 불교와 불경에도 통달한 인재였다. 세조와 그의 며느리 수빈 한씨 그리고 당대의 고승 및 석학이 나란히 능엄경을 번역하면 조두대가 마지막에 한글로 번역한 불경을 소리 내어 읽는 역할을 맡았다. 조선시대 궁궐에서 임금과 신하, 승려와 궁녀 그리고 세자빈이 한 자리에 모여 앉아 불경을 소리 내어 읽으며 한글로 옮기는 작업을 함께했다니 상상만 해도 놀라운 광경이다.

세조는 그가 재위했던 14년 동안 많은 이들을 처형했고 사랑하는 아들 의경세자를 잃었다. 재위 말년 건강이 악화된 세조는 치료를 위해 기도와 불공을 올리고자 종종 궁을 비우고 사찰을 찾았다. 세조 12년1466 세조는 악화된 피부병을 치료하기 위해 강원도 오대산 상원사에 행차했다. 의숙공주세조와 정희왕후의 딸 부부는 세조의 건강과 복을 기원하며 문수동자불상을 제작해 상원사에 시주했는데 이후 세조의 건강이 일시적으로 좋아졌다.

상원사에서 세조를 수행하면서 이 과정을 지켜본 조두대는 덩달아 불심이 깊어졌고 전 재산을 불사에 바치기에 이른다. 조두대는 자신의 출세와 부모의 극락왕생, 세조의 만수무강을 기원하며 상원사 부근의 영감암을 중창낡은 건물을 고치거나 다시 세움했다. 미래의 성공을 위해 궁녀로 지내며 모아왔던 재산을 기꺼이 바친 셈이다. 일찍이 고려 말의 고승 나옹선사가 수행정진했으나 조선 건국 이후 쇠락해버린 영감암 중창은 무려 2년 반에 걸쳐 진행됐다. 일개 궁녀가 암자를 중창할 정도의 재산을 갖췄다는 사실도 놀랍지만 그 재산을 자신의 복을 위해 기꺼이 불사에 바쳤다는 점에서 더욱 놀랍다. 영감암 중창 불사 후 조두대는 그의 바람대로 진정한 성공을 누리기 시작했다.

왕실의 신임을 받고 조정에 보이지 않게 관여할 수 있던 조두대에게 약점이 있다면 '노비'라는 신분이었다. 하지만 세조는 승하하기 전 조두대가 양인이 될 수 있게 허락했고 이로써 조두대는 궁녀 중에서도 가장 높은 신분과 지위를 갖추게 됐다.

> 시녀 두대가 공사를 출납하는 데 공이 있으니, 명하여 길이 양인 良人이 되게 하였다.
>
> 《세조실록》44권 | 세조 13년 10월 23일

정희대비[82]의 권력은 조두대의 붓 끝에서

1468년 9월 7일 세자 예종에게 왕위를 물려준 세조는 바로 다음 날인 9월 8일 52세로 승하했다. 세조의 승하 하루 전, 양위를 통해 예종이 즉위했기에 왕위는 공백 없이 이어졌다. 하지만 왕위에 오른 예종은 아직 성년이 되지 않은 19세였다. 이에 세조의 왕비이

---

82 '정희貞熹'는 왕비의 시호이고 대비의 존호는 '자성慈聖'이다. 자성대비가 맞는 표현이나 왕비의 시호에 대비를 붙인 '정희대비'라는 표현이 대중적이기 때문에 '정희대비'로 표기했다.

자 예종의 어머니 정희왕후가 조선 최초의 대비가 되어 수렴청정을 시작했다. 정희대비는 조선 최초의 대비이자 조선 최초로 수렴청정한 대비였다.

정희대비는 대신과 예종의 뜻에 따라 수렴청정을 수락했으나 한 가지 큰 문제가 있었다. 정희대비는 문자^{한문}를 읽고 쓰지 못했는데 정무에 필요한 문서가 모두 한문이었다. 구두로 정무를 처리한다 해도 문서는 끝 없이 많았다. 예종은 정희대비의 결제가 필요한 정무가 있으면 승전색[83]을 통해 한글로 번역된 문서를 전했다. 그러면 문서를 확인한 정희대비가 전언[84]을 통해 한글로 작성한 교지를 승정원에 전했고, 승정원에서는 이를 바탕으로 다시 한문 교지를 작성했다. 이 과정에서 한자와 한글에 모두 능한 조두대가 정희대비의 입과 손이 됐다.

조두대는 세조 시절 이미 공사를 출납하는 전언의 업무를 수행하며 쌓은 실력으로 정희대비의 수렴청정을 통해 정5품 상궁으로 승진했다. 조두대는 정희대비에게 오는 문서와 결제할 서류를 읽어주고, 정희대비가 내리는 교지나 명령문 작성을 전담하는 서사 상궁의 업무를 맡았다. 정희대비는 조두대의 총명함이 마음에 쏙 들었고 그의 문장에도 만족했다. 조두대는 대궐에서 논의하는 모든 정무를 가장 빨리 알았고 정무가 어떻게 결정됐는지 가장 먼저

---

83 조선시대 내시부에 소속된 관직으로 왕명을 전하는 임무를 맡은 환관을 부르는 말.
84 승전색 역할을 하는 종7품 궁녀로 왕의 명령을 백성에게 널리 알리고 왕에게 아뢰는 역할을 하며 상궁의 지시를 받았다.

아는 인물이었다. 정보가 권력이라면 조두대는 권력의 중심에 있었고 붓끝으로 권력을 좌우할 수도 있었다.

1469년 11월 28일 예종이 20세로 승하하면서 성종이 임금으로 즉위했다. 성종은 예종이 승하한 당일에 왕으로 즉위했는데《조선왕조실록》에 따르면 이미 옷을 갖춰 입고 대기 중이었다. 조두대는 예종 곁에서 임종을 지키던 정희대비와 차기 임금에 대한 정희대비의 결정을 듣기 위해 방 밖을 지키는 신하 사이를 오가며 정희대비의 뜻에 따라 성종이 순조롭게 즉위할 수 있도록 도왔다. 정희대비는 아직 13세였던 성종을 대신해 수렴청정을 이어 갔다. 조두대의 영향력이 얼마나 막강한지 이미 알고 있는 신하들은 앞다투어 그에게 은밀하게 줄을 댔다. 조두대는 그렇게 또다시 문고리 권력이자 비선실세로 우뚝 섰다.

인수대비와 조두대의 인연

의경세자의 차남이었던 성종은 숙부 예종의 아들로 입적되어 왕위를 계승했다. 왕위를 계승할 명분이 가장 낮았던 성종이 임금이 될 수 있던 이유는 당대의 권력자 한명회의 사위였기 때문이다. 성종은 즉위 후 친아버지 의경세자를 '덕종'으로 추숭했는데 이는 세자빈의 지위에 머물던 친어머니 수빈 한씨를 왕비로 승격하기 위해서였다. 왕비 소혜왕후로 승격된 한씨는 궁으로 돌아왔고 마침내 대비의 자리에 올랐으니 그가 바로 인수대비다.

　성종의 재위 시절, 왕실에는 세조의 왕비 정희대비와 덕종의경세자의 왕비 인수대비 그리고 예종의 왕비 인혜대비까지 대비가 무려 세 명이나 있었다. 의경세자와 예종은 모두 20세를 넘기지 못하고 세상을 떠났으니 인수대비와 인혜대비 역시 20세 전후로 남편을 잃었다는 공통점이 있었다. 대비의 친인척은 조정의 요직을 두루 차지했고 성종의 장인인 한명회는 외척의 지위와 권세를 마음껏 누렸다. 성종은 즉위하고 성년이 될 때까지 7년 동안 왕권을 발휘하거나 조정을 이끄는 대신 학문을 최우선으로 익혔다. 오랫동안 궁녀 생활을 했던 조두대는 정희대비의 수렴청정이 영원할 수 없다는 것을 알고 있었다. 조두대는 이를 대비해 인수대비와 인연을 다져나갔다. 인수대비와 조두대는 세조 시절부터 불경을 간행하는 일 등을 함께해왔기에 서로의 욕망과 능력도 잘 알고 있었다.

　성종 4년1473, 대비의 주도로 간택 후궁 네 명이 뽑혔다. 왕비 공혜왕후는 줄곧 건강이 좋지 않아 자식을 두기 어려웠기에 서둘러 간택 후궁을 입궁시켰다. 이듬해 공혜왕후는 세상을 떠났는데 그의 장례가 끝난 후 인수대비는 성종의 후궁을 다스리기 위해 옛 고서를 참고·인용하여 《내훈內訓》85을 직접 썼다. 인수대비는 한문과 한글에 모두 능했는데 대궐에 그만큼 한문과 한글을 잘 아는 사람은 조두대 밖에 없었다. 《내훈》을 완성한 인수대비는 조두대

85　성종의 어머니 인수대비가 성종 6년1475 부녀자의 교육을 위해 편찬한 책으로 최초의 한글 여성 교훈서이다. 한문 원전에 한글로 토를 단 후에 한글 번역문을 실었다.

에게 발문[86]을 부탁했다. 대비가 일개 궁녀에게 직접 저술한 책의 발문을 써달라고 부탁하다니 실로 대단한 일이었다.

> 공경스럽게도 제가 인수대비昭惠王后 전하를 뫼시고, 세조대왕께서 왕위에 오르기 전의 잠저에서부터 양쪽 궁궐 일을 받들어 왔다. (중략) 대비께서는 타고난 성품이 엄정하시어 왕손들 양육에도 엄격하시었다. 조그마한 허물도 덮어두시려 하시지 않으셨고 늘 정색으로 신칙하셨기에 세조 내외분은 그에게 폭빈暴嬪이라는 애정 어린 별명까지 지으셨다.
>
> 　대비께서는 부녀자들의 무지함을 염려하시어 열녀전烈女傳, 여교女敎, 명감明鑑, 소학小學 등의 책에 여자들이 꼭 알아야 할 것들이 흩어져 있음을 안타깝게 생각하시고 슬기롭게 이것을 한 책으로 묶어 펴내셨으니 이것이 바로 내훈內訓이라는 책이다. 비록 어둔하고 어리석은 사람일지라도 쉽게 배우고 익힐 수 있도록 우리말로 옮겨 놓으시기도 하셨다.
>
> 《성화 을미 맹동 십유오일 상의 조씨 경발》

　이때 조두대는 정5품 상의尙儀였는데 지밀상궁이 아닌 정희대비의 교지와 문서 출납을 전담하고 있었기에 상궁이 아닌 상의의 지위를 받았다. 상의와 상궁의 업무는 다르나 품계는 같다. 정희대

86　책 끝에 본문 내용이나 간행 경위·날짜·저자 기타 관계 사항을 간략하게 적은 글.

비뿐 아니라 인수대비와도 각별한 인연을 이어간 조두대는 성종 14년1483 정희대비가 승하한 후에는 인수대비 처소에서 상궁으로 지내며 계속해서 권력을 누렸다.

조두대가 권력을
유지할 수 있던 이유

성종은 재위 7년째 되던 해 친정을 시작했는데 이는 정희대비가 먼저 수렴청정을 중단한다고 선언한 덕분이었다. 하지만 과정은 그리 순탄하지 않았다. 시작은 성종 6년1475 승정원에 붙은 익명서 였다. 내용인즉 수렴청정 중인 정희대비를 비롯한 정희대비 가문 의 외척에 대한 비난이었다. 실제로 정희대비 가문의 외척은 세조 에서 성종에 이르기까지 많은 권력과 특혜를 누리고 있었다. 익명 서는 관례에 따라 곧 불태워졌으나 이내 내용이 알려졌다.

> 승정원에서 아뢰기를, "익명서가 승정원의 문에 붙어 있었는데 찢어져서 전문을 알 수가 없었습니다. 그 가운데 '강자평이 진주 목사가 된 것은 대왕대비의 특명이다.' 하는 내용이 있었고, 또 윤사흔정희대비의 남동생·윤계겸윤사흔의 아들·민영견·어유소·이철견 정희대비의 이종조카·이계전의 성명 밑에 적賊자가 있었고, 많은 욕 이 쓰여 있었습니다. 익명서는 비록 국사에 관계되는 일이라 하 여도 부자 사이에도 말할 것이 못되기 때문에 곧 불태워버렸습

니다. 그러나 신 등이 본 것을 아뢰지 않을 수는 없었습니다." 하
니 임금이 전교하기를, "보아서 쓸데없는 것은 태우는 것이 마
땅하다." 하였다.

《성종실록》61권 | 성종 6년 11월 18일

성종은 익명서를 처리하기 부담스러웠지만 익명서를 쓴 자를
처벌해야 또 다른 익명서가 붙는 일을 막을 수 있었다. 성종은 익
명서에 대해 제보하는 자에게 상을 내리겠다고 선포했다. 과연 제보
자가 등장했는데 제보 내용은 성종과 정희대비를 더욱 곤란하게 만
들었다.

친군위 권즙이 승정원에 이르러 이르기를, "신의 인척인 박윤형
이 신의 집에 이르러 신에게 말하기를, '최개지가 다른 사람과
노비 소송을 하였는데, 그 사람이 이연손의 아내 윤씨정희대비 언
니를 의지하여 대왕대비께 아뢰고, 또 윤사흔·이철견이 가만히
도왔으며, 계집종으로 하여금 판결사 김극유에게 요청하게 하
였기 때문에 최개지가 이기지 못하였다.'라고 하였습니다." (중
략) 박윤형과 최개지를 잡아오도록 하였다. 박윤형이 공술하여
이르기를, "(중략) 최개지의 말이, '최여문이 노비를 이연손의
아내 윤씨에게 주고, 강구생도 또한 노비와 양전良田을 노 이상
노사신에게 주었으므로, 내가 이기지 못하게 된 것이다' 하였으며
(중략)"

《성종실록》62권 | 성종 6년 12월 10일

제보의 골자는 최개지가 최여문과 노비 소송을 했는데 최여문이 유리한 판결을 받기 위해 정희대비의 언니를 통해 정희대비에게 자신의 사정을 호소했다는 내용이었다. 이때 정희대비의 남동생과 조카가 최여문을 도왔고 최여문은 뇌물로 정희대비의 언니에게 노비를 선물했다. 즉, 익명서를 붙인 범인은 억울하게 소송에서 패소해 앙심을 품은 최개지일 수도 있다는 제보였다. 외척의 권력 남용과 뇌물 수수 등 비리가 고스란히 밝혀졌으니 정희대비의 체면은 말이 아니었다. 신하들은 관련 내용을 명백히 밝혀야 한다고 주장했고 윤사흔과 이철견 등은 결백을 주장했다. 성종은 할머니 정희대비의 친인척을 처벌할 수 없었기 때문에 난처했다.

> (중략) 좌부승지 현석규가 아뢰기를, "이제 권즙을 국문하니, 그 말이 그 전에 공술한 바와 대략 같았습니다. 다만 이철견이 말馬을 강구생에게서 받고, 판결사에게 청했으며, 또 조전언曹典言=조두대과 더불어 수양을 삼았기 때문에, (중략) 조전언이 대비에게 아뢰지 아니하고 (중략) 또 말하기를 '익명서는 사람들이 모두 최개지를 가리키기 때문에 최개지의 소위라고 의심했다.'고 합니다. 신 등이 그 말의 내력을 물었더니 곧 최여문의 입에서 나왔다고 했는데, 최여문은 바로 최개지와 노비 소송을 하는 자인 것입니다. (하략)"

《성종실록》62권 | 성종 6년 12월 13일

익명서에 대한 조사는 계속되어 마침내 정희대비에게 대궐 안팎의 소식을 전하는 서사상궁 조두대의 이름까지 오르내리기 시작했다. 곧 조두대는 정희대비의 조카 이철견의 수양딸이자 그와 사귀는 사이라는 말이 나왔다. 임금의 승은 외에 평생을 수절해야하는 궁녀가 외척의 수양딸이 되고 양아버지와 사귄다니 실로 엄청난 일이었다. 성종은 서둘러 사건을 덮고자 했고 익명서를 이미불태워 사실 여부를 추궁하기 애매하다고 거듭 둘러댔다. 하지만성종의 말은 설득력이 없었다. 결국 정희대비가 직접 나서서 모든일은 자신이 여인의 몸으로 정사를 행했기 때문이라고 자책하고변명했다.

(중략) 대왕대비가 전교하기를, "전대에 조정의 정사를 다스린이는 모두 현후현명한 왕후였지만 나는 그렇지 못하여 이런 일이있는 데에 이르렀다. 최개지가 이르기를, '조전언이 이철견의 수양이기 때문에 송사를 아뢰지 아니하고 판하하였다.'고 하였으나 가령 수양이라 하여 어찌 아뢰지 않을 이치가 있겠는가? 또말하기를 '조전언이 이철견에게 곡식 1백 석을 주었다.'고 했는데, 이는 지난번에 내가 이철견의 어미가 많은 자녀를 거느리고가난하게 살기 때문에 특별히 곡식 1백 석을 준 것이고, 조전언이 한 바는 아니다. 그 말의 출처를 승지가 비록 묻지 말라고 청하였으나, 내가 이를 묻고자 한다." 하였다. (하략)

《성종실록》62권 | 성종 6년 12월 13일

이로부터 한 달 후, 정희대비는 수렴청정을 거두겠다며 조두대와 일가친척의 처벌을 막고 모든 사건을 덮어버렸다. 성종과 대신들이 수렴청정을 거두지 말라고 거듭 청하였으나 정희대비는 단호했다. 성종이 이미 20세였기에 정희대비 역시 수렴청정을 거둘 시기를 고민했겠지만 이처럼 불명예스럽게 변명하듯 끝날 줄은 알지 못했으리라.

수렴청정을 거두겠다는 정희대비의 마지막 교지를 작성한 사람 역시 조두대였다. 자신을 보호하기 위해 권력을 내려놓겠다는 정희대비의 말을 문서로 작성하면서 조두대는 어떤 생각을 했을까. 정희대비가 조두대를 보호한 이유는 단순히 그를 아끼고 의지했기 때문만은 아니었다. 정희대비뿐 아니라 정희대비의 일가 친척의 비리와 조두대가 한 몸처럼 연결되어 있었기 때문이다. 조두대가 권력을 누릴 수 있던 이유이자 면책의 이유였다.

대왕대비가 상전[87] 안중경을 시켜 언문 편지 1장을 가지고 원상에게 전하게 했는데, 그 언문의 뜻은 이러하였다. "(중략) 나는 한 가지 일도 척리외척로 인하여 한 것은 없었는데도, 지금 익명서에 말한 것은 오로지 내 몸을 지칭하였으니, 최개지의 말을 듣고는 마음이 실로 편안하지 못하다. (중략) 부모가 일찍이 별세하셨으므로 내가 끊임없이 형제를 보고 싶어 하였었다. 그러나

---

87 내시부의 정4품 벼슬로 왕명王命을 전달하는 일을 담당했다.

서로 만나보는 즈음에는 옛날 친정집에 있을 때의 희롱한 일을 이야기한 데 불과할 뿐이니, 비록 사사로 청하는 일이 있더라도 내가 어찌 감히 주상에게 알릴 수가 있겠는가?

(중략) 이 일은 바로 이른바 까마귀 날자 배 떨어지는 격으로 우연한 일치로 남의 혐의를 받게 되는 것이다. (중략) 내가 여러가지로 생각해 보아도 나의 처사는 반드시 그릇된 까닭으로 일마다 나를 지척_{윗어른의 언행을 지적하여} 탓함하더라도 드러내어 변백_{변명}할 수가 없다. (중략) 내가 정치에 참여하는 것은 더욱 싫어하는 바이다. 이에 사사_{사임,} 은퇴하는 사정을 감추어 경 등에게 알린다." (하략)

《성종실록》63권 | 성종 7년 1월 13일

생전의 무한한 영광,
무덤에서 맞은 형벌

성종 7년¹⁴⁷⁶, 성종의 친정이 시작됐다. 성종은 간택 후궁이던 숙의 윤씨를 계비로 삼았다. 성종 4년¹⁴⁷³에 입궁한 간택 후궁 네 명 중 성종의 사랑을 가장 많이 받은 숙의 윤씨는 왕비가 된 지 두 달 만에 원자를 낳았다. 조선이 건국된 이후 경복궁에서 왕과 왕비의 장남으로 태어난 첫 원자였으니 그가 바로 훗날의 연산군이다.

연산군이 태어난 후 왕비 윤씨는 다른 후궁이 성종의 승은을 받는 것을 극도로 경계했고 그 과정에서 질투의 화신이 되어 많은 잘못을 저질러 대비의 노여움을 샀다. 특히 성종의 친어머니 인수대비는 왕비 윤씨의 말과 행동이 불안하고 못마땅했다. 결국 왕비의 자리에 오른 지 3년 만에 윤씨는 폐출당했고 성종 10년[1479]에 사약을 받고 세상을 떠났다. 성종은 이 사건을 불문에 부쳤고 특히 세자 연산군이 알지 못하게 했다. 대궐은 다시 평온을 되찾았다. 새롭게 왕비의 자리에 오른 중전 윤씨[정현왕후]를 비롯하여 성종의 후궁들은 투기하거나 총애를 다투지 않고 대비들에게 효를 다했다. 성종의 왕비 정현왕후가 있어도 인수대비와 정희대비가 내명부의 실세였기에 조두대 역시 조정의 일에 관여하지 않았을 뿐 궁녀로서 막강한 영향력을 발휘했다.

성종 13년[1482]에 정희대비가 세상을 떠난 후 성종은 왕명을 내려 조두대가 양인이 될 수 있게 허락했다. 또 어머니 인수대비를 살뜰하게 모시는 조두대를 위해 그의 친인척에게 아낌없이 성은을 베풀었다. 노비의 신분을 벗어나기가 낙타가 바늘 구멍을 통과하는 것보다 어려웠던 조선시대, 조두대는 세종 27년[1445] 광평대군의 노비 신분으로 궁녀가 된 지 거의 40년 만에 자신의 힘으로 양인의 신분을 쟁취했고 그 영광은 친인척까지 이르렀다.

> (중략) "사비 두대는 세조조 때부터 지금에 이르기까지 내정에서 시중하여, 부지런하고 삼가서 공功이 있으니, 영구히 양인良人이 되는 것을 허락한다." (하략)
>
> 《성종실록》145권 | 성종 13년 윤8월 11일

"상궁 조씨에게 공功이 있으니, 그의 사촌 형 조철주를 겸사복으로 삼도록 하라."

《성종실록》217권 | 성종 19년 6월 17일

(중략) 인수 왕대비전의 시녀인 상궁 조씨의 동생을 다 영구히 양인良人이 되도록 허가하라고 명하였다.

《성종실록》220권 | 성종 19년 9월 18일

1494년 12월 성종이 38세에 승하하자 세자 연산군이 19세로 왕위에 올랐다. 연산군은 즉위 초에 아버지 성종과 할머니 인수대비가 아끼는 늙은 상궁 조두대에게 상을 내리고자 했다. 하지만 조두대는 이미 양인이었고 조두대의 사촌은 이미 관직을 받았기에 조카 딸 취양비와 조두대의 조카이자 양자인 조복중에게 양인의 신분을 내렸다.

"상궁 조씨가 공이 있으니 상을 주어야 하겠다. 그 조카딸 취양비와 조카 조복중은 영구히 양민良民이 될 것을 허락한다." (하략)

《연산군일기》5권 | 연산 1년 5월 11일

하지만 여러 대에 걸쳐 조두대에게 베풀어진 성은이 너무 과하다는 이유로 신하들의 격렬한 반대에 부딪혔다. 결국 취양비만 양인이 됐고 조복중은 양인이 되지 못했으나 그것만으로도 차고 넘치도록 과분한 은덕이었다.

조두대가 정확히 언제 세상을 떠났는지는 전해지지 않는다. 연산군 재위 초반에 인수대비를 마지막 주인으로 모셨던 조두대는 연산군 10년[1504] 갑자사화가 일어나기 훨씬 전에 세상을 떠났다. 노비 출신 궁녀로서 모든 영광을 누렸고 좋은 시대와 좋은 주인을 만나 타고난 천부적인 재능을 마음껏 발휘하며 출세하고 천수를 누린 행복한 삶이었다.

하지만 이 행복은 몇 년 후 갑자사화로 산산조각난다. 지위 고하와 생사 여부를 따지지 않고 어머니 폐비 윤씨의 폐위와 죽음에 관련된 이들을 모조리 숙청한 연산군은 이미 죽은 한명회를 관에서 꺼내어 목을 자르고 뼛가루를 바람에 날려버리라는 명을 내렸다. 성리학 국가인 조선에서 시신 훼손은 최악의 형벌이었다. 한명회만큼이나 큰 권력을 오랫동안 누렸던 조두대도 같은 형벌을 받았다.

> "회릉^{폐비 윤씨}께서 폐위당할 때 귀인 권씨와 봉보부인 백씨[88], 전언 두대 등이 모두 모의에 참여하였으니, 백씨와 두대는 모두 관을 쪼개어 능지凌遲하며, (중략) 부수찬 이희보와 내관 한 사람을 금천 백씨의 묘소로 보내고, 교리 심정과 내관 한 사람을 양주

---

[88] 문종의 세자빈이었던 현덕왕후 권씨의 몸종으로 경혜공주와 단종 그리고 성종의 유모였던 백어리니.

두대의 묘소로 보내되, 모두 급전을 타고 가서, 백씨와 두대의 부관참시 상황을 감시하게 하였다.

《연산군일기》52권 | 연산 10년 4월 23일

"(중략) 두대豆大는 궁액에 오래 있어 여러 조정을 섬기매 은총에 의지하여 그 음사陰邪를 마음껏 하여 곤극坤極을 위태롭게 하고자 꾀하여 엄·정에게 붙어서 참소와 모함이 날로 심하여 큰 변을 가져왔으니, 그 죄악을 헤아리면 위로 종사宗社에 관계됨이라. 이에 명하여 부관하여 능지하고, 그 양자養子와 동기를 결장하고 그 재산을 적몰하고 그 집을 저택하고 돌을 세워 죄악을 적게 하여 후세의 불궤를 꾀하여 무리지어 악행하는 자를 경계하노라."

《연산군일기》54권 | 연산 10년 6월 28일

"두대·송흠·한치형·이파·윤채·정진·정옥경은 뼈를 부수어 바람에 날리라."

《연산군일기》57권 | 연산 11년 1월 2일

"어리니·홍식·강형·엄산수·정인석·정진·정옥경·윤채·조지서·이파·두대·송흠·한치형·이극균·이세좌·이총·윤필상·김순손·이덕숭의 뼈를 부순 가루를 강 건너에 날리라."

《연산군일기》57권 | 연산 11년 1월 26일

세조를 따라 부처님께 지극한 불공을 올리고 불사를 하며 부귀영화와 출세를 바랐던 조두대. 그의 소원은 이루어졌다. 하지만 생전의 영광만을 기도했기 때문일까. 시신이 관에서 꺼내져 목이 잘리고 뼈가 가루가 되도록 부서져 바람에 날렸으니 극락왕생은 이루지 못했다. 성종이 성종 13년1482에 조두대에게 양인 신분을 허락했을 때 사신은 이렇게 기록을 남겼다.

> (중략) "두대는 성이 조가이고 광평대군의 가비家婢인데, 성품이 총명하고 슬기로우며, 문자를 해득뜻을 깨우쳐 앎하였고, 누조에 내정에서 시중하여, 궁중의 고사를 많이 알고 있었으며, 정희왕후가 수렴청정할 때에는 기무를 출납하여 기세가 대단하였으므로, 그 아우가 대관과 더불어 길을 다투는 데까지 이르러서 큰 옥사를 이루었으니, 그가 조정을 유린하는 것이 이와 같았다. 문을 열어 놓고 뇌물을 받아 들이니, 부끄러움이 없는 무리들이 뒤질세라 분주하게 다녔다. (하략)"
>
> 《성종실록》145권 | 성종 13년 윤8월 11일

사관은 조두대가 권력을 누리자 그의 일가친척이 교만해 조정 신하와 길을 다투고 조정 신하의 하인을 폭행하기에 이르렀던 문제를 빠짐 없이 《조선왕조실록》에 남겼다. 조두대는 부처님의 인과응보나 역사의 심판은 시차가 있을지언정 한 치의 오차가 없다는 방증이다.

김개시

왕의 심리를 읽고
정권을 장악한 비선 실세

✿✿✿

광해 15년1623 3월 12일 저녁

박승종은 불안한 마음으로 광해에게 다가갔다. 광해가 왕위에 오른 후 역모 사건이 끊이지 않았고 국청도 수없이 많이 열렸다. 이번에는 어쩐지 예감이 이상했다. 서둘러 관련자를 추포하고 추국청을 준비했는데 광해의 재가가 떨어지지 않아 직접 달려왔다.

"전하, 평산 부사 이귀가 김류, 신경진 등과 함께 모반을 준비하고 있다는 고변이 올라왔습니다. 신이 이미 추국청을 설치하였으니 조사를 허락해주십시오."

후궁과 더불어 술을 마시며 한창 흥이 올라 있던 광해가 들고 있던 술잔을 탁 소리가 나게 상 위에 내려놓았다. 후궁의 웃음소리와 음악도 일시에 멈췄다. 조용해진 연회에서 간들거리는 목소리가 들렸다. 김 상궁이었다. 상궁의 복색 대신 화려한 당의를 갖춰 입은 모습은 궁녀가 아닌 후궁의 우두머리처럼 보였다.

"밀창부원군, 이미 밤이 늦었는데 저희에게 전하를 좀 양보해주시지요. 종일 고된 정무에 시달린 전하께서 술 한 모금을 넘기시려는데 그걸 방해하십니까?"

김 상궁의 말이 끝나자 후궁이 꺄르르 웃음을 터트렸다. 이윽고 광해가 입을 열었다.

"모반에 대한 고변이 올라왔다고."

"그렇사옵니다, 전하. 추국을 허락해주십시오."

"지난 15년간 모반을 일으킨 자를 얼마나 잡아 죽였는데 아직도 모반이란 말인가. 또 이이첨의 생각이겠지. 정말 지긋지긋하오."

"아니옵니다. 광창부원군^{이이첨}이 아니라…"

"듣기 싫소. 모반이 확실하다는 증좌가 없다면 그냥 두시오. 오늘은 편히 지나갔으면 하오."

광해의 눈빛은 단호했다. 고개를 숙이던 박승종의 눈이 광해의 옆에서 귓속말 중이던 김 상궁과 마주쳤다. 어서 가보라는 김 상궁의 눈짓에 박승종은 돌아설 수밖에 없었다.

3월 13일 저녁, 능양군은 군사를 이끌고 반정을 일으켰다. 반정 세력인 김자점으로부터 막대한 뇌물을 받고 모반은 없다고 광해를 안심시킨 김 상궁은 그날 밤 반정군에게 처형됐다. 어쩌면 이미 예상된, 비참한 죽음이었다.

선조와 광해군 사이를 오가며
은밀히 신뢰를 쌓은 상궁 김씨

선조와 광해군 시대의 궁녀 김개시는 실록 《광해군일기》와 작자 미상의 궁녀가 쓴 《계축일기》에 등장하는 실제 인물이다. 《계축일기》는 숙종 시대의 《인현왕후전》, 정조와 순조 시대의 《한중록》과 더불어 궁중 여성 문학을 대표하는 고전으로 세 작품 중 시대적으로는 가장 앞서 있다. 《인현왕후전》이 노론의 영향을 받은, 인현왕후에 대한 전기 소설이고 《한중록》은 혜경궁 홍씨가 쓴 자전적 회고록이라면 《계축일기》는 인목왕후를 모시던 궁녀가 쓴 작품으로 보인다.

제14대 임금인 선조는 임진왜란이 끝난 후 의인왕후가 승하하자 인목왕후를 계비로 맞았다. 선조는 후궁에게서 왕자 10명을 보았으나 정작 왕비인 의인왕후는 자식을 낳지 못했다. 선조는 재위 20년이 넘도록 세자를 세우지 않았기 때문에 그 과정에서 당쟁은 과열화됐다. 당쟁이 치열할수록 선조의 왕권은 강화됐는데 선조의 어심을 파악하면 각각의 당파에 유리했기 때문이다. 당쟁의 과열은 임금의 비위를 맞춰 어심을 움직이는 방향으로 나아갔고 덕분에 선조의 왕권은 탄탄하게 유지될 수 있었다.

하지만 선조 25년1592에 임진왜란이 발발하면서 선조는 어쩔 수 없이 광해군을 세자로 세웠다. 선조는 무사히 피난을 가기 위해 광해군을 세자로 선택했다. 광해군은 세자가 된 후 전장에 나아가 민심을 달래고 수습하는 일을 도맡아야 했다. 목숨을 걸어야 하는 위험한 일도 마다하지 않았다. 하지만 광해군에게 진정한 위협은 전쟁보다 선조의 어심이었다. 임진왜란이 끝나자 선조는 광해군을 세자로 대우하지 않았고 수시로 면박을 줬다. 게다가 계비로 맞은 인목왕후가 정명공주에 이어서 선조의 적장자인 영창대군을 낳으면서 광해군의 세자 지위는 위태로워졌다. 이 시기에 상궁 김씨는 선조의 신임을 받는 동시에 광해군을 은밀하게 보호했다. 상궁 김씨는 광해군의 승은을 받았지만 후궁이 되는 대신 상궁 직위를 유지하고 싶어했기에 광해군에게 유일무이하고 특별한 여인으로 남았다.

1608년에 선조가 승하하고 광해군이 왕위에 오르자 상궁 김씨의 권세는 막강해졌다. 그는 궁녀로서 광해군을 보필하는 데 머물지 않고 이이첨을 비롯한 대신과 국정을 농단했다. 상궁 김씨는 《광해군일기》와《계축일기》에 모두 등장하는데 평가는 당연히 부정적이다. 특히《계축일기》는 인목왕후의 억울함을 호소하는 글이기 때문에 인목왕후의 유폐 등에 관여했다고 추측되는 상궁 김씨에 대한 험담과 이유가 아주 상세하게 묘사됐다.

《조선왕조실록》이 번역되기 전에는 한글로 쓰인《계축일기》를 바탕으로 광해군을 천하의 폐륜아로, 인목대비를 철저한 피해자로 그린 드라마나 영화가 만들어졌다. 하지만 광해군에 대한 새로운 해석이 등장하면서 광해군 시대를 다룬 다양한 작품이 만들어졌다.

김개시의 상전은
오로지 광해군

성종의 재위 시절 정희대비의 수렴청정에 없어서는 안 될 서사상궁으로서 권력을 누린 조두대와 김개시. 둘의 차이점과 공통점은 무엇일까. 먼저 두 사람이 가진 권력의 원천이 달랐다. 조두대의 권력은 상전의 신뢰에서 나왔다. 그는 세조와 정희대비 그리고 인수대비의 신임을 얻었다. 조두대의 상전은 내명부의 수장인 대비였다.

반면 김개시의 상전은 내명부에 없었다. 왕비도, 대비도 그를 다스릴 수 없었고 김개시 또한 왕비와 대비는 안중에 없었다. 김개시의 상전은 광해군뿐이었으며 그는 광해군의 묵인과 총애를 무기로 대신과 함께 정치를 논했다. 즉, 김개시는 광해군의 측근으로 당대의 권력자와 더불어 국정에 직접 개입했다.

조두대와 김개시의 공통점은 둘 다 미천한 신분으로 궁녀가 됐으며 권력을 남용한 비선 실세로서 실록에 이름이 남았다는 사실이다. 《조선왕조실록》에서 김개시에 대한 기록은 광해군 시대의 권력자 이이첨에 대한 비난과 함께 등장한다. 이때 '상궁'이라는 직위와 '개시'라는 이름이 정확하게 등장한다.

> (중략) 김 상궁은 이름이 개시介屎로 나이가 차서도 용모가 피지 않았는데, 흉악하고 약았으며 계교가 많았다. 춘궁光海君의 옛 시녀로서 왕비를 통하여 나아가 잠자리를 모실 수 있었는데, 인하여 비방祕方으로 갑자기 사랑을 얻었으므로 후궁들도 더불어 무리가 되는 이가 없었으며, 드디어 왕비와 틈이 생겼다. (하략)
>
> 《광해군일기》[중초본] 69권 | 광해 5년 8월 11일

개시의 '개介'는 끼일 개, 낱개 개라는 뜻이고 '시屎'는 똥, 대변이라는 뜻이다. 그래서 여러 소설과 드라마 등에서 김개시는 '개똥이'라는 이름으로 등장하곤 했다. 조선시대에는 무병장수 등을 기원하며 어린 아이의 이름을 일부터 천하게 부르는 풍습이 있었기에 '김개똥'이라는 이름은 자연스럽게 받아들여졌다. 하지만 광해군과 김개시를 증오에 가깝게 바라보며 험담을 퍼붓는 《계축일기》에서 김개시는 '가희'라는 이름으로 기록됐고, 그의 신분을 '천예賤隸, 천한 노예의 딸'로 기록한 《연려실기술》에서는 '개희介姬'라는 이름으로 기록됐다.

《광해군일기》는 광해군을 폐위하고 왕위에 오른 인조 시대에

쓰인 기록이다. 역사가 승자의 기록이라면 인조와 반정 세력은 국정 농단에 개입한 김개시를 '가희'보다는 개똥이라는 이름으로 남기고 싶었을 것이다. 《조선왕조실록》에서 인물에 대해 평할 때 외모를 묘사하는 일이 드문데 《광해군일기》에는 '나이가 차서도 용모가 피지 않았다'고 김개시의 외모를 평한다. 한마디로 이름도 개똥이며 외모도 별 볼 일 없다는 말이다. 그럼에도 김개시는 왕비의 주선으로 광해군의 승은을 받았고 그가 받은 왕의 총애는 후궁과 비교할 수 없었다.

김개시를 비난하고 깎아내리려는 의도가 다분한 승자의 기록은 오히려 그에 대한 호기심과 상상력을 자극한다. 드라마 《서궁》 1995, KBS2에서는 배우 이영애가 김개시를 연기했고, 드라마 《왕의 여자》 2003~2004, SBS에서는 배우 박선영이 같은 역을 맡아 선조와 광해군을 사로잡은 희대의 요부로 묘사됐다. 그리 아름답지 않았으나 후궁이 감히 따를 수 없을 정도로 광해군의 총애를 받았던 김개시. 그의 매력은 과연 무엇이었을까.

전쟁 중 출세의 발판을 마련한 궁녀 김개시

김개시는 선조 25년 1592 13~14세 즈음에 입궁해 동궁전의 궁녀가 되면서 광해군과 인연을 맺었다. 김개시는 비록 노비였으나 매우 영특해 금방 한자와 한글을 익혔다. 어쩌면 노비 시절에 이미 글을 읽고 쓸 줄 알았는지도 모른다. 김개시는 얼마 후 선조와 광해 군을 따라 피난길에 올랐다. 만약 김개시가 계속 노비였다면 임진 왜란 중 목숨을 잃었을 수도 있다. 하지만 그는 동궁전의 궁녀가 되어 권력의 지척에서 전쟁 상황과 조정 대신의 면면 그리고 선조 와 광해군의 관계를 파악할 수 있었다.

선조가 피난을 거듭하는 동안 광해군은 분조를 이끌며 민심을 수습했다. 김개시는 전장을 누비는 광해군을 따라가는 대신 선조 의 피난길에 동행했고 이내 선조의 눈에 들었다. 전쟁이라는 전대 미문의 위기에서 차분하고 총명한 궁녀 김개시는 단연 돋보였다. 선 조는 글을 읽고 쓸 줄 아는 김개시에게 업무를 맡겼고 그는 곧 정 5품 특별 상궁에 올랐다. 이는 임금의 승은을 받았다는 의미였지만 김개시는 전쟁 중 출세의 발판을 닦거나 빠르게 출세한 경우다. 김 개시는 선조의 명에 따라 문서 등과 관련된 업무를 보면서 권력의 기반을 만들어갔다.

전쟁이 끝난 후에도 김개시는 동궁전으로 돌아가지 않고 선조 의 시중을 들었다. 이미 선조의 명으로 특별 상궁에 올랐기에 다 시 동궁전 궁녀가 되기란 불가능했다. 전쟁이 끝났을 때, 세자 광 해군의 입지는 오히려 위태로웠다. 명나라의 책봉 승인을 받지 못 했고 선조의 인정도 받지 못했기 때문이다. 이런 상황에서 광해군 을 친자식처럼 돌봐준 의인왕후가 선조 33년[1600]에 승하하며 광해 군의 지위는 더욱 불안해졌다. 이때 김개시와 인빈 김씨가 광해군 의 편에 섰지만 그 힘은 너무나 미비했다. 선조는 광해군의 생사 여탈권을 가지고 있었으나 김개시는 일개 상궁이었고 인빈 김씨는 선조의 총애를 받았지만 궁녀 출신 후궁에 불과했다. 게다가 선조는 선조 35년1602에 인목왕후를 계비로 맞았고 불임이던 의인왕후와 달리 인목왕후는 적장자 영창대군을 낳았다. 영창대군이 성장하면서 광해군의 입지와 지위는 하염없이 흔들렸다. 우여곡절 끝에 1608년, 선조가 승하하면서 광해군은 무사히 왕위에 올랐다.

> 내관 민희건의 공초를 받는데, 이르기를, "선왕선조께서 승하하시던 날 김 상궁김개시이 신과 이덕장을 불러 종이 한 장을 보이면서 말하기를 '이것은 유서遺書이니 밖에 전하라.'고 하기에 신이 대답하기를 '나는 이미 승전색[89]에서 체차되었으니 감히 맡을 일이 못 된다.'고 하였습니다. 그래서 이덕장이 마침내 그것을 가지고 상 앞에 가서 아뢴 뒤에 정원엔지 외처엔지에 내려보냈습니다. (하략)"
>
> 《광해군일기》[중초본] 66권 | 광해 5년 5월 15일

> (중략) 김씨는 곧 이른바 김 상궁인데 일찍이 선조의 후궁으로 있다가 뒤에 폐주의 사랑을 받게 되었다. 무신년1608 선조의 승하 당시 약밥에다 독약을 넣었다는 말도 있었다. (하략)
>
> 《인조실록》3권 | 인조 1년 9월 14일

---

89 임금의 명을 전하는 임무를 맡은 환관.

후궁이 아닌 궁녀로
광해군의 정치적 동지가 되다

《광해군일기》를 보면 김개시는 선조의 임종을 지켰고 그의 마지막 유언을 들었다. 김개시는 선조가 승하하자 선조의 유언이 쓰인 종이를 가지고 나와 왕명을 전하는 내관에게 보여주며 '밖에 전하라'고 말하기까지 했다. 당시 영의정 유영경을 비롯한 신하 일곱 명[90]은 광해군의 즉위를 저지할 계획까지 세웠다. 따라서 선조가 승하하기 직전에 남긴 유언은 광해군의 즉위와 직결되어 있었다.

이처럼 중요한 순간에 김개시가 선조의 임종을 지켰다. 이는 결코 우연이 아니었다. 김개시는 선조가 승하하자마자 곧바로 유언을 밖에 전해 광해군이 무사히 즉위하게끔 필사적으로 도왔다. 이런 정황을 의심의 눈으로 바라본 《인조실록》에서는 김개시가 선조에게 독이든 약밥을 올렸고 이를 먹은 선조가 승하해 광해군이 무사히 왕으로 즉위할 수 있었다고 말한다. 사실이든 아니든 김개시가 광해군의 즉위에 공을 세운 것만은 분명하다.

광해군은 아버지 선조를 모셨던 김개시를 후궁의 예에 따라 출궁시키거나 다른 처소로 보내는 대신 계속해서 대전의 지밀상궁으로 두었다. 비난의 여지가 많은 일이었으나 광해군은 개의치 않

---

90 유교칠신. 선조가 승하할 때 유명遺命, 임금이나 부모가 죽을 때 남긴 명령을 내린 신하 일곱 명. 선조는 이들에게 어린 영창대군을 잘 보살피라는 유언을 내렸다.

았고 김개시도 사양하지 않았다. 김개시는 선조에 이어서 광해군의 지밀상궁이 되었고 이어서 궁녀의 수장인 제조상궁이 됐다. 선조 시절부터 업무 처리 능력을 인정받았고 정치적 감각이 빼어났던 김개시는 후궁이 아닌 궁녀의 신분이기에 광해군의 완벽한 수족이 될 수 있었다. 왕의 입장에선 친정을 고려하지 않을 수 없는 후궁이나 외척의 지위를 보장해줘야 충성을 얻을 수 있는 사대부와 달리 제조상궁 김개시는 오직 광해군을 위해 움직이는 광해군의 사람이었다. 아버지가 세자의 지위를 흔들고 형제로부터 왕위를 위협받아야 했던 광해군에게 온전한 자신의 편인 김개시는 없어서는 안 될, 누구도 대체할 수 없는 여인이자 정치적 동지였다.

이이첨과 손잡고
부귀영화의 길로

임진왜란 당시 선조의 신임을 받으며 출세의 기반을 닦았던 이이첨은 광해군이 즉위하면서 본격적으로 권력자의 길을 걷기 시작했다. 그는 소수 강경 당파인 대북의 수장 정인홍의 인정을 받았고 이를 바탕으로 대북의 실세로 자리매김했다.

정인홍은 영창대군을 총애해 광해군의 세자 지위를 흔들던 선조에게 강력한 비난 상소를 올려 유배에 처한 적이 있었다. 공교롭게도 유배를 가기 전, 선조가 승하하면서 정인홍은 처벌 대신 새로운 임금인 광해군의 절대적인 신임을 받았다. 하지만 정인홍은 연로했고 이이첨은 재빨리 정인홍을 지극히 존중하고 대우하며 그의 신임을 얻었다. 이후 이이첨은 정인홍의 지지를 받아 대북의 실세가 됐다. 대북은 소수 당파였고 지나친 강경 노선으로 다른 당파와 화합하지 못했다. 소수 강경 당파인 대북은 끊임없이 역모 사건을 조작하고 옥사를 일으켜 공포로 조정을 장악하고 반대 당파를 제거했다. 이이첨은 이러한 권모술수에 특화된 인물이었다. 이때 이이첨은 김개시에게 접근했다.

이이첨은 김개시의 영향력을 정확하게 파악했다. 아무리 역모를 조작하여 무리한 옥사를 일으켜도 김개시만 통하면 광해군의 결제를 받을 수 있었다. 집권당인 대북의 실세이자 조정 대신으로서 이이첨은 일개 상궁 섬기기를 마다하지 않았다. 광해군이 임금인 이상 김개시는 영원한 비선임을 이미 알았기 때문이다. 이이첨의 판단은 옳았다. 조정 대신과 결탁하면서 김개시는 임금을 움직일 수 있는 자신의 능력이 얼마나 대단한지 단박에 깨달았다. 권력을 손에 넣은 김개시 앞에는 국정 농단과 뇌물 수수를 통한 부귀영화의 길이 펼쳐졌다.

(중략) 정인홍이 차자를 올릴 적마다 일체 이이첨이 보낸 편지의 보고에 따라 하였는데, 혹 상소가 올라올 날짜가 아직 안 되었는데도 상소에 이미 말한 것들은, 이이첨 자기가 상소를 지어 대신 올리고 난 뒤에 정인홍에게 말한 것이다. 그러나 정인홍 역시 그것을 그르게 여기지 않고 도리어 그가 충성스럽다고 칭찬하

였다. 이때 사람들이 말하기를 '이이첨이 세 가지를 섬기는데, 세자빈을 섬기어 세자를 속이고, 정인홍의 제자를 섬기어 정인홍을 속이고, 김 상궁을 섬기어 왕을 속인다.'고 하였는데 모두 진귀한 노리개와 좋은 보물을 바쳤다.

《광해군일기》[중초본] 67권 | 광해 5년 6월 19일

(중략) 오로지 과거에 합격시켜주는 것으로써 후진들을 낚자, 이익을 탐하고 염치가 없는 무리들이 그의 문에 모여들었는데, 이이첨은 곡진하게 예로 그들을 접대하며 사림이라고 불렀다. 대각이 먼저 발론하기 불편한 큰 의논이 있을 때마다 모두 스스로 소장의 초안을 잡아 그의 추종자들에게 나누어 주어 올리게 하고는 초야의 공론이라고 이름하였다. 그 가운데서도 심각하고 음험한 함정에 관련된 것은 모두 밀계密啓를 사용하였는데, 가장 은밀한 것은 언문으로 자세하게 말을 만들어 김 상궁김개시으로 하여금 완곡히 개진하게 하여 반드시 재가를 얻어내고서야 그만두었다.

　(중략) 그김개시의 지기와 언론은 이이첨과 대략 서로 비슷하였으니, 항상 의분에 북받쳐 역적을 토벌하는 것으로 자임한 것이 비슷한 첫째이다. 그리고 상궁이 되어서도 호를 올려달라고 요구하지 않은 채 편의대로 출입하면서 밖으로 겸손을 보인 것과, 이이첨이 항상 조정의 논의를 주도하면서도 전조의 장이나 영상의 자리에 거하지 아니하여 밖으로 염정그리워하고 사모하는 마음을 보인 것이,

비슷한 둘째이다. 뜻을 굽혀 중전을 섬기면서도 내면의 실지에 있어서는 헐뜯은 것과, 이이첨이 저주하고 패역한 일들을 모두 스스로 했으면서 남에게 밀어넘겨 도리어 토벌했다는 것으로 공을 내세운 것이, 비슷한 셋째이다.

《광해군일기》[중초본] 69권 | 광해 5년 8월 11일

정치적 운명 공동체이자 경쟁자, 김개시와 이이첨

《조선왕조실록》에서는 김개시와 이이첨이 매우 닮았다고 기록한다. 놀랍게 먼저 접근한 사람은 이이첨이었다. 아주 두터운 예로 이이첨은 김개시의 아버지와 관계를 맺음으로써 김개시에게 줄을 대기 시작했다고 한다. 두 사람은 남녀 관계가 아닌, 철저하게 권력을 위한 비즈니스 관계였기에 환상의 궁합을 자랑했다. 이이첨의 권력이 커지면서 김개시에게 아부하고 줄을 대는 이들도 점점 늘어갔다. 이이첨과 김개시는 정치적 운명 공동체이자 경쟁자였다.

이이첨에게 아부하며 출세한 이들이 이이첨을 거치지 않고 김개시에게 줄을 대면서 김개시는 더 높은 권세를 누렸다. 광해군에게서 파생된 권력의 중심에는 김개시가 있었다. 이이첨도 이를 알았기에 김개시를 상전처럼 대우하며 그에게 노골적으로 정치적 조언을 구했다. 당대 최고의 실권자인 이이첨의 극진한 대우 속

에서 김개시는 더욱 적극적으로 뇌물과 인사 청탁을 받으며 국정을 농단했다.

심즙沈諿을 사인으로, 이정원을 응교로 삼았다. 이정원은 괴산 사람인데 그 모친은 심히 미천하였다. (중략) 이이첨에게 빌붙어 노예나 다름없이 하여 갑자기 화려한 직책을 얻었다. 타고난 성품이 거칠고 사나우며 남을 모함하는 것을 능사로 삼았다. 김 상궁과 내통하여 관직이 이조 참의에 오르자, 서울과 지방의 무뢰배들이 일제히 따라붙어 벼슬길에 통하게 되었고 사족 중 이익을 즐기고 염치가 없는 자들은 친척으로 인정하기까지 하니, 〈사대부들이 수치스럽게 여기었으나〉 이정원은 크게 기뻐하여 뇌물 없이 관직을 얻는 이도 있었다.

《광해군일기》[중초본] 139권 | 광해 11년 4월 24일

(중략) 형방 승지 홍도弘道는 처음에 이이첨을 섬겨 부자간이 되기로 약속하여 전후로 화려한 관직을 주제넘게 차지하였는데, 이것은 다 이이첨이 그를 품어서 길러준 것이었다. 홍도는 또 몰래 인군이 사랑하는 김 상궁과 결탁하여 인군의 총애를 받아 성세가 이이첨과 서로 비등하게 되었다. (하략)

《광해군일기》[중초본] 180권 | 광해 14년 8월 26일

(중략) 적신 이이첨이 김씨에게 빌붙어 흉모 비계에 가담하지

않은 것이 없었으며, 내외의 크고 작은 벼슬이 모두 김씨와의 협의를 거친 뒤에야 낙점을 받았으므로 권세가 온 나라를 기울였다. 부끄러움을 모르는 사대부로서 빌붙지 않은 자가 없었지만 그 중에서도 더욱 심한 자는 이이첨·성진선의 부자·박홍도 등인데, 김씨가 이들의 집을 무상 출입하였는가 하면 추한 소문이 파다하기도 하였다. (하략)

《인조실록》3권 | 인조 1년 9월 14일

이이첨과 김개시는 광해군의 불안한 심리를 누구보다 잘 알고 있었다. 이이첨이 이를 이용해 강경한 목소리로 영창대군의 유배와 인목대비의 폐비를 주장하며 여론을 장악하고 권력을 이용했다면 김개시는 광해군의 심신을 따뜻하게 위로하면서 그를 장악했다. 광해군은 대북이 주도하는 옥사가 끝날 때마다 간택 후궁을 뽑아 외척을 늘렸다. 자신의 편이 간절했기 때문이다. 이를 잘 아는 김개시는 권력의 맛에 취하면서도 자신의 본질을 절대 잊지 않았다. 그는 후궁의 품계를 요구하지 않았으나 왕의 여인으로서 왕비와 후궁을 질투했다. 광해군에게 여자로 보이면서 권력에 대한 욕심과 정치적인 영향력을 희석하고 비난과 처벌을 피한 처세다. 오늘날 광해군과 김개시를 바라보면 광해군을 완벽하게 파악하고 있는 김개시가 가스라이팅을 했다고 볼 수 있다.

(중략) 이때 궁첩宮妾이 매우 많았고, 그중에 상궁 김씨가 우두머

궁녀로운 조선시대

리였는데, 왕비를 가장 심하게 투기하여 원수처럼 대하였다. (하략)

《광해군일기》[중초본] 135권 | 광해 10년 12월 12일

(중략) 조종조에 숙의는 3인을 넘을 수 없었는데 당시에 정치가 어지러워 여알女謁이 날로 성하였다. 일찍이 허경의 딸, 홍매의 딸, 윤홍업의 딸, 원수신의 딸을 뽑아 들였고 지금 권여경의 딸을 합하여 5인이 되었다. 또 소용 임씨·정씨, 상궁 김씨金氏·변씨·이씨·최씨가 있었는데 김씨가 더욱 전횡하였다. 서로들 총애 받으려고 다투며 투기가 심하였고, 권귀에게 뇌물을 바쳐 조정의 높은 사람과 각기 결탁하여 스스로 후원자 무리를 만들어 관직을 팔고 돈을 받고 죄인을 놓아주어서, 궁문이 시장 같았다. 큰 집을 여러 채 가지고 있으며, 금옥을 쌓아두고 기염이 성하니, 길가는 사람들이 눈짓으로 비난하였다.

《광해군일기》[중초본] 130권 | 광해 10년 7월 5일

김개시의 권세가 대단해질수록 그에게 줄을 대려는 사람이 늘었다. 그들은 김개시에게 줄을 대기 위해 그의 가족에게까지 뇌물을 바치기도 했다. 김개시의 원래 신분이 노비였으니 그의 가족 역시 양반이 아니었다. 하지만 출세가 간절한 사대부와 관리는 천민 혹은 상민인 김개시의 가족을 찾아와 굽신거렸다. 김개시의 가족은 갑질을 하며 불법을 일삼았으나 아무 처벌도 받지 않았다.

그야말로 무소불위의 권력이었다.

(중략) 김 상궁의 조카 사위인 정몽필은 바로 아전의 자식이었는데 권력을 믿고 기세를 부려 길가는 사람들이 모두 눈을 흘겼다. (중략) 그는 명례궁明禮宮, 덕수궁의 다른 이름의 본궁에 사옥私獄, 사사로운 감옥을 설치해 놓고 남의 노비를 빼앗고는 그 주인을 잡아가두고 혹독한 매질을 가하여 노비문권을 바친 뒤에야 풀어주었다.

(중략) 몽필이 궁중을 출입하는 데 있어 제멋대로 행동하며 기탄없이 하고 추악한 소문이 퍼지기까지 하였다. 그런데 재신정승 이하 이익을 탐내며 염치가 없는 이병과 같은 무리는 어두운 밤에 그의 집에 찾아가서 팔을 잡고 술에 취해 농담을 하며 서로 말을 놓고 지내는 친구가 되었다. 그의 죄악이 극도에 이르러 반정이 일어났을 때 참형을 받았다.

《광해군일기》[중초본] 185권 | 광해 15년 1월 11일

인조반정이 일어난 운명의 날

시간이 지나면서 이이첨에 대한 광해군의 신뢰는 약해졌다. 반면 김개시에 대한 광해군의 총애는 조금도 변하지 않았다. 김개시는 광해군의 최측근을 넘어 조정의 2인자나 다름없었다. 초조해진

이이첨은 광해군 14년¹⁶²² 12월에 충성심을 증명하기 위해 인목대비를 시해하고자 서궁에 사람을 보냈으나 실패했다. 어머니를 유폐하고 시해하려 했다는 비난을 들은 광해군은 이이첨에게 더욱 냉랭해졌다. 이이첨과 광해군의 연대는 이즈음에서 거의 끝났다. 광해군의 곁에 사람이 없었기에 이이첨을 내치지 않고 있을 뿐, 신뢰는 이미 깨진 후였다. 그로부터 얼마 지나지 않아 이귀, 김자점 등이 능양군⁹¹을 왕으로 추대하기 위해 역모를 꾀하고 있다는 고변이 올라왔다.

역모와 고변은 이이첨의 주특기였다. 하지만 이번에는 진짜 고변이었다. 광해군은 풍문만으로 옥사를 일으킬 수 없다며 고변을 무시했다. 이귀와 김자점 등은 실제로 역모를 준비하고 있었기에 고변이 올라갔다는 이야기를 듣고 매우 당황했다. 다행히 체포 명령이 떨어지지 않았고 이들은 서둘러 김개시에게 거액의 뇌물을 주고 사건을 무마시켰다. 광해군은 이이첨을 믿지 않았으나 뇌물을 받고 역모에 근거가 없다고 거짓을 고한 김개시는 굳게 믿었다.

반정 세력은 반정을 도모한 주요 인물인 이귀의 딸 이예순을 통해 김개시에게 뇌물을 전했다. 이예순은 원래 김자점의 남동생과 부부였는데 남편이 일찍 죽자 남편의 친구와 야반도주했다. 관아에 잡히지 않기 위해 거짓으로 출가했으나 이내 체포되어 무수리가 되는 벌을 받았다. 이귀와 김자점 등은 궁에서 무수리로 일하던 이

---

91 선조와 인빈 김씨의 아들 정원군^{선조의 서5남}의 장남. 제16대 임금 인조다.

예순을 통해 김개시에게 접근할 수 있었고 광해군의 눈과 귀를 가릴 수 있었다.

광해군 15년[1623] 3월 12일, 군사의 움직임이 광해군에게 보고됐으나 광해군은 이번에도 시큰둥한 반응을 보였다. 김개시를 비롯한 후궁과 더불어 술을 마시고 있던 광해군은 역모에 대한 보고로 방해받자 불쾌했다. 역모 바로 전날, 광해군의 심신을 느슨하게 만든 사람은 김개시였다. 그는 반정 세력으로부터 뇌물 등을 받으며 광해군을 안심시켰다. 정권이 바뀌면 모아둔 재산으로 편안한 노후를 보내기 위해서였는지 아니면 정말 반정이 일어나지 않는다고 생각했는지는 알 수 없다.

사건의 심각성을 느낀 유희분과 박승종의 재촉으로 3월 13일에 뒤늦게 궁궐 수비가 강화됐다. 하지만 이미 반정 세력에게 포섭된 이흥립이 반정군에게 궁궐 문을 열어주면서 상황은 순식간에 끝났다. 반정군은 궁에 진입한 지 2시간 만에 대궐을 장악했고 광해군과 세자는 각자 도망갔으나 이내 잡혔다. 김개시는 목이 베여 죽음을 맞았다.

> 상궁 김개시를 베었다. [개시가 정업원淨業院에서 불공을 드리고 있다가 사변이 일어난 것을 듣고 민가에 숨어 있었는데, 군인이 찾아내어 베었다.]
>
> 《광해군일기》[중초본] 187권 | 광해 15년 3월 13일

(중략) 상궁尙宮 김씨와 승지 박홍도를 참수하였다. 김 상궁은 선묘宣廟의 궁인으로 광해가 총애하여 말하는 것을 모두 들어줌으로써 권세를 내외에 떨쳤다. 또 이이첨의 여러 아들 및 박홍도의 무리와 결탁하여 그 집에 거리낌 없이 무상으로 출입하였다. 이때에 와서 맨 먼저 참형을 받았다. (중략) 광해는 상제가 된 의관 안국신의 집에 도망쳐 국신이 쓰던 흰 의관을 쓰고 있는 것을 국신이 와서 고하므로 장사들을 보내 떠메어 왔고, 폐세자는 도망쳐 숨었다가 군인들에게 잡혔다.

《인조실록》1권 | 인조 1년 3월 13일

반정한 이튿날 김 상궁과 몽필은 군문軍門에서 목을 베었고, 숙의 윤씨는 그 뒤 문밖에서 죽임을 당했고, 숙의 정씨는 집에서 자살하였다.

《인조실록》3권 | 인조 1년 9월 14일

폐위된 광해군은 강화도에 유배됐다. 세상을 떠난 임해군과 영창대군이 마지막으로 머물던 유배지도 바로 강화도였다. 폐위된 세자와 세자빈도 강화도에서 세상을 떠났다. 탈출을 꾀하던 세자는 발각되어 죽었고 세자빈은 자살했으며 연이은 비극을 견디지 못한 왕비도 얼마 후 세상을 떠났다. 폐주 광해군은 강화도에서 제주도로 유배지를 옮기며 천수를 누렸다. 어쩌면 그것이 광해군에게는 형벌이었을 것이다.

인조반정과 함께 나는 새도 떨어뜨렸던 김개시의 시대도 순식간에 끝났다. 붓 하나를 들고 뇌물값을 들으며 벼슬을 낙점했다던 김개시는 목이 잘렸다. 인조반정 세력은 훗날 김개시가 그의 조카인 정몽필과 불륜 관계였으며 그에게 아부했던 조정의 여러 인물과 추문이 있었다고 전했다. 김개시는 죽고 사람들의 입에 오래도록 오르내릴 추문만 남았다. 여인의 몸으로, 일개 상궁으로 수년간 국정을 농단했던 김개시의 죽음에 연민의 시선을 주는 이는 아무도 없었다.

광해군의 왕비와 주요 후궁

왕비 및 후궁	혼인 및 책봉 시기	비고
문성군부인 유씨^{중전}	선조 20년¹⁵⁸⁷ 왕자 광해군과 혼인	군부인-세자빈-왕비 자녀 : 폐세자 1명
숙원 신씨	광해군 1년¹⁶⁰⁹ 숙원 책봉	선조 후궁이던 인빈 김씨의 조카
숙의 허씨^{간택 후궁}	광해군 5년¹⁶¹³ 계축옥사⁹² 이후 책봉	의금부도사 허경의 딸
소용 임씨^{간택 후궁}		임몽정의 서녀로 인조반정 후 폐위된 광해군을 유배지에서 보필했다.
소용 정씨^{간택 후궁}		정순경의 서녀 광해군의 총애를 받았다.
숙의 윤씨^{간택 후궁}	인목대비 폐모론이 대두되던 광해군 9년¹⁶¹⁷ 책봉	숙의-소의 / 자녀 : 옹주 1명
숙의 홍씨^{간택 후궁}		숙의-소의 / 고양군수 홍매의 딸
숙의 원씨^{간택 후궁}		전라우수사 원수신의 딸
숙의 권씨^{간택 후궁}		장흥부사 권여경의 딸
후궁 조씨		내금위 조국철의 여동생

---

92 광해군 5년에 대북파가 영창대군 및 반대파 세력을 제거하기 위하여 일으킨 옥사. 영창대군을 왕으로 옹립하려는 역모를 꾀했다는 명분으로 소북을 축출^{숙청}했다.

조선시대를 여행하는 역사 덕후를 위한

궁녀 안내서 2

앞서 궁녀에 관한 기초 공부를 잘 마쳤나요? 그렇다면 이젠 조선의
전문직 여성 관리였던 궁녀의 업무부터 월급, 결혼과 연애까지 보다
현실적인 궁녀의 삶을 들여다봅시다.

Q1. 조선의 왕실 전문직, 궁녀의 직급과 업무가 궁금합니다.

궁녀는 궁에서 살아가는 왕실 가족을 위해 음식을 만들고, 옷을
짓거나 바느질을 하고, 연회를 준비하고, 약을 달이고, 아이를 키
우는 등 생활에 필요한 모든 일을 했습니다. 궁녀는 궁에서 근무
하는 실무자로 수백 명에 이르는 인원으로 구성된 만큼 마치 대기
업처럼 부서와 업무가 체계적으로 나뉘었습니다. 성종 대에 편찬
된《경국대전》에 따르면 궁녀의 지위와 체계가 잘 드러나 있습니
다.

내명부의 품계

품계	내명부		세자궁 내명부	
무품	대비, 왕비		세자빈	
정1품	후궁 여관 _{여성관리}	빈	후궁 여관	
종1품		귀인		
정2품		소의		
종2품		숙의 _{간택 후궁의 첫 품계}		양제 사도세자의 후궁 숙빈 임씨는 양제 품계를 받았다.
정3품		소용		
종3품		숙용		양원
정4품		소원		
종4품		숙원 _{승은 궁녀의 첫 품계}		승휘
정5품	여관	상궁, 상의 정조의 후궁 의빈 성씨는 후궁 품계를 받기 직전 상의였다.		
종5품		상복, 상식		소훈
정6품		상침, 상공 세종의 후궁이자 정현옹주 어머니 송씨의 품계는 상침이었다.		
종6품		상정, 상기	여관	수규, 수칙 경빈 박씨 _{빙애}는 사도세자의 승은을 입고 수칙 품계를 받았다.
정7품		전빈, 전의, 전선		
종7품		전설, 전제, 전언 상궁이 되기 전 조두대의 품계는 전언이었다.		장찬, 장정
정8품		전찬, 전식, 전약		
종8품		전등, 전채, 전정		정서, 장봉
정9품		주궁, 주상, 주각		
종9품		주변치, 주치, 주우, 주변궁		장장, 장식, 장의

품계별 궁녀의 업무

품계	관직명	업무
정5품	상궁尙宮	왕비를 인도하며 상기문서와 장부와 전언언론과 소통을 통솔.
	상의尙儀	일상생활의 모든 예의와 절차를 맡았으며 전빈알현, 접대, 연회, 하사품 담당과 전찬전빈 보좌 및 동일 업무을 통솔.
종5품	상복尙服	의복과 수로 무늬를 놓은 채장을 공급하고 전의의복과 머리의 장신구와 전식얼굴과 머리을 통솔.
	상식尙食	음식과 반찬을 준비하였으며 전선반찬과 전약방약을 통솔.
정6품	상침尙寢	왕이 옷을 입고 먹는 일을 맡았으며 전설장소 세팅, 청소, 물건 관리과 전등조명을 통솔.
	상공尙功	여공女工의 과정을 맡았고 전제의복 제작와 전채원단를 통솔.
종6품	상정尙正	궁녀의 품행과 직무 단속 및 죄를 다스림.
	상기尙記	궁내의 문서와 장부의 출입을 담당.
정7품	전빈典賓	손님이나 신하가 왕을 뵐 때 접대, 잔치 관장, 왕이 상 주는 일 등 담당.
	전의典衣	의복과 머리에 꽂는 장식품의 수식을 맡음.
	전선典膳	음식을 삶고 졸여 간에 맞는 반찬을 만듦.
종7품	전설典設	장막을 치고 돗자리 준비와 청소하고 일과 물건을 베푸는 일.
	전제典製	의복 제작을 맡아서 담당하는 기관의 책임자.
	전언典言	왕의 명령을 백성에게 널리 알리고 왕에게 아뢰는 중계 담당.
정8품	전찬典贊	손님이나 신하가 왕을 뵐 때 접대, 잔치 관장, 왕이 상 주는 일 등 담당.
	전식典飾	머리를 감고 화장하는 일과 세수하고 머리 빗는 일을 담당.
	전약典藥	처방에 따라 약을 달임.
종8품	전등典燈	등불과 촛불을 맡음.
	전채典彩	비단과 모시 등 직물을 맡음.
	전정典正	궁관의 질서를 바르게 하는 일을 도움.
정9품	주궁奏宮	음악에 관한 일을 맡음.
	주상奏商	
	주각奏角	
종9품	주변치奏變徵	
	주치奏徵	
	주우奏羽	
	주변궁奏變宮	

궁녀는 정5품에서 종6품까지 상위 4개 품계 앞에 '상尙'이 붙습니다. '상尙'은 '바라다, 높이다, 숭상하다'는 의미로 궁녀로서 임원급 고위직에 속하는 이들의 직위를 부르는 말이었습니다. 상궁, 상의, 상복, 상식, 상침, 상공은 각각 전담 부하 직원이 있었습니다. 다만 종6품 '상정尙正'은 부하 직원 없이 독자적으로 활동했고 문서와 장부, 연락과 소통을 담당하는 '상기尙記'는 상궁을 보필했습니다.

지밀에서 근무하는 상궁의 주요 업무 중 하나는 글, 문서, 장부, 연락, 소통이었습니다. 정7품에서 종8품까지 하위 4개 품계 앞에는 '전典'이 붙습니다. 전은 법, 규정, 책, 가르침이라는 의미로 직속상관을 사수로 둔, 중간 관리자급에 속하는 이들을 부르는 말입니다. 정9품과 종9품의 품계를 지닌 궁녀는 음악을 전담하며 직속상관을 두지 않았습니다.

품계별 업무와 부서별 업무를 비교해 보면 어느 부서의 궁녀가 어떤 품계로 승진했는지 알 수 있습니다. 전체를 통솔하는 지밀 외에 부서 특징을 살펴보면 입고, 먹고, 씻는 순으로 서열이 정해졌고 빨래와 음식물 처리는 가장 하위 부서의 업무였습니다. 글쓰기, 문서, 말을 담당하는 업무는 지밀의 통솔 하에 특별한 대우를 받았습니다. 따라서 지밀 궁녀는 기본적으로 글을 알았으나 하급 부서의 궁녀는 글을 배우지 못했을 가능성도 있습니다.

Q2. 왕의 용변대변, 소변 등을 담당하는 궁녀도 있었다고요?

조선시대 궁에서 생활하는 왕실 가족은 공동 화장실을 사용하지 않고 신호가 오면 이동식 개인 용변기에서 용변을 봤습니다. 휴대용 이동식 용변기를 설치하고 용변이 끝난 후 처리 등을 전담한 궁녀를 '복이'라고 불렀습니다. 말하자면 화장실 전담 궁녀로 각시와 나인이 복이 역할을 했습니다. 복이는 치마와 저고리 외에 앞치마를 두르고 있었다고 합니다.

Q3. 궁녀는 전문직 여성 관리였던 만큼 전문 교육을 받았을 것 같아요.

궁 안에 궁녀를 교육하는 기관이나 제도는 따로 없었습니다. 어린 견습생 시절부터 현장에서 실무를 시작하는 궁녀는 전담 사수에게 도제식으로 교육받았습니다. 이들은 선배 궁녀가 하는 일을 보고 배우며 보조하고 따라하며 업무에 대한 기본 지식을 쌓았습니다. 이 과정은 수 년 혹은 10년이 넘는 긴 시간에 걸쳐 이루어졌기 때문에 이들은 담당 분야에 대한 전문가로 성장할 수 있었습니다.

특히 상전을 직접 모셔야 하는 지밀 궁녀는 7~8세부터 궁중 용어, 예절, 한글과 궁체 쓰기 등을 본격적으로 배웠습니다. 그 외에 유교 입문서라고 할 수 있는《소학》, 유교를 바탕으로 여인의 윤리를 가르치는《열녀전》,《내훈》,《규범》등도 배우고 익혔습니다.

침방과 수방에서도 기본 교양을 위해《소학》을 배웠으며 본업을 위해 다림질에 해당하는 인두와 바느질을 가르쳤습니다. 공부와 글씨 등에 소질을 보이는 어린 궁녀는 실력을 키워 왕비나 대비의 편지를 대필하고 부업으로 서책 대필도 했다고 전해집니다.

여러 궁녀 중에서 지밀 궁녀가 가장 많은 공부와 글쓰기를 익혔고 침방과 수방에서도 교양과 읽기, 쓰기 등을 배웠으며 그 외에는 한글 정도를 익히며 선배와 사수에게 눈치껏 사회생활을 배웠습니다. 궁녀가 서로를 부를 때는 선배이거나 나이가 많은 경우에는 '형님'으로 불렀고, 선배 궁녀가 후배 궁녀를 부를 때는 '항아님'으로 불렀습니다. 동갑이거나 친밀한 사이에는 '성가 덕임', '배가 경희'처럼 성과 이름을 같이 불렀습니다.

Q4. 요즘 비서처럼 문서만 담당하던 서사상궁이 궁금해요.

서사상궁은 지밀 소속의 상궁으로 대비나 왕비의 공식 문서인 교서 작성, 친정이나 친지에게 보내는 한글 편지 쓰기 등을 했습니다. 지밀에서는 어린 궁녀에게 매우 엄하고 혹독하게 글씨를 연습시켰습니다. 덕분에 지밀 궁녀는 한글과 한문 그리고 궁체에 숙련됐고, 그중에서도 글씨와 문장이 빼어나고 상전의 말을 이해하는 능력이 뛰어난 총명한 궁녀가 서사상궁이 됐습니다. 서사상궁은 다른 업무는 전혀 하지 않고 오직 자신의 업무만 도맡아 했습니다.

서사상궁 혹은 지밀 궁녀는 종종 부업으로 소설 필사를 하기도 했습니다. 임진왜란과 병자호란을 거치며 소설 문학이 대중의 인기를 얻으며 책을 빌려주는 '세책방'이 생겨났습니다. 현대의 콘텐츠 제작·유통에 해당하는 세책방에서는 인기 소설을 많이 확보하는 것이 중요했습니다. 따라서 돈을 주고 전문적으로 필사하는 직업이 새로 생겼는데 이때 가장 선호하는 글씨체가 바로 궁녀의 서체인 궁체였다고 합니다.

궁체를 빠르고 정확하며 아름답게 쓸 수 있는 이들은 지밀에 소속된 궁녀였기에 이들은 휴가 혹은 근무하지 않을 때 소설을 필사하는 부업을 했습니다. 이때 짧은 시간 안에 빠른 속도로 필사를 하다 보니 글씨를 끊이지 않게 쓰는 흘림체가 유행했다고 합니다.

Q5. 궁녀는 부업을 할 수 있을 정도로 '워라밸'이 좋았나봐요.

지밀을 제외한 부서에서는 하루 근무하고 하루 쉬는 격일제가 원칙이었습니다. 주간 근무는 아침 식사 후 오전 7시부터 오후 3~4시까지, 야간 근무는 오후 3시부터 시작해 다음 날 오전 4~5시에 끝났습니다. 주간 근무는 일이 많았고 야간 근무는 몸이 힘들었습니다. 야간 근무는 체력적으로 힘들기 때문에 나이든 상궁은 야간 근무를 면제하는 등 배려해 줬다고 합니다. 휴일을 잘 맞춘다면 길게는 거의 하루 반나절도 쉴 수 있었기에 다시 체력을 비축하거나 부업을 할 시간은 충분했습니다. 만약 야간 근무에 이어서 주간 근무를 한다면 24시간 일하는 셈이라 주로 야간 근무 후 하루는 쉬었다고 합니다.

Q6. 궁녀의 허드렛일을 해주는 사람이 따로 있었나요?

세종은 상왕으로 물러난 백부인 제2대 임금 정종을 모시는 궁녀를 어떻게 대우할 지에 대해서 신하들과 의논한 적이 있습니다. 이때 신하들이 매달 녹봉을 내리면 충분하다는 의견을 냈으나 세종은 야박하다며 함께 방에서 기거하며 청소와 주인을 수행하는 '방자', 밥과 반찬을 만드는 '취반비', 물을 공급하고 처리하는

'급수인'을 두어야 한다고 말했습니다.

궁녀는 왕실 직계 가족을 수행하는 직원이자 동시에 식구였습니다. 따라서 궁에서는 궁녀를 배려해 그들이 주인을 모시는 업무에 집중할 수 있도록 자질구레하고 힘든 허드렛일을 담당할 하인을 제공했습니다. 궁녀의 허드렛일을 해주는 이들은 궁녀보다 적었기에 이들은 상대적으로 많은 노동을 해야 했습니다. 대신 이들은 궁녀처럼 기본 교양을 배울 필요는 없었습니다.

정직원에 해당하는 정식 궁녀의 범위는 상궁, 나인, 생각시와 각시였으나 궁에서는 그 외에도 많은 이들이 일했습니다. 무수리는 궁에서 물 긷는 일을 담당하던 하급 궁녀로 궁녀의 하녀 역할을 했습니다. 궁에는 전각마다 가까운 곳에 우물이 있었는데 요리, 빨래, 목욕 등을 위해 물을 쓸 일이 많았고 다 쓴 물을 버리는 일은 많이 힘들어서 이를 전담하는 무수리가 따로 있었습니다. 무수리는 궁에서 일했지만 궁녀는 아니었기에 조선 초기에는 궁으로 출·퇴근했고 남편이 있는 무수리도 있었습니다. 하지만 태종 시절에 궁중의 소식이 밖으로 나가는 것을 막기 위해 무수리도 궁에서 생활하게 했고 이들을 위한 처소인 '수사간'이 생겼습니다. 또한 남편의 유무에 따라 열흘씩 교대 근무를 하는 체제로 운영됐습니다.

무수리는 궁녀보다 신분이 낮았고 옷차림과 옷의 색으로 궁녀와 구분할 수 있었습니다. 무수리의 옷은 연두색과 푸른색의 중간쯤 되는 무명으로 만든 치마저고리로 노동에 편하도록 긴 저고리를 입고 치마에 허리띠를 맸다고 합니다.

방자는 상궁 처소의 붙박이로 방에 소속된 가정부이자 하녀
였습니다. 이들은 주로 상궁이나 나인의 친척 중에서 채용했는
데 밥을 짓고 반찬을 만들거나 바느질, 청소 등을 했습니다. 방자
는 '각심이', '비자' 등으로도 불렸는데 방자의 나이는 대략 10대
후반~40대 초반이었습니다. 방자 중에서 비공식적인 연락이나
서신 등 문자나 말을 전했던 이를 '글월비자'라고 불렀습니다. 넓
은 의미로 보면 무수리, 방자의 녹봉은 궁에서 지급했습니다. 하
지만 지출 항목이 따로 있진 않았고 상궁과 나인 등의 녹봉에 이
들의 녹봉이 포함됐습니다.

그 외에 내의원에 소속된 의녀와 상의원에 소속되어 바느질
을 전담하는 침선비 등도 궁에서 일했습니다. 정조 재위 시절에
총신 홍국영이 정조의 호위를 위해 궁에서 숙식하며 의녀와 침
선비를 곁에 두었다는 기록으로 보아 이들은 승은 대상 즉, 궁녀
는 아니나 궁에서 일하는 전문직 여성이었습니다. 다만 시간이
지나면서 의녀가 연회 등에 참석해 시중을 드는 일이 종종 일어
나면서 의녀를 '약방 기생'이라고 부르기도 했습니다. 하지만 모
든 의녀가 자발적으로 연회에 참석해 기꺼이 대리 기생 역할을
즐겁게 했다고 보기는 어렵습니다.

Q7. 이렇게 전문적인 관리였던 궁녀, 월급은 얼마나 받았나요?

조선시대에 궁중 정직원에 해당하는 궁녀는 궁으로부터 세 가지
를 받았습니다. 일 년에 두 번 제공되는 의전옷값 지원과 선반식대
그리고 월급녹봉이었습니다. 그중 매월 받는 녹봉은 화폐가 아니

라 쌀이나 콩처럼 정해진 양의 곡물 등으로 받았습니다.

궁녀의 월급

받는 이	공상기본급	매년 지급된 품목
상궁=온공상 직접 수령	쌀 7말 5되, 콩 6말, 북어 50마리 현재 환산액으로 약 200~400만 원	무명과 명주 각 1필, 솜 10근 연말 및 명절 상여 외 특별 보너스 가능
나인=반공상 직접 수령	쌀 5말 5되, 콩 3말, 북어 25마리 현재 환산액으로 약 60만 원	무명과 명주 각 1필, 솜 10근 연말 및 명절 상여
아기나인=반반공상 친정 혹은 본가에서 수령	쌀 4말, 콩 1말 5되, 북어 13마리	무명과 명주 각 1필, 솜 10근

 궁녀는 기본적으로 숙식이 무상으로 제공됐고 큰 잘못을 저지르거나 상전에게 특별한 일이 발생하지 않는 한 30년 이상 근속이 보장되는 직업이었습니다. 내로라하는 재벌 가문이었으나 궁녀로 입궁한 희빈 장씨는 이례적이었고 대부분은 노비 혹은 가난한 천민, 양민, 중인 출신이었기에 이들의 월급은 주로 가난한 친정 건사에 사용되곤 했습니다. 하지만 가족이나 연고가 없다면 월급을 착실하게 모아서 투자나 재테크를 하는 경우도 있었습니다.

 아직 일을 배우는 아기나인, 실무를 담당한 나인 그리고 숙련된 상궁 등 궁녀는 근무 기간 등에 따라 월급이 차등 지급됐습니다. 또한 부서에 따른 월급 차이도 컸습니다. 대표적으로 지밀에서 근무하는 궁녀는 월급이 훨씬 많았습니다. 가장 높은 품계인 상궁 중에서도 일반 상궁과 지밀상궁은 기본급부터 달랐습니다. 가장 많은 월급을 받은 제조상궁도 지밀 소속이며 지밀 궁녀의 월급은 오늘날의 환산액으로 약 250만 원~1천만 원이었다고 합니다.

상궁은 하인을 둘 수 있었으나 이 역시도 품계, 근무 부서, 숙련도, 업무 중요성 등에 따라 구분했습니다. 예를 들어 이제 갓 상궁이 된 궁녀는 나인 시절보다 처우가 좋아도 10~20년 이상 근무한 상궁과는 처우가 달랐습니다. 상궁이 받을 수 있는 기본 수당을 '방자'라고 했는데 이는 고용된 하인방자, 무수리 등에게 나가는 월급입니다. 조선의 마지막 임금 고종 당시 제조상궁이던 '하 상궁'과 그의 하인에게 제공된 월급 명세서를 살펴보겠습니다.

하 상궁제조상궁의 수당과 일반 상궁궁녀의 수당

상궁	수당	내용	기타
제조상궁	온방자3	쌀 18말, 북어 60마리	하인 3인 월급
상궁	온방자2	쌀 12말, 북어 40마리	하인 2인 월급
일반 상궁	온방자1	쌀 6말, 북어 20마리	하인 1인 월급
일반 상궁궁녀	반방자	쌀 3말, 북어 10마리	하인 0.5인 월급

출처《을미 4월 위시분뇨발기93위시분뇨블긔》

Q7. 궁녀도 성인식을 올렸다면서요?

93 1895년 4월부터 각 처소의 상궁에게 내린 월급 발기명세서, 내역서.

궁녀로운 조선시대

방자와 무수리 등의 월급

받는 이	내용	기타
방자살림 담당	쌀 6말, 대구어 4마리	1년 차 나인보다 살짝 많았다.
파지심부름과 청소 담당	쌀 6말, 콩 1말 5되, 대구어 4마리	하지만 승진이 없고
무수리노동 담당	쌀 6말, 콩 3말, 대구어 4마리	월급도 오르지 않는다.
수모물 담당	쌀 6말, 콩 1말 5되, 대구어 4마리	

출처《병인 대전 분료도》

조선시대 관리의 월급 vs 궁녀의 월급

관리 품계대표 관직	월급	궁녀 품계하인 인원	월급
정1품정승	쌀 38말, 콩 20말		
정2품판서	쌀 30말, 콩 20말		
정3품도승지	쌀 20말, 콩 17말		
정4품 장령사헌부 응교홍문관	쌀 17말, 콩 13말		
정5품 정랑·육조의 실무 지평사헌부	쌀 16말, 콩 10말	제조상궁하인 3명	쌀 25말 5되, 콩 5말, 북어 110마리
		부제조상궁하인 2명	쌀 19말 5되, 콩 5말, 북어 90마리
		상궁하인 1.5명	쌀 16말 5되, 콩 5말, 북어 80마리
		상궁하인 1명	쌀 13말 5되, 콩 5말, 북어 70마리
		상궁하인 0.5명	쌀 10말 5되, 콩 5말, 북어 60마리
정6품 좌랑·육조의 실무 수찬홍문관 정언사간원		나인하인 1명	쌀 7말 5되, 콩 6말, 북어 50마리
정7품 주서·기록 담당	쌀 13말, 콩 6말	나인하인 0.5명 나인 2인당 하인 1명	쌀 5말 5되, 콩 3말, 북어 25마리
정8품저작	쌀 12말, 콩 5말	나인하인 0.25명 나인 4인당 하인 1명	쌀 4말, 콩 1말 5되, 북어 13마리
정9품검열	쌀 10말, 콩 5말		

궁녀는 입궁 나이와 상관없이 궁에 들어온 지 15년이 지나면 성인식에 해당하는 계례[94]를 올렸습니다. 관례를 치르고 나면 생각시 혹은 각시라 불리던 아기 항아 시절은 끝나고 정식 나인이 됩니다. 궁녀의 계례는 15~25세 사이의 꽃다운 궁녀가 수절을 맹세하는 의식이기도 했습니다.

궁녀가 계례를 치를 때 윗전에서는 겉옷감과 명주, 모시, 무명, 베를 각각 1필씩 하사했고, 친정에서는 버선, 누비바지, 속치마와 장롱 등 세간 그리고 음식을 장만해 궁으로 보냈습니다. 이날 궁녀는 화관을 쓰고, 원삼[95] 위에 노리개를 차고 '꽃신'이라 불리는 분홍색 당혜[96]를 신었습니다. 노리개는 사대부가의 양반 여성만 착용할 수 있었으나 궁녀의 계례에서는 예외적으로 허용됐습니다. 새 신부에게 필요한 모든 것이 갖춰졌지만 단 한 사람, 신랑이 없었으니 아이러니하죠.

Q8. 궁녀가 승은을 받으면 모두 후궁이 되나요?

그렇지 않습니다. 후궁의 품계는 정5품 상궁보다 위인 종4품 숙원부터 시작되기 때문에 승은 궁녀가 후궁이 되려면 임금의 총애와 의지, 왕비와 대비의 배려가 있어야 했고 임신이나 출산으로 왕실에 공을 세워야 했습니다. 나인이 궁 살림을 담당하는 정

---

94 15세가 된 여자 또는 약혼한 여자가 올리던 성인 의식.

95 조선시대의 여성 예복으로 신분에 따라 직물과 색깔, 무늬, 부속품 등이 모두 달랐다. 민간에서는 신부가 혼례에서 활옷과 함께 입었는데 초록색만 허용됐다.

96 울이 깊고 앞코가 작은 가죽신.

직원이고 상궁이 궁녀 조직의 임원이자 간부라면, 후궁은 왕실 가족이라 신분과 대우가 전혀 달라지기 때문입니다. 다만 승은을 받은 궁녀는 나이와 상관없이 '승은 상궁' 혹은 '특별 상궁'으로 불리며 독립된 공간을 사용할 수 있었고 본래 하던 업무에서 배제되어 임금의 시중만 담당했습니다.

승은 상궁은 잊히거나 아니면 후궁에 책봉되거나 아니면 빠르게 승진하기도 했습니다. 궁녀 출신 후궁 중 세종의 후궁 상침 송씨는 정현옹주를 출산했음에도 정6품 상침에 머물렀고 인빈 김씨는 선조의 후궁이 된 지 4년이 지나서야 종4품 숙원 품계를 받았습니다. 반면 숙종의 후궁 숙빈 최씨는 승은을 받고 며칠 만에 종4품 숙원 품계를 받았습니다. 예외가 있다면 광해군의 총애와 승은을 받은 상궁 김씨입니다. 그는 본인의 뜻으로 후궁이 되기를 마다하고 상궁의 지위를 유지하며 광해군의 공과 사에 모두 깊게 관여했습니다.

Q9. 궁녀도 연애와 결혼을 할 수 있었나요?

성종 때 편찬된《경국대전》과 영조 때 편찬된《속대전》모두 궁녀와 외간 남자의 관계에 아주 엄격했습니다. 방자나 무수리도 외간 남자와 간통했다는 사실이 발각되면 곤장 100대와 강제 노동 3년이라는 중형을 받았으며 궁녀는 목숨을 잃었습니다. 출궁한 후에도 궁녀는 사랑에 제약이 있었습니다.

조정 관료가 궁중에서 내보낸 시녀 혹은 무수리를 데리고 살

경우 곤장 100대에 처한다.

《경국대전》형전, 금제

"《경국대전》의 '조관조정관리은 내어 보낸 궁녀와 수사무수리에 장 가들지 못한다. '朝官勿娶放出宮女水賜조관물취방출궁녀수사'는 조 문에 '종친 및宗親及'이라는 세 글자를 보태어 기록하라." 하였 다.

《성종실록》성종 18년 1월 5일

궁녀가 밖의 사람과 간통하면 남자와 여자는 모두 즉시 참수 한다. 임신한 자는 출산을 기다렸다가 형을 집행한다. 출산 이 후 100일을 기다렸다가 집행하는 예를 따르지 않고 즉시 집행 한다.

《속대전》형전, 간법

이 외에도 궁녀와 환관 혹은 별감 등이 궁에서 간통을 저지르 는 일도 종종 발생했는데, 양쪽 모두 최하 유배에서 최대 처형 등 엄벌을 받았습니다. 문제는 종친이나 왕실 친인척 남성과 궁녀의 간통이었습니다. 임금에 따라 이들에게 벌을 내리기도 하고 감싸 기도 했으나 종친, 왕실 친인척 남성은 궁녀와 달리 처형 등 수위 높은 처벌을 받지는 않았습니다.

Q10. 왕족의 아이도 궁녀가 길렀나요?

어린 왕족은 출궁하기 전까지 궁에서 성장했습니다. 궁에서 아이가 태어나면 외부에서 유모를 들였습니다. 그중에서도 장차 왕위를 계승할 원자세자의 유모는 매우 특별한 대우를 받았습니다. 유모의 역할이 아이의 건강과 기질, 성품 등 각별한 유대감을 형성하는 데 중요하다고 생각했기 때문입니다.

유모는 아이가 젖을 뗀 후에도 출궁하지 않고 정서적 안정과 유대감을 위해 계속 곁에서 머물며 마치 엄마처럼 직접 돌보는 역할까지 했습니다. 갓난아기 때부터 먹이고 기르는 사적인 영역을 전담하는 유모는 왕이나 세자가 속내를 털어놓거나 어리광을 부릴 수 있는 유일무이한 존재였습니다.

Q11. 어떤 사람이 봉보부인유모으로 뽑혔나요?

궁에 들어온 유모는 아이를 낳은 지 얼마 되지 않는 외부 여성이었으므로 이례적인 존재였습니다. 왕실에서는 매우 엄격한 기준으로 유모를 선발했습니다. 유모는 입궁 후부터는 궁녀로 여겨졌기 때문에 내수사나 각 관청의 노비 중에서 우선 선발했는데 일단 유모로 선발되면 양민의 신분을 받았고, 남편 등 가족도 노비 신분에서 벗어날 수 있었습니다. 즉, 조선에서 여인의 몸으로 가장 크게 출세할 수 있는 방법 중 하나가 바로 왕의 유모가 되는 일이었습니다.

선조 이전까지 궁에서 아이를 낳을 수 있는 여성은 왕비와 세자빈뿐이었습니다. 출산을 위한 산실청이 설치되기 전, 엄격한 심사를 통해 유모를 미리 구했는데 이들은 외모, 심성, 건강 등을 모두 바르게 갖춰야 했습니다. 유모는 젖을 먹이는 동안 음식을 가려야 하며 음주와 성생활도 금지됐습니다.

- 유모는 정신이 맑고 성품이 따뜻해야 한다.
- 유모는 적당히 살이 찌고 병이 없어야 한다.
- 유모는 차고 더운 것의 적당함을 알고 젖 먹이는 것과 음식 먹는 것을 조절할 줄 알아야 한다.
- 유모의 젖이 진하고 흰색이면 아이에게 먹일 수 있다.
- 유모는 몹시 시거나 짠 음식은 피해야 한다.
- 유모는 몹시 춥거나 몹시 더운 날씨에 밖에서 막 들어오자마자 아이에게 젖을 주면 안 된다. 만약 이렇게 하면 유모나 아이에게 병이 생길 수 있다.
- 유모는 성생활을 할 때는 젖을 먹이면 안 된다.
- 유모는 술을 자주 마시면 안 된다. 유모가 술을 마시고 젖을 먹이면 아이는 기침, 경기, 발열 같은 병이 생길 수 있다.
- 유모는 마땅히 음식을 가려 먹어야 한다.
- 유모의 성품과 생김새를 아이가 곧바로 닮으니 그 관계됨이 무척 크다.

《동의보감》잡병 편 권 11 소아

왕의 유모는 '봉보부인'으로 불리며 정승판서에 준하는 종1품에 봉해졌고 이에 맞는 녹봉을 받았습니다. 1년에 쌀과 콩 각각

60말이 기본급으로 제공됐고, 녹봉 외에 옷값과 식대뿐 아니라 특별 수당으로 노비를 받거나 연말과 명절 등에는 선물을 받기도 했습니다. 궁녀 최고위직인 상궁의 품계는 정5품으로 봉보부인과 차이가 컸습니다.

Q12. 보모상궁은 어떤 일을 했나요?

왕이나 세자뿐 아니라 궁에서 태어난 신생아를 유모와 함께 전담하는 이를 '보모상궁'이라고 불렀습니다. 왕비와 세자빈, 후궁은 자신의 자식을 키워줄 보모상궁을 선정할 때 정성을 다했으며 그들을 매우 우대했습니다. 즉, 보모상궁은 갓 태어난 아이뿐 아니라 그들의 부모에게도 중요한 존재였습니다. 보모상궁은 젖을 먹이고 씻기고 재우는 일 외에 정식 교육이 시작되기 전까지 아이에게 거의 모든 것을 가르쳤습니다.

엄마이자 선생님이나 다름없는 보모상궁은 자신이 기르던 왕자나 공주가 혼인해 출궁하면 이들을 따라 출궁했습니다. 즉, 보모상궁의 주인은 왕이 아닌 자신이 기르는 왕자나 공주였습니다. 보모상궁은 유모처럼 외부에서 선발하지 않고 궁녀 중에서 선택했으므로 품계나 녹봉이 봉보부인처럼 높지 않았으나 자신의 주인인 왕, 왕자, 공주나 옹주에게 끼치는 영향력은 매우 막강했습니다.

Q13. 평생 왕실에 헌신했던 궁녀, 정년 퇴직이나 은퇴가 있었나요?

궁녀는 모시던 주인이 세상을 떠났을 때 출궁했습니다. 간혹 다시 궁의 부름을 받아 돌아가기도 했습니다. 하지만 모시던 주인을 따라 출궁한 궁녀는 궁 밖에서 살더라도 혼인할 수 없었습니다. 궁녀는 중병이 들어도 출궁해야 했습니다. 큰 병이 든 궁녀는 궁 밖으로 나가 요양을 하거나 치료한 다음 말끔히 나은 후에 궁에 들어올 수 있었고 회복하지 못하면 들어올 수 없었습니다.

궁녀는 죽음이 임박하거나 확실하면 숨이 끊어지기 전에 출궁해야 했습니다. 궁에서 아프거나 죽을 수 있는 사람은 왕과 왕의 직계 가족, 혈족뿐이었기 때문입니다. 뜻하지 않게 궁에서 궁녀가 죽으면 조용히 시신을 궁 밖으로 내보냈습니다. 가뭄이나 홍수 등 천재지변이 일어났을 때 궁녀를 출궁시키는 경우도 종종 있었습니다. 당시에는 음양의 조화가 어긋나 천재지변이 일어났다고 생각했기 때문에 궁녀의 출궁 뿐 아니라 노처녀와 노총각, 홀아비와 과부의 혼인을 장려해 나라에서 위로금을 내리기도 했습니다.

한편 잘못을 저지르고 쫓겨나는 궁녀도 있었고 나이가 많아 더 이상 업무를 수행할 수 없는 궁녀도 출궁했습니다. 이렇게 은퇴한 궁녀는 한 지역에 모여 살기도 했고 친정으로 돌아가기도 했으며 갈 곳이 없는 이들은 암자나 사찰에서 지내기도 했습니다.

궁녀로운 조선시대

참고문헌

《인조대왕과 친인척》 지두환, 역사문화, 2000

《효종대왕과 친인척》 지두환, 역사문화, 2001

《중종대왕과 친인척: 세가》 지두환, 역사문화, 2001

《중종대왕과 친인척: 왕비》 지두환, 역사문화, 2001

《중종대왕과 친인척: 후궁》 지두환, 역사문화, 2001

《세조대왕과 친인척》 지두환, 역사문화, 2002

《명종대왕과 친인척》 지두환, 역사문화, 2002

《선조대왕과 친인척: 왕과 비》 지두환, 역사문화, 2002

《선조대왕과 친인척 후궁》 지두환, 역사문화, 2002

《광해군과 친인척: 군과 부인》 지두환, 역사문화, 2002

《광해군과 친인척: 광해군 후궁》 지두환, 역사문화, 2002

《성종대왕과 친인척 후궁》 지두환, 역사문화, 2002

《조선의 왕실과 외척》 박영규, 김영사, 2003

《조선 최대 갑부 역관》 이덕일, 김영사, 2006

《왕을 낳은 후궁들》 최선경, 김영사, 2007

《선조: 조선의 난세를 넘다》 이한우, 해냄, 2007

《숙종: 조선의 지존으로 서다》 이한우, 해냄, 2007

《정조: 조선의 혼이 지다》이한우, 해냄, 2007

《조선왕비실록: 숨겨진 절반의 역사》신명호, 역사의 아침, 2007

《성종대왕과 친인척 세가》지두환, 역사문화, 2007

《연산군과 친인척》지두환, 역사문화, 2008

《한권으로 읽는 조선왕실계보》박영규, 웅진지식하우스, 2008

《예종대왕과 친인척》지두환, 역사문화, 2008

《조선공주실록》신명호, 역사의 아침, 2009

《현종대왕과 친인척》지두환, 역사문화, 2009

《숙종대왕과 친인척: 숙종세가》지두환, 역사문화, 2009

《숙종대왕과 친인척: 숙종왕비》지두환, 역사문화, 2009

《숙종대왕과 친인척: 숙종후궁》지두환, 역사문화, 2009

《경종대왕과 친인척》지두환, 역사문화, 2009

《영조대왕과 친인척: 영조세가》지두환, 역사문화, 2009

《영조대왕과 친인척: 영조후궁》지두환, 역사문화, 2009

《정조대왕과 친인척: 정조세가》지두환, 역사문화, 2009

《정조대왕과 친인척: 왕비와 후궁》지두환, 역사문화, 2009

《영조를 만든 경종의 그늘: 정치적 암투 속에 피어난 형제애》이종호, 글항아리, 2009

《영조의 세 가지 거짓말: 드라마를 통해 재조명되는 영조의 출생 비밀》김용관, 올댓북, 2010

《왕의 여자: 오직 한 사람을 바라보며 평생을 보낸 그녀들의 내밀한 역사》김종성, 역사의 아침, 2011

《궁녀: 궁궐에 핀 비밀의 꽃》신명호, 시공사, 2012

《궁녀의 하루: 여인들이 쓴 숨겨진 실록》박상진, 김영사, 2013

《영조의 어머니, 숙빈 최씨》이영춘, 한국학중앙연구원, 2013

《대비, 왕 위의 여자: 왕권을 뒤흔든 조선 최고의 여성 권력자 4인을 말하다》김수지, 인문서원, 2014

《영조의 딸과 사위》지두환, 한국학중앙연구원, 2014

《왕실 친인척과 조선 정치사》지두환, 역사문화, 2014

《조선의 왕비가문》양웅열, 역사문화, 2014

《왕비로 보는 조선왕조》윤정란, 이가출판사, 2015

《조선왕조여인실록, 시대가 만들어낸 빛과 어둠의 여인들》배성수, 이봉학, 고기홍, 이종관 공

저, 온어롤북스, 2017

《조선왕실의 백년손님: 벼슬하지 못한 부마와 그 가문의 이야기》 신채용, 역사비평사, 2017

《한 권으로 읽는 조선왕조실록》 박영규, 웅진지식하우스, 2017

《5궁과 도성: 서울의 다섯 궁궐과 도성》 공준원, 생각나눔, 2020

《조선왕실의 후궁: 조선조 후궁제도의 변천과 의미》 이미선, 지식산업사, 2022

《수문록1》 김용흠, 원재린, 김정신 역주/이문정 편, 혜안, 2022

《수문록2》 김용흠, 원재린, 김정신 역주/이문정 편, 혜안, 2022

《서궁마마의 눈물: 계축일기》 작자 미상, 김을호 편, 라이프앤북, 2022

디지털 장서각(https://jsg.aks.ac.kr/)

《인현왕후민씨덕행록》 가람문고본

《민중전덕행록》, 규장각 원문 검색 서비스